中国人民公安大学基本科研业务费资助项目
（项目编号：2022JKF02030）

精神损害赔偿的理论与实证研究

吴道霞　著

中国人民公安大学出版社
·北　京·

图书在版编目（CIP）数据

精神损害赔偿的理论与实证研究／吴道霞著. -- 北
京：中国人民公安大学出版社，2024.11
ISBN 978-7-5653-4836-5

Ⅰ.①精…　Ⅱ.①吴…　Ⅲ.①侵权行为–赔偿–研究–
中国　Ⅳ.①D923.84

中国国家版本馆 CIP 数据核字（2024）第 083547 号

精神损害赔偿的理论与实证研究

吴道霞　著

责任编辑：毛嘉
责任印制：李铁军

出版发行：中国人民公安大学出版社
地　　址：北京市西城区木樨地南里
邮政编码：100038
印　　刷：北京市科星印刷有限责任公司

版　　次：2024 年 11 月第 1 版
印　　次：2024 年 11 月第 1 次
印　　张：14.5
开　　本：787 毫米×1092 毫米　1/16
字　　数：253 千字

书　　号：ISBN 978-7-5653-4836-5
定　　价：58.00 元

网　　址：www.cppsup.com.cn　www.porclub.com.cn
电子邮箱：zbs@cppsup.com　　zbs@cppsu.edu.cn

营销中心电话：010-83903991
读者服务部电话（门市）：010-83903257
警官读者俱乐部电话（网购、邮购）：010-83901775
教材分社电话：010-83903259

作者简介

　　吴道霞，女，1967年生，中国人民大学法学博士。现为中国人民公安大学法学院教授、民商法学硕士研究生导师。主要研究领域为民商法学、知识产权法学、数据法学等。出版个人专著3部，主编教材3部，主持国家社科项目1项、校级科研项目数项，参与部级科研项目数项，发表学术论文共计50余篇。

前　言

我国《民法典》对精神损害赔偿制度进行了规定和完善，但由于法官自由裁量权对精神损害赔偿的影响很大，同案不同判一直是司法界的难题。本专著在梳理精神损害赔偿相关理论的基础之上，创新性地利用大数据分析等工具，通过交叉学科的研究方法对决定精神损害赔偿的所有要素进行"标价"量化。

本专著的研究路径如下：对相关学者提出的影响因素进行理论推演及案例研究，发现影响精神损害赔偿判决结果的新因素；通过分析数千份有代表性的精神损害赔偿判决文书，参照识别出的影响因素，确定可以反映这些因素的指标进而形成案件画像；依据选取的精神损害赔偿判决文书，对每个判决文书的指标进行赋值；选取合适的数据分析工具对赋值后的数据进行分析，寻找法官判决精神损害赔偿的规律和内在机理，建构量化理论；识别出最关键和决定性的判决影响因素并对这些因素进行具体的层级量化设计并形成公式，法官据此量化设计公式实现真正意义上的同案同判；依据如上研究进一步提出精神损害赔偿的完善建议并对各地《判决指南》提供修订参考。希望本专著的出版能对发展和完善精神损害赔偿制度产生积极的作用。

特别感谢中国人民公安大学出版社对本专著出版的大力支持，也特别感谢中国人民公安大学硕士研究生们对本专著资料的搜集和整理所做出的大量工作（许诗瑶负责第一章、刘晓强负责第二章、姚佩霖负责第三章、王金洋负责第四章、赵志昊负责第五章、覃维嘉负责第六章、刘春艳负责第七章、田星苗负责第八章和第十章及全书的统稿和校对工作)。在他们的辛勤付出下,本专著才得以顺利完成。

由于笔者水平所限,再加上时间仓促,书中难免存在疏漏与不足,恳请各位专家读者批评指正。

著者
2024 年 10 月

目　　录

第一章　精神损害与精神损害赔偿概述

一、损害的内涵

(一) 损害的概念

损害是法学领域中的一个重要概念，特指行为人通过违反法律规定，给他人的合法权益造成实际损害或潜在的危害。损害的概念在民法、刑法、行政法等不同法学领域都有涉及，并在不同法律主体间承担不同的法律后果。

(二) 损害与损失的区别

"损害"和"损失"在法律层面具有不同的含义。在法律概念中，"损害"的含义比"损失"更为广泛和丰富。从逻辑角度来看，"损失"是"损害"的一个特殊情况，而"损害"则包括了比"损失"更多的内容。"损害"不仅包括了财产或金钱方面的损害，还包括了非财产方面的损害。尽管在某些情况下，"损害"和"损失"可以互相替代，特别是当侵权行为只涉及受害人的财产利益时。但当侵害行为牵涉到受害人的人格或身份权益时，使用"损害"这个词更为准确和全面。

因此，法律立法通常采用"精神损害赔偿"这样的术语，而不是"精神损失赔偿"，以便更好地反映"损害"的广义概念。"损害"这一概念强调了损害的全面性，包括了财产损害和人身损害，同时也强调了对受害者的侵害和损失。这种区分有助于确保对不同类型的损害进行恰当的法律处理，以便更好地保护受害者的合法权益。

总之，"损害"是一个概括性的法律概念，它不仅包括了财产损害，还包括了人身损害和其他非财产方面的损害。"损失"则是"损害"的一个子集，更侧重于财产方面的损害。法律对不同类型的损害进行了明确定义，以便更好地适用于各种情况下，保护受害者的权益。不论是人身损害还是财产损害，受害方都有权要求损害赔偿，这是法律体系中的一个重要原则。

二、精神损害和精神损害赔偿的含义

(一) 精神损害的含义

精神损害是指自然人在心理或生理上感受到的痛苦，与财产权利的变动无关。目前，学者们对精神损害内涵的分类尚不统一，笔者认为，为了更准确地揭示精神损害的本质和内涵，有必要从不同角度对精神损害进行分析，以便更深入地理解精神损害的实质。

1. 精神损害的核心——生理痛苦或心理痛苦

当一个人的人身权受到侵害或特定的人身意义物品遭受损害后，精神上遭受了严重的损害后果，其有权请求精神损害赔偿。我们需要明确，精神上的损害后果指的是什么，什么是精神损害。对此，目前学者们持不同看法，对精神损害的内涵存在多种定义。因此，准确界定精神损害的内涵对于确定精神损害赔偿的数额至关重要，因为赔偿制度的初衷是为了准确补偿受害人的精神损害。此处明确精神损害的内涵，为下文更精确地确定精神损害赔偿的数额奠定了基础。

本专著认为，精神损害的主要定义包括了人身权遭受损害或特定的人身意义物品遭受侵害后所产生的痛苦。我国法律规定，请求精神损害赔偿必须同时满足侵害人身权利或人身意义物品，并且必须承受了精神上的严重痛苦后果。而这里所谓的痛苦后果主要包括生理痛苦和心理痛苦。

虽然精神损害可以包括情感上的痛苦（如悲伤、愤怒、恐惧等）、精神上的痛苦（如羞辱、沮丧、无助等）、心理上的痛苦（如焦虑、压力、抑郁等）以及心理物理痛苦（既涉及身体又涉及心理的痛苦），但笔者认为这些类型可以总结为两大类，即生理痛苦和心理痛苦。

第一，生理痛苦是指身体的疼痛和不适感，通常是由身体组织的损伤或疾病引起的。它可以分为不同类型，包括急性或慢性、剧痛或渐进痛、持续不断或间歇性等。例如，头痛、胃痛、关节痛等都属于生理痛苦的范畴。生理痛苦通常是由神经末梢的刺激所引发，它可以是身体正在愈合的一个信号，也可以是身体正在经历某种疾病或损伤的提示。

第二，心理痛苦则是由情感、心理状态和认知因素引起的疼痛，通常是由大脑和神经系统的复杂交互作用所引发。心理痛苦可能不直接与身体组织的实际损伤相关，而是由心理因素引发，如情感压力、焦虑、悲伤、沮丧、抑郁、恐惧、创伤、心理刺激等。心理痛苦可能是慢性的、难以忍受的，并且可能会对生活质量造成很大的影响。

　　一个人遭受精神损害一定具备产生痛苦的后果条件，假如没有痛苦，又怎么会有请求精神损害赔偿的需要呢？因此，只有当生理痛苦和心理痛苦达到严重的程度时，才能够请求精神损害赔偿。痛苦是一种高度主观的感受和体验，不同的人对同一情况可能有不同的痛苦感受和反应。此外，痛苦也是一个复杂的过程，可能受到多种因素的影响，包括个人经历、文化背景、社会环境等。在某些情况下，即使在特殊主体中，如无民事行为能力人或限制民事行为能力人，他们被侵犯的人身权利（如姓名权或肖像权），仍然存在可能的精神损害。尽管他们可能无法理解或表达痛苦，但实际上，他们所经历的精神损害并不会因此而减轻。因此，在这种情况下，只要精神损害的程度达到了严重的标准，侵权人便应当承担精神损害抚慰金或精神损害赔偿金的赔偿责任。此外，对于植物人等严重疾病患者，尽管他们可能无法感知痛苦，但他们的生活质量和疾病的严重性可能比普通人更为严重。因此，在这些情况下，植物人所遭受的精神损害后果仍然可以被认定为严重生理痛苦或心理痛苦的后果，因此可以请求精神损害赔偿金或精神损害抚慰金。

　　需要强调的是，生理痛苦和心理痛苦之间存在复杂的相互影响关系。身体上的疼痛可能会引发心理上的痛苦，反之亦然。例如，身体受伤导致的疼痛可能引发焦虑、抑郁等情绪反应，而长期的情感低落和压力可能导致身体上的不适感。因此，在评估精神损害赔偿时，必须全面考虑这两种痛苦的存在以及它们之间的相互作用，同时也需要考虑这些痛苦可能对受害人的社会生活和生活质量造成的影响。

　　根据我国法律的规定，必须达到严重的生理痛苦或心理痛苦的程度才能请求精神损害赔偿。最终的量化标准需要考虑多个因素，如痛苦的强度、持续时间、对受害人生活的影响等。通过全面理解和综合考虑生理痛苦和心理痛苦，我们可以更好地确定精神损害赔偿的数额。

　　因此说，精神损害包括了生理痛苦和心理痛苦两种痛苦后果，它们是高度主观的感受和体验，同时受多种因素的影响。在评估精神损害赔偿时，我们必须全面理解和综合考虑受害人的痛苦，以确保赔偿制度能够准确、公平地补偿精神损害。

　　2. 非法律意义的精神损害和法律意义的精神损害

　　笔者将精神损害分为非法律意义的精神损害和法律意义的精神损害。（1）非法律意义的精神损害指的是法律未明确规定的精神损害，包括未达到严重程度的不适或痛苦。换言之，一切不构成法律规范所定义严重程度的痛苦和不适，如愤怒、不满、忧郁、伤心、悲痛等，均属于此类精神损害。由于缺乏法律规范性，因此被称为非法律意义的精神损害。（2）法律意义的精神损害，也称为法律规范下的精神损害，是指在法律范畴内受到规范的精神损害，包括达到法定严重程度的心理痛苦和生理痛苦。因此，精神损害的理解必须与精神损害赔偿概念相结合。非法律意义的精神损害通常无法获得精神损害赔偿，例如，轻微或不构成法定严重程度的不适或痛苦，根据法律规定，这些情况不符合精神损害赔偿的标准。相反，只有在法律依据下才能请求精神损害赔偿，这属于法律意义上的精神损害赔偿。

3. 广义的精神损害和狭义的精神损害

精神损害可以进一步分类为广义的精神损害和狭义的精神损害。广义的精神损害包括精神利益的损害以及由精神损害导致的痛苦。需要注意的是，"精神利益的损害"指的是自然人人身权益受到的损害，而构成"精神损害"的，必须符合法律上的规定条件。狭义的精神损害则仅指由精神损害导致的精神痛苦和身体痛苦，不包括精神利益的损害。

在我国法律规定中，为了最大程度地弥补受害人的精神损害后果，保护其精神权益，采用了广义的精神损害概念。这意味着广义的精神损害不仅包括精神利益的侵害，也包括由此侵害导致的生理和心理上的痛苦等后果。当然，这些后果必须满足法律规定的"严重性"要求。

这一广义概念的采用有助于更全面地保障受害人的精神权益，确保他们能够获得适当的精神损害赔偿。

4. 过程要件的精神损害和结果要件的精神损害

我们可以进一步将精神损害分为两种不同的情况：过程要件的精神损害和结果要件的精神损害。过程要件的精神损害指的是侵害的过程或条件，例如，侵害了人身权或财产权等，它是精神损害赔偿的必要构成要件，不需要满足严重程度的要求。而结果要件的精神损害则指的是由精神损害所导致的生理和心理痛苦等后果，主要包括这两个方面的要素。我们所说的纯粹精神损害主要是指没有过程要件，只包含结果要件的精神损害。

笔者认为，除了生理和心理痛苦之外，精神损害没有其他类型的含义，因此将其结果要件分为生理和心理痛苦两种较为科学。

我国法律规定的精神损害赔偿必须同时符合过程要件和结果要件，即必须构成侵犯人身权或侵犯人身意义特定物的侵权行为，同时需要具备造成严重损害后果的要件，因此，精神损害赔偿的要件包括过程要件和结果要件。过程要件要求侵害人身利益或侵犯人身意义特定物的权利，而不要求严重程度。结果要件则要求必须存在严重的生理痛苦或心理痛苦，即"严重精神损害的后果"。

总结而言，精神损害赔偿的构成要件既包括过程要件也包括结果要件。过程要件强调侵权行为的发生，而结果要件强调侵权行为所导致的生理和心理痛苦的严重程度。因此，精神损害赔偿既要满足侵害精神利益的要件，又要满足造成严重生理和心理痛苦的要件，才能够请求精神损害赔偿。

以上对精神损害的不同分类视角和侧面的讨论，有助于更深入地理解精神损害的本质。无论从哪个层面或视角来看精神损害，其核心本质都是生理痛苦或心理痛苦的后果。无论是法律规定的精神损害还是在实际生活中的精神损害，都离不开这一核心后果的存在。

事实上，在法律意义上谈精神损害的内涵时，也是以生理痛苦或心理痛苦为标准，因为除了生理痛苦或心理痛苦的程度，几乎没有其他可以作为精神损害的参考因素。生理痛苦通常表现为受害人感觉到的痛苦或其他无法承受的异常生理反应。然而，要符合法律上请求精神损害赔偿的条件，生理痛苦必须同时达到严重的程度。

心理痛苦可能不仅导致生理上的不良反应，还可能影响个体的权利的实现。如果在法律上请求精神损害赔偿，那么也必须同时满足严重心理痛苦的要求，即要求这种心理痛苦达到一定的程度。

因此，无论是生理痛苦还是心理痛苦，都是精神损害的核心要素。不同层面和角度的分类只是为了更全面地理解精神损害的性质和要求，但无论如何分类，都离不开生理和心理痛苦这一核心后果的存在。这也反映了精神损害赔偿的复杂性和严格性，只有在满足法律规定的条件下，才能请求精神损害赔偿。

5. 一般生理痛苦或心理痛苦和严重生理痛苦或心理痛苦

我们还可以按照精神损害后果的轻重程度将其分为一般精神损害和严重精神损害。

（1）一般生理痛苦或心理痛苦——一般精神损害

一般生理痛苦或心理痛苦的后果相对较轻，因此被归类为一般精神损害。在这种情况下，侵权行为虽然引起了一定程度的精神痛苦，但其影响尚未对被侵害人造成极大的不利影响。一般精神损害指的是精神损害程度较轻，可以通过其他救济手段或在社会中通过公民间关系得以弥补或减轻，因此法律通常未将其规定为适用精神损害赔偿制度的要件。

在笔者看来，这种精神损害的赔偿请求权在某些情况下可能会被其他基本请求权所包含或吸收。尽管存在精神损害的客观事实，但由于程度较低，无须单独赋予被侵权人独立的精神损害赔偿请求权。例如，在侵犯公民健康权的情况下，被侵权人可能因健康权受损而产生一般的精神损害，但随着被侵权人健康的恢复，这种较低程度的精神损害也会逐渐减轻或消失。因此，被侵害人可以通过基本人身权，如健康权的侵害来获得赔偿，无须额外设置针对一般精神损害的赔偿请求权。

对于一般生理痛苦和心理痛苦的情况，将其归类为弱从属性主要是因为此类请求权的成立必定依附于人身权或人身意义特定物的侵害。因此，只要规定此种一般精神损害的被侵权人可以通过侵犯其健康权等基本人身权的侵害来获得赔偿，就能有效填补精神损害的赔偿需求，无须再额外规定一般精神损害的赔偿请求权。如果将精神损害赔偿范围扩大至包括"一般精神损害"，则可能导致精神损害赔偿请求数量大幅增加，并且可能使侵权人承担多次赔偿责任，这不符合公平原则。

这一分类有助于理解精神损害的程度层级。导致一般的精神损害通常可以通过其他法律救济方式或社会关系得到弥补，因此未被法律列为精神损害赔偿的要件。同时，将其作为弱从属性，要求其必须依附于人身权或人身意义特定物的侵害，有助于防止精神损害赔偿的滥用和不公平赔偿的情况发生。

(2) 严重的生理痛苦或心理痛苦——严重精神损害

受害人严重的生理痛苦或心理痛苦的后果就是精神损害严重的表现。严重精神损害是指侵害公民的人身利益或者人身利益的特定物使其遭受了医学上可诊断出的神经疾患。严重精神损害相比较于一般精神损害，被侵权人遭受了更大的精神损害，这种精神损害就需要法律设置单独的精神损害赔偿请求权来加以保护，体现出精神利益对于公民的重要性以及精神损害赔偿请求权在法律中的独立地位。精神损害赔偿制度所设立的目的是加强对公民精神利益的保护，让公民在精神利益受到侵害时能得到补偿，尽快地弥补精神上造成的损害与损失。所以笔者认为，在发生侵权导致严重精神损害下不存在请求权竞合，反而可以同时请求，将精神损害赔偿请求权与其他请求权竞合势必会导致被侵权人的精神利益无法全部得到弥补，这样一来就背离了精神损害赔偿制度的立法目的。

因此笔者建议将有"医学上可诊断出的神经疾患"确定为"严重的精神

损害"，将此作为评判被侵权人遭受的精神损害是否属于"严重精神损害"的标准。有学者认为，在某些场合之下的精神损害不会直接表现为"医学上可诊断出的神经疾患"，但被侵权人确实又存在严重的精神痛苦，影响其正常的生产生活。但是笔者对此不以为然，如果精神损害不直接表现为"医学上可诊断出的神经疾患"，则证明其精神上遭受的损害后果并不严重。因为只要有严重的后果则一定会导致医学上可以认定的神经疾患，如果没有导致医学上认定的神经疾患恰能说明此受害者的心理承受能力和内心的强大，恰能说明他没有受到严重的精神损害的后果，因此，不能请求得到精神损害赔偿。相反，同样的侵权行为可能会导致一个承受能力稍差的受害者走进医院从而被诊断为医学上可诊断出的神经疾患。因此，便有了我们构建的严重的量化层级，因此，"严重"就不再与法官的自由裁量权密切相关，而是抽离法官的自由裁量。由此，根据医院医药费等的量化数额可以对应精神损害赔偿金的数额，两者紧密关联。这样我们就对是否属于"严重精神损害"赋予一个较为客观的量化标准。适用这种评定标准的目标就是在一定程度上回收法官的"自由裁量权"，有利于司法实践中同案同判，让精神损害案件中的评价不过多地受法官的个人因素影响，尽可能使判决符合客观事实，因此，将严重损害后果进行量化有助于司法的公平公正。

严重的生理痛苦或心理痛苦表现为严重精神损害。在这种情况下，被侵权人遭受了极大的精神损害，这种精神损害需要法律单独设置精神损害赔偿请求权来予以保护，以体现精神利益对公民的重要性以及精神损害赔偿请求权在法律中的独立地位。精神损害赔偿制度的设立旨在加强对公民精神利益的保护，确保在精神利益受到侵害时，被侵权人能够获得补偿，以尽快弥补精神损害所造成的损失。因此，笔者认为，当发生侵权行为导致严重精神损害时，不存在请求权竞合的情况，而是可以同时提出多项请求。将精神损害赔偿请求权与其他请求权竞合可能会导致被侵权人无法完全得到精神损害的赔偿，这与精神损害赔偿制度的立法目的相悖。

（二）精神损害赔偿的含义

笔者从不同的角度和侧面分析了精神损害及其与精神损害赔偿的相关性。根据我国的法律规定，当同时符合过程要件和结果要件时，构成了精神损害赔偿的条件，受害方有权提出精神损害赔偿请求。

精神损害赔偿通常被称为精神损害抚慰金，这一术语明确了赔偿的首要目的是抚慰受害人承受的精神痛苦。虽然加害人支付的抚慰金无法完全消除受害人的痛苦，但它可以为受害人提供一定的心理慰藉，减轻痛苦的程度。

根据我国法律规定，如果侵权人侵害了自然人的人身权或人身意义特定物，导致受害人遭受精神损害，且这种损害达到法律规定的一定程度，那么受害人有权要求侵权人通过支付金钱来承担侵权责任。尽管精神损害无法用金钱来衡量，但对受害人进行精神损害赔偿不仅旨在给予他们精神上的抚慰，还旨在警示和惩罚侵权人。如果受害人因侵权行为而承受极大的精神痛苦，这种痛苦可能对他们的多个方面生活产生负面影响，包括但不限于身心健康等方面。因此，尽管金钱赔偿无法弥补受害人的全部损失，但它可以为受害人提供一定的精神慰藉，并帮助他们在身体保健和外部医疗等多个方面寻求应对精神脆弱和心理健康问题的方法和途径。

精神损害赔偿的界定是确保这一制度有效运作的重要因素。根据我国现行《民法典》的规定，精神损害赔偿需要同时满足两个关键要素：侵犯了人身权利或人身意义的特定物，并使其精神上遭受了严重损害后果。这两个要素互为补充，缺一不可。这一要求的确立是为了确保只有那些受到真正精神损害的人才能获得赔偿，以防止滥用或滥诉。

首先，侵犯了人身权利或人身意义的特定物是精神损害赔偿的过程要件。这意味着存在一项合法的权利或特定物，并且这些权利或特定物受到了侵害。这可以涵盖广泛的领域，包括人身权利（如生命、健康、尊严）以及一些具有特殊意义的物品。如果没有侵权行为，精神损害赔偿请求就不成立。

其次，精神上遭受了严重损害后果是精神损害赔偿的结果要件。这意味着不仅需要侵权行为，还需要证明这一行为对受害人的精神健康造成了真正的损害。这一损害必须达到法定的定性和定量标准，通常需要依赖专业的医学或心理学鉴定来确定。这有助于区分一般的精神不适或短期的情感困扰与真正的精神损害。

因此，精神损害赔偿制度的确立是为了保护那些在其人身权利或特定物遭受侵害后，精神上真正受到了严重损害的受害人。这一制度的确立是为了确保公平和合理的赔偿，同时防止滥用和滥诉。精神损害赔偿的界定和要求是制度运作的关键，需要得到法院和专业人员的认真评估和应用，以确保精神损害赔偿的有效性和公正性。

精神损害赔偿的核心焦点在于赔偿金额，精神损害赔偿制度在我们国家最为重要且关键的内容为最终赔偿数额的确定，只有合理的赔偿数额才能最大程度上弥补被侵权人的损失，达到填补精神损害的目标。精神损害赔偿数额与精神损害的关联性，前面已经分析了精神损害其后果实质是生理痛苦或心理痛苦，在明确精神损害的生理痛苦或心理痛苦的层面后，我们进一步讨论生理痛苦或心理痛苦与具体赔偿数额的相关性。明确精神损害赔偿的具体数额不仅要从被侵害人实际遭受的精神损害入手，还要考虑当下的经济情况以及侵权人在实施侵权行为时的手段等因素，笔者将其概括为客观因素与主观因素。精神损害赔偿的具体数额的评定不同于精神损害构成的认定，具体数额的认定需要具体问题具体分析，每个案件都有其特殊之处，要充分考虑每个案件中的主客观因素，对于侵害程度深的就要给予其较多的赔偿，而受侵害较轻的则给予较少的赔偿，要做到损失、损害和赔偿相适应。因此，我们主张在精神损害赔偿中，尽可能增加客观量化的比例，减少主观性，将这些主观因素尽量外化为法官可以衡量和参考的量化指标。减少法官的自由心证对判决数额的影响是我们在司法审判过程中始终不懈追求的目标。

在我国，精神损害赔偿的确存在两个主要因素：社会客观评价标准下的人格利益受损事实以及当事人主观性较强的精神损害后果。就精神损害后果而言，这是完全由受害人的主观意愿决定的，受害人的年龄、性格和心理承受能力都会对其感受产生重大影响。因此，精神损害在不同个体中会表现出巨大的差异，不同的人会有不同的感受，从而导致不同的精神损害结果。根据法律规定，只有经历了严重精神损害后果的人才有资格获得赔偿。如果没有损害后果，就无法提出精神损害赔偿请求。因此，法官需要全面考虑人格利益和损害后果这两个因素，以准确评估加害人的侵权行为对受害人造成的精神损害的严重程度。这种全面综合的方法有助于实现法律全面保护人权的目标。

此外，生理痛苦或心理痛苦会随着时间的推移而有所变化。时间可以被视为最佳的治疗方式，因为被侵权人在受到侵害时通常会经历最严重的生理痛苦或心理痛苦。然而，随着时间的流逝，一些受害人的痛苦可能会逐渐减轻，而另一些人的痛苦可能会逐渐增加，甚至可能发展为不可逆转的精神损害后果。因此，我们需要客观地认识精神损害的存在。通常情况下，当提起诉讼或主张权利时，法院应迅速作出判决，以便及时帮助被侵权人弥补损害。因为对被侵权人来说，受到精神损害的持续时间越短，越有利于他们，快速提供充分的物质补偿可以有效减少不可逆转的精神损害的风险。

这种综合考虑法律、个体特点和时间因素的尽可能的量化方法有助于确保精神损害赔偿制度的公平和有效性，从而更好地实现法律保护人权的宗旨。

三、精神损害赔偿的分类

(一) 侵权精神损害赔偿与违约精神损害赔偿

精神损害赔偿可以按照不同的标准进行分类，包括侵权精神损害赔偿和违约精神损害赔偿。侵权精神损害赔偿已经在我国民事法律中得到明确确认，但受害人是否可以以违约行为为理由提出违约精神损害赔偿的问题仍然需要深入研究。

在中国法学界，对于侵权责任和违约责任同时存在时的竞合问题存在不同的观点。一些学者认为，如果违反合同义务同时导致侵权责任和违约责任，受害人只能选择其中一种责任向违约方主张赔偿，而不能同时主张两种损害赔偿请求。根据我国《民法典》之前的《合同法》第 122 条的规定："因当事人一方的违约行为，侵害对方人身、财产权益的，受损害方有权选择依照本法要求其承担违约责任或者依照其他法律要求其承担侵权责任。"这意味着受害人只能选择主张一种责任，不能同时要求违约方承担两种责任。这一立法模式的背后理念是一事不可两罚的原则，从某种程度上来说是合理的。

然而，这种模式有时会忽视精神利益的价值，尤其是在一些案例中，违约行为主要损害的是对方的精神利益。在这种情况下，如果选择主张违约方的精神损害赔偿责任，就必须放弃对违约方的违约责任的追究。虽然这也可以使守约方获得救济，但代价是必须假装双方没有合同关系，而请求违约方承担侵权责任。因此，在处理违约行为和侵权行为竞合的情况下，需要重新权衡合同法和侵权法的适用，以确保受害人的权益得到充分保护。

《民法典》第 996 条规定，因当事人一方的违约行为，损害对方人格权并造成严重精神损害，受损害方选择请求其承担违约责任的，不影响受损害方请求精神损害赔偿。这一规定为违约行为所导致的精神损害提供了明确的处理方式。实际上，随着合同关系中附随义务的不断完善，当事人应当负担更多的人身注意义务。因此，在将来的司法实践中，遭受损失的守约方无须采取二选一的救济模式。他们可以同时请求对方承担违约责任，而不会失去请求精神损害赔偿的权利。这一规定改变了以前的司法实践，不再要求守约方为了请求对方承担精神损害赔偿而放弃合同关系。

需要注意的是，《民法典》第 996 条的规定并不适用于所有因违约行为导致的精神损害情况，只有在违约行为侵害了一方的人格权时才适用。对于其他违约行为所导致的人身损害和财产损害，适用《民法典》第 186 条的规定，即可选择违约赔偿或侵权损害赔偿，仍然采用选择的救济模式。因此，《民法典》第996条的规定更像是对总则编第186条的一个特殊规定，旨在提高人格权在《民法典》中的地位，彰显我国对人格权的高度重视，并加强其保护力度。

（二）刑事附带民事精神损害赔偿、国家赔偿精神损害赔偿与纯粹精神损害赔偿

根据精神损害有无附随性，可分为刑事附带民事精神损害赔偿、国家赔偿精神损害赔偿与纯粹精神损害赔偿。

1. 刑事附带民事精神损害赔偿

精神损害的相关问题在刑事附带民事诉讼中也是一个学界关注的重点，对被害人因为犯罪行为所遭受的精神损害而提出的附带民事诉讼在2000年《最高人民法院关于刑事附带民事诉讼范围问题的规定》中作出了具体规定："对于被害人因犯罪行为遭受精神损失而提起附带民事诉讼的，人民法院不予受理。"在此司法解释之后，最高人民法院颁布了《最高人民法院关于人民法院是否受理刑事案件被害人提起精神损害赔偿民事诉讼问题的批复》，其中也明确地指出：对于刑事案件被害人由于被告人的犯罪行为而遭受精神损失提起的附带民事诉讼或者在该刑事案件审结以后，被害人另行提起精神损害赔偿民事诉讼的，人民法院不予受理。

我国《民法典》颁布后，精神损害赔偿制度迈上新台阶，对一些不完善之处进行了补强。但不管是《最高人民法院关于刑事附带民事诉讼范围问题的规定》还是《最高人民法院关于适用〈中华人民共和国刑事诉讼法〉的解释》，这两个最高人民法院的司法解释对由于犯罪行为所受到的精神损害，无论是选择单独提起诉讼还是选择提出刑事附带民事诉讼，都做出了否定回答。该规定的支持者的理由主要是：首先，犯罪人已经受到了处罚，被害人得到了心理慰藉，这种情况下又采取精神损害赔偿，相当于是对犯罪人的双重处罚。其次，被告人多数没有赔偿能力，就算是规定了精神损害赔偿请求权也无法从被告人处获得补偿，这样长期以往有损司法公信力。遗憾的是，这些理由并不能成为犯罪人不承担被害人精神损害的理由。进一步说，禁止刑事案件的被害人提起精神损失的附带民事诉讼，是因为在刑事案件中被告人已经受到了刑事处罚，其某些权益已经被限制或者被剥夺，被害人因此可以得到精神上的安慰。同时，虽然不能够提起精神损害的附带民事诉讼，但是这并不意味着被害人的权益无法得到维护，精神损害赔偿作为侵权损害赔偿的一种，其本质还是

加害人用财物的方式来补偿受害人，因此，在刑事诉讼中还可以通过被告人积极赔偿受害人、取得谅解等方式来使被害人得到救济，上述两个司法解释的颁布，为刑事附带民事诉讼中被害人的诉讼权利提供了依据。

我们认为，被害人的精神利益虽然是无形的权益但是并不是虚无化的，是实实在在能影响公民健康甚至是生命的重要权益，既然犯罪行为侵犯了公民的合法权益，那就应该有补偿，不能将犯罪人本应该承担的刑事责任作为对被害人的一种慰藉，两者没有逻辑上的联系。同时，如果侵害行为已经达到了触犯刑法的程度，那么受害人遭受的精神损害某种程度上就会增强，所以对其进行精神损害赔偿就会更具有合理性。① 公民在受到犯罪侵害的场合下救济的方式基本上为公力救济，依赖公力救济来恢复权益是最主要的办法。而否定被害人在刑事案件中的精神损害赔偿权，使被害人的精神损害得不到公力救济无法填补的损失的赔偿，可能会使被害人的精神损失进一步扩大。另外，在责任的承担方面，没有责任和有责任不承担是两个不同的概念，所以认为犯罪人无力承担精神损害赔偿责任而不使其承担责任，这种观点是错误的。《民法典》第187 条规定：民事主体因同一行为应当承担民事责任、行政责任和刑事责任的，承担行政责任或者刑事责任不影响承担民事责任；民事主体的财产不足以支付的，优先用于承担民事责任。该条表明我国法律承认民事责任与刑事责任、行政责任之间有明确的界限，民事责任具有独立地位，不依附或者从属于刑事责任或者行政责任。因此，即使在刑事附带民事诉讼中，民事诉讼也具有独立地位，只是为了诉讼便利而与刑事责任一起处理，并不需要依赖于刑事关系，更不存在以刑事责任来替代民事赔偿责任的说法。《民法典》第187 条还就民事责任的优先性进行了明确化，更加突出了公民民事权益的重要性，在刑事附带民事诉讼中允许提起精神损害赔偿可以凸显对被害人的救济，体现《民法典》制定的本质目的。

2. 国家赔偿精神损害赔偿

国家赔偿，又称为国家侵权损害赔偿，指的是在国家行使公权力时，由于国家侵权行为导致的损害由国家进行赔偿。在国家侵权行为中，通常是国家侵犯自然人的人身权利，导致其精神受损并产生精神上的痛苦。

国家赔偿制度最早出现在 19 世纪 70 年代。我国宪法对国家赔偿的法律依据在 1982 年《宪法》第 41 条中有明确规定：由于国家机关和国家工作人员侵

---

① 薛军. 《民法典》对精神损害赔偿制度的发展. 厦门大学学报（哲学社会科学版），2021（3）：91-100.

犯公民权利而受到损失的人，有法律规定取得赔偿的权利。此后，1986 年《民法通则》第 121 条就国家侵权行为的赔偿问题进行了原则性规定，即国家机关或国家工作人员在履行职责过程中，侵犯公民或法人的合法权益并造成损害时，应承担民事责任。国家在侵权后的赔偿方面与一般民事主体一样。

随后，1989 年《行政诉讼法》第 67 条规定："公民、法人或者其他组织的合法权益受到行政机关或者行政机关工作人员作出的具体行政行为侵犯造成损害的，有权请求赔偿。"第 68 条明确指出："行政机关或者行政机关工作人员作出的具体行政行为侵犯公民、法人或者其他组织的合法权益造成损害的，由该行政机关或者该行政机关工作人员所在的行政机关负责赔偿。"这标志着国家赔偿不再仅仅是一种普通的民事责任，而更多地转变为行政责任。但当时无论是民法还是行政法，均没有明确规定精神损害赔偿问题。

1994 年 5 月 12 日通过的《国家赔偿法》规定，当国家机关和国家机关工作人员在违法行使职权时侵犯了公民、法人和其他组织的合法权益并造成损害时，受害人有权获得国家赔偿。① 这里的"合法权益"包括精神方面的利益。然而，该法的具体细则并未明确列入精神损害赔偿，因此在某种程度上排除了根据该法总则获得国家赔偿的公民就精神损害问题的权利。直到 2001 年 3 月，最高人民法院颁布了《关于确定民事侵权精神损害赔偿责任若干问题的解释》，才首次确认了精神损害赔偿的问题。然而，国家赔偿并非属于民事领域，因此无法适用这一解释。

随着社会的不断进步与发展，与国家精神损害相关的案件频繁出现。为解决问题，2010 年 4 月 29 日，全国人民代表大会常务委员会通过了《国家赔偿法》的修改决议，简称为新《国家赔偿法》。这一修改对 1994 年的《国家赔偿法》进行了广泛修订，包括调整了三分之二的内容，新增了 7 项新条款，涉及受理申请、赔偿义务机构听取赔偿请求人意见以及赔偿程序等多个方面。通过对十余年的实际工作经验进行总结，新《国家赔偿法》解决了存在的问题。

修订后的《国家赔偿法》第 35 条明确规定："有本法第三条或者第十七条规定情形之一，致人精神损害的，应当在侵权行为影响的范围内，为受害人消除影响、恢复名誉，赔礼道歉；造成严重后果的，应当支付相应的精神损害

---

① 李洪雷. 人权司法保障视野中的规范涉执行司法赔偿. 法律适用，2022（5）：48-53.

抚慰金。"① 这一规定终于将精神损害赔偿纳入国家赔偿的范围。然而，该法仍存在一些缺陷，例如，第 35 条不是独立的条款，而是受限于第 3 条和第 17 条，因此仅限于物质性人格权侵害（如身体伤害或死亡），排除了精神权益（如名誉权、隐私权等）的救济。此外，对于"严重后果"的限定存在不确定性，不利于公民请求赔偿。

新《国家赔偿法》的制定不仅强化了对公民权利的保护，也有利于规范国家机关及其工作人员的行为，提高了公权力的行使效率。特别值得注意的是新《国家赔偿法》第 35 条中规定的精神损害抚慰金，被视为国家赔偿体系的重要进步。这一规定填补了旧法的不足，加强了对私人权利的保护，规范了公权力的行使，对于促进公私和谐以及社会稳定的发展具有重要意义。

既然精神损害得到了法律的保护，那么如何认定国家行为侵犯了公民的精神利益呢？要确定精神损害赔偿的构成要件，需要考虑以下四个主要方面：

（1）主体条件：根据《国家赔偿法》第 2 条规定，国家赔偿的责任主体是国家机关及其工作人员。这包括一切从事国家管理和行使公权力的机关。从狭义上来看，国家机关及其工作人员包括行政机关及其工作人员，以及行政侦查、检察、审判、监狱管理职权的机关及其工作人员，即《国家赔偿法》中的主体。

（2）时间条件：精神损害赔偿的行为必须发生在公务人员履职期间。也就是说，必须是在公务人员执行其职务时的行为。对于何为"执行职务"的行为，存在不同的解释，但通常要求行为与公务人员的职务有密切关系。

（3）违法行为：《国家赔偿法》规定，只有当公务人员违法行使职权时，国家才需要承担赔偿责任。关于"违法"的定义，学界有广义说和狭义说两种观点。广义说认为，违法不仅违反了法律规定，还违反了法律原则。而狭义说认为，违法只是对法律规定的违反。大多数学者支持狭义说，因为法律的基本原则通常已包含在法律规定中，不需要额外明文规定。

（4）损害结果：精神损害赔偿的前提是存在损害结果。根据《国家赔偿法》，精神损害是人身权利受损的附随结果。这包括生命权、健康权、身体权、姓名权、肖像权、名誉权、荣誉权、人格尊严权、人身自由权等人格权利遭受非法侵害，可请求精神损害赔偿。

除了上述四个主要方面，还有因果关系，在理论界，关于因果关系的宽严程度，学者们各有不同的看法，因此最终产生了不同的学说，如条件说、综合

---

① 姜宇轩. 论国家赔偿中精神损害赔偿的独立地位和考量标准. 辽宁大学学报（哲学社会科学版），2021，49（1）：111-120.

考虑说、原因说、相当因果关系说等。其中赞同条件说的学者认为，只要是行为人的行为在理论上是导致损害结果发生的因素之一，那就认定行为与结果是存在因果关系的；主张原因说的学者指出，在造成损害结果的众多原因之中，可以选其中一个作为原因，与结果形成因果关系；综合考虑说的赞成学者一致认为，鉴于国家侵权行为具有复杂与特殊性，难以仅采用一种特定固定的理论，因此，应当思考采取多元综合性的方式。当认定国家赔偿责任的因果关系时，必须根据实际条件来判定违法行为与损害结果二者有无因果关系。针对以上观点，有学者提出，对于事实原因和法律原因的区分，条件说分辨得并不十分清楚，而原因说与综合考虑说的标准存在差异，既违背了法律的可预期性，也违背了司法公正，应当采用相当因果关系说最为合适。一般情况下，若没有发生侵害行为则没有损害结果，相反地，存在损害结果，则此侵害行为和损害结果之间是有因果关系的。

这些要素共同构成了精神损害赔偿的构成要件，确保了国家赔偿体系的公平和合理性，旨在维护公民的合法权益。

3. 纯粹精神损害赔偿

纯粹精神损害是一个源自美国法的概念，在我国民法中并没有单独设立该精神损害的类别。它指的是作为民事主体的自然人，在其民事权利未受到实际侵害的情况下所遭受的纯粹精神利益损害。纯粹精神损害的特点在于受害人未经身体上的伤害，而是直接导致精神上的痛苦和不良情绪。在不同国家的法律制度中，对于如何界定和赔偿纯粹精神损害存在差异。

在英美法系中，将精神利益视为一项独立的法益，并将纯粹精神损害分为直接受害人的纯粹精神损害和第三人的纯粹精神损害。在美国侵权法中，曾出现一些典型案例，其中一个著名的案例涉及一个名为巴塔拉的未满 14 岁的孩子。该案中，孩子乘坐缆车从雪山雪场中心下来，由于雪场工作人员违反了安全规定，未关闭缆车的安全阀，导致孩子在十几分钟的乘坐中处于完全没有保护的危险状态，尽管最终孩子并未受伤，但他经历了极大的精神痛苦，甚至在生理上留下了后遗症。[①] 这个案例引发了争议，关键问题在于，是否可以依据纯粹精神损害来要求赔偿，尽管没有对原告造成实际身体伤害。最终，美国法院支持了原告的纯粹精神损害赔偿请求，突破了将精神损害仅视为人身权利侵害的传统观念。

[①]　该案首次在美国法上突破精神损害作为人身伤害附属品而存在的裁判思路。Battallav. State of New York, 9 N. Y. 2d 71l（1961）。

尽管在我国民法中没有明确规定纯粹精神损害的赔偿制度，但这一问题在我国法律领域引起了关注。随着社会的发展，对受害人权益的保护越来越受到重视，因此，如何处理纯粹精神损害问题可能会在我国的法律体系中引发更多的讨论和研究。

针对第三人纯粹精神损害赔偿问题，英美法系采取了一些限制措施，以防止权利滥用和滥诉。这些限制包括：

危险区规则：如果第三人希望请求纯粹精神损害赔偿，必须能够证明他们在危险事件发生时身处侵害行为所涉及的危险区域内。例如，如果两名学生甲和乙在校园内，而甲在校园内进行了暴力行为，导致乙遭受精神损害，那么乙可以获得精神损害赔偿。然而，如果乙不在危险区域内，即使与甲存在近亲属关系，也很难要求赔偿。在英国著名的 Alcock v. Chief Constable of South Yorkshire Police 案中，一些原告因在足球场或通过电视实时直播目睹或听到亲人在事故中丧生而遭受精神损害，提出了精神损害赔偿的要求。然而，法院认为，观看电视直播的原告并不处于危险区域内，因此不支持其主张。

当事人特殊关系规则：第三人必须与直接受害人有特殊的亲密关系，并且加害人能够预料到侵害行为会给第三人带来精神损害。特殊亲密关系通常指法律上规定的亲属关系，但在某些情况下，即使不符合法定亲属关系，同居的情侣也可能被认定为具有特殊亲密关系。然而，具体的判断需要根据具体情况而定，一般情况下，长期分居的兄弟姐妹可能被认为没有特殊亲密关系。

尽管英美法系对于纯粹精神损害的赔偿制度进行了一些限制，但这仍然是一个主观性很强且容易泛化解释的责任问题。在传统理论中，精神损害通常被视为主要权利损害的附随结果，因此，如果没有主要权利损害，即无论是人身权利还是财产权利上的损害，都无法要求精神损害赔偿。因此，大多数大陆法系国家对此仍持保守态度。例如，《德国民法典》第 823 条第 1 款规定了对于侵害他人生命、身体、健康、自由、财产所有权或其他权利的赔偿责任。第 253 条第 1 款规定了只有在法律明确规定的情况下，才能对财产损害以外的损害请求金钱赔偿。瑞士的《债务法》第 49 条规定，当人格关系受到侵害时，只有在侵害情节和加害人的过失严重时，才能请求抚慰金。

总之，纯粹精神损害赔偿问题在不同国家的法律体系中存在不同的处理方式和标准，涉及复杂的法律和伦理问题。

在中国，一些学者肯定了纯粹精神损害的存在。他们认为，纯粹精神损害是指行为人并未对受害人的权利造成直接伤害，而是通过其行为对受害人的精神损害产生了刺激，从而导致精神损害的后果。因此，纯粹精神损害赔偿是一种在基础权利未受到侵害的情况下产生的、脱离主要损害的独立精神损害赔偿类别。也可以说，属于结果要件的精神损害。

根据这一观点，纯粹精神损害可以分为两类：

可证实的纯粹精神损害：这种精神损害也被称为震惊精神损害，是指侵权行为对直接受害人或第三人造成的纯粹精神损害。要满足此类精神损害的要求，通常需要符合以下三项条件：（1）亲眼见证或了解损害事件的发生，即符合危险区规则。（2）存在特殊的当事人关系，即符合当事人特殊关系原则。（3）受害人能够证实自己因此遭受了医学上可证实的精神疾病。

在一些国家（如英国和美国），承认第三人受到直接精神损害，而在另一些国家（如中国和德国），界定第三人的震惊精神损害时，通常以健康权受损为请求精神损害赔偿的基础。例如，如果一位母亲在送孩子上学的途中目睹孩子被车撞伤，并且因此患上了精神疾病，则她可以基于健康权受损请求精神损害赔偿。

可推知的纯粹精神损害：这主要涉及侵害死者人格权益和与侵权导致死亡相关的案件，以及由近亲属提出的精神损害赔偿请求。在这种情况下，中国法律对两种精神损害均提供了特殊的法律保护。与可证实的精神损害不同，可推知的精神损害的范围通常在法律中严格界定，并默认为侵害人可以预见的，因此不需要受害人提供额外的证据支持。

总之，中国法律为纯粹精神损害的认定和赔偿提供了一定的法律框架和保护，规定了侵害死者人格权益与侵权导致死亡后近亲属的精神损害赔偿。这些规定有助于维护个体的精神健康和权益。随着经济发展和社会进步，人们越来越注重精神需求和精神健康。在现实生活中，遭受纯粹精神损害的案例屡见不鲜。例如，在愚人节当天，某人出于开玩笑的心理告诉另一人关于其丈夫出车祸死亡的虚假消息，虽然受害人的权利未受侵害，但其精神受到损害。此外，还有许多大规模侵权事件中的受害人是不特定的多数人，比如居住在工业污染区域的"癌症村"村民。这些村民看着身边的人接二连三地因癌症而死亡，心理难免感到恐惧和焦虑，从而导致精神损害。这类情况下，受害人是否都能请求精神损害赔偿，需要未来立法加以明确的具体规定。未来立法时，一方面，需要避免未来法律规定导致精神损害赔偿滥用的情况发生。另一方面，也需要制定条件，明确在何种情况下允许请求纯粹精神损害赔偿。这样可以体现精神损害的独立价值，为受害人提供赔偿，同时也对加害人进行一定的惩罚，有利于社会的长期稳定和公平正义。

（三）侵犯财产权精神损害赔偿与侵犯人身权精神损害赔偿

根据侵犯客体是否具有财产属性，精神损害赔偿可以分为侵犯财产权精神损害赔偿和侵犯人身权精神损害赔偿两种情形。从概念上来说，精神损害是指因侵害行为导致民事主体的人身权受到侵犯，从而使其人格利益、身份利益遭受损害或者遭受精神痛苦的客观事实状态。在民法领域，有关侵犯人身权利而主张精神损害赔偿，不管是从定义上还是从立法上，一直受到广泛认可。然而，对于侵犯财产权是否会导致精神损害以及这种后果是否具备法律上的可赔偿性，各国和地区的法律规定存在差异。

在德国民法典和我国台湾地区"民法"中，对侵犯财产权而导致的精神损害赔偿持否定观点，其认为只有在法律有明确规定的情况下才能请求精神损害赔偿，而且通常情况下不适用于财产损害，只有人身权受到侵害才能触发精神损害赔偿的规定。相比之下，以日本和法国为代表的民法典采取了肯定态度。日本在第二次世界大战后对其民法进行了修改，特别强调个人权利，重视保障人格权，因此允许受害人主张精神损害赔偿。例如，《日本民法》第709条规定，因故意或过失侵害他人权利而导致损害的，应负赔偿责任。第710条规定，无论是侵犯他人身体、自由、名誉，还是侵犯他人财产权，前一条规定的赔偿责任同样适用，即侵权者应对财产以外的损害承担赔偿责任。这一法条突破了大陆法系对精神损害赔偿范围的限制，为精神损害赔偿的适用开辟了新的领域。

综上所述，各国对侵犯财产权精神损害的认定和赔偿存在不同的法律观点和做法，这反映了不同法系和文化背景下对精神损害赔偿问题的不同看法和权衡。

随着时间的推移，我国大陆也逐渐开始重视自然人对某些特定物品的情感价值。在2001年颁布的《最高人民法院关于确定民事侵权精神损害赔偿责任若干问题的解释》中，规定了只要具有人格象征意义的特定纪念物品受到永久性损毁，就可以提起精神损害赔偿的诉讼。而在《民法典》第1183条中，进一步明确了可以提起精神损害赔偿的物品为那些具有人身意义的特定物品。这一调整在客观方面扩大了"物"的范围，同时在主观方面强调了侵权行为的故意或重大过失。这一法律调整是合理的，首先，从性质上看，侵害财产权导致的精神损害实际上是一种非财产性的损害，它并不因侵犯的对象是财产权而改变这种性质。因此，应当承认侵犯财产权可能导致精神损害的情况。其次，从范围上看，并不是所有形式的精神损害都应该得到赔偿，而侵害财产权所引发的精神损害的救济范围相对较窄。一些学者认为，只有侵害了物权中的所有权才能引发精神损害赔偿的请求。这是因为所有权能够反映权利主体与其物品之间的特殊关系，这种关系允许权利主体完全控制其物品，而无须考虑他人的权益。所有权人对其物品拥有完全的支配权，不仅包括物品所带来的经济利益，还包括与物品相关的情感利益。因此，《民法典》规定那些具有人身意义的特定物品遭受损害可以请求精神损害赔偿是合理的。这一规定既可以保护个体对特定物品的情感联系，也有助于维护公平和正义，限制精神损害赔偿的范围，确保其适用于合理的情况下。

（四）侵犯人格权精神损害赔偿与侵犯身份权精神损害赔偿

根据不同内容，精神损害赔偿可以分为侵犯人格权精神损害赔偿和侵犯身份权精神损害赔偿两种情况。根据《民法典》第 1183 条的规定，精神损害赔偿是指受害人因人格利益或者身份利益受到侵犯，或者遭受精神痛苦而获得的金钱赔偿。人格权是指民事主体享有的权利，这些权利将人格利益作为客体，旨在保护民事主体的独立人格设定权利。人格权可以分为一般人格权和具体人格权两种。一般人格权包括了自然人所享有的、具有概括性特征的权利，其内容涵盖了人格独立、人格尊严以及人格自由等方面的权益。具体来说：人格独立意味着每个民事主体都有权和能力自主行使自己的权利，做出自己的决定，而不受他人的不当干涉和控制。在法律面前，任何民事主体都应享有平等的主体资格。人格自由包括了保持人格的自由和发展人格的自由。这意味着个体有权保持其人格的独立性，也有权发展和展示其独特的人格特征。人格尊严是指人的主观自我价值评价与客观社会评价的结合。这包括了个体对自身的尊重以及社会对个体的尊重和认可。具体人格权则在《民法典》第 990 条中明确列举了不同类型的具体人格权，包括生命权、身体权、健康权、姓名权、名称权、肖像权、名誉权、荣誉权、隐私权等。这些权利旨在保护自然人在不同方面的人格利益和身份权益。

总的来说，精神损害赔偿涵盖了侵犯人格权和侵犯身份权引发的精神损害情况，确保了个体在不同领域内的人格利益和身份权益得到充分的法律保护。这些规定旨在维护每个人的独立性、自由和尊严。关于身份权，古时候的亲属法认为自然人的身份体现了社会与家族的两重属性，身份的法律内涵包括国家与家族的权力以及等级特权。因此从一开始，身份权就具有一种不公平的专制支配特征。然而，时代的进步让身份的含义发生了改变，它排斥原来包括的权利要素，加入了义务中心的观念，把狭隘的特权变成了普遍的权利。目前，民法上身份权的定义是：公民和法人依一定行为或基于相互之间的关系所发生的一种人身权利。① 这包括了专利权、著作权等知识产权，以及因确定婚姻关系而产生的配偶权等权利。我国法律规定了身份权的精神损害赔偿，比如，2001年颁的《最高人民法院关于确定民事侵权精神损害赔偿责任若干问题的解释》第2条规定：非法使被监护人脱离监护，导致亲子关系或者近亲属间的亲属关系遭受严重损害，监护人向人民法院起诉请求赔偿精神损害的，人民法院应当依法予以受理。《民法典》第1091条规定了夫妻一方在婚姻存续期间与他人重婚、实施家暴等重大过错，另一方可以请求离婚损害赔偿，其中就包含精神损害赔偿。这些法律规定确保了在侵犯身份权方面引发的精神损害情况得到合法赔偿，进一步强调了个体的人格自由和尊严，促进了法律体系的进步与完善。

（五）本人精神损害赔偿与死者近亲属精神损害赔偿

根据同一侵权行为所导致的精神损害的主体范围，可以将其划分为受害者本人的精神损害赔偿和死者近亲属的精神损害赔偿。受害者本人的精神损害指基于他人的违法行为使得受害者遭受精神上的痛苦或精神利益的受损。而死者近亲属的精神损害则是由于死者遭受损害，而导致其近亲属精神上的痛苦或精神利益的受损。

2001年颁布的《最高人民法院关于确定民事侵权精神损害赔偿责任若干问题的解释》规定了死者近亲属可以提出精神损害赔偿的请求。自然人死后，其姓名、肖像、名誉、荣誉、隐私或遗体受到损害，造成其近亲属受到精神痛苦的情况下，可以向法院提出精神损害赔偿请求。2003年，《关于审理人身损害赔偿案件适用法律若干问题的解释》第18条规定：死者近亲属遭受精神损害的，可以请求赔偿精神损害抚慰金。也就是说，死者近亲属能够就侵害人格利益与侵害生命权的行为提出赔偿请求。关于"近亲属"的范围，需要进行一定程度上的拓展。理解"近亲属"的含义与范围时，不能过于固化和死板。那些与死者在世时长期固定生活在一起的人，虽然不是法律规定的"配偶"，也不是父母或子女，但实际上，他们与死者已经建立了深厚的联系和感情，形成了密切的共同生活关系和精神依赖关系。因此，可以视为死者生前的家庭成员、共同生活的成员，从而将其扩展解释为"近亲属"。这一拓展的理解有助

---

① 阳平，杜强强. 生育权之概念分析. 法律适用，2003（10）：32-33.

于更全面地保护死者近亲属的权益，确保他们在面对亲人生命权或人格利益遭受侵害时，能够获得适当的精神损害赔偿。这种做法体现了法律对家庭关系和亲情纽带的尊重和保护。

在侵权致死案件中，死者的近亲属可以主张精神损害赔偿，主要包括两个方面的情形：

近亲属因目睹亲人死亡过程受到的惊吓：这种情况下，侵权行为导致了近亲属精神上的痛苦，通常是由于目睹亲人死亡的过程，如事故、医疗事故等。根据《民法典》和相关司法解释，这种精神损害情形可以通过精神损害赔偿得到一定的抚慰和补偿。近亲属面对死亡结果时忍受的骨肉分离的痛苦：这种痛苦是由于侵权行为导致的骨肉分离，即亲人的死亡，对近亲属造成的精神痛苦。同样，根据《民法典》和司法解释，这种情形下的精神损害应当得到相应的精神损害赔偿。在具体案件中，精神损害赔偿的数额会受到多种因素的影响，如侵权行为的性质（是故意行为还是过失行为）、侵权人的主观故意或过失程度、近亲属与被侵权人的关系、近亲属自身的心理素质等。法院会根据具体案情来判断和裁定精神损害赔偿的数额，以合理补偿近亲属所遭受的精神痛苦和损害。

在侵权致死案件中，关于死者近亲属的精神损害赔偿请求权的性质学界存在争议，主要有两种观点，即固有权利说和继承说。（1）固有权利说。这一观点认为，死者近亲属的精神损害赔偿请求权具有人身专属性，是死者近亲属固有的权利。根据这一观点，死者近亲属并没有继承或者获得该权利，而是自身拥有这一权利。我国法律体系认可了固有权利说，法释〔2003〕20号明确规定，精神损害抚慰金的请求权不得让与或者继承。（2）继承说。继承说认为，死者近亲属的精神损害赔偿请求权实际上是由死者未放弃的权利继承而来的。根据这一观点，死者近亲属是在死者的基础上行使这一权利，而不是拥有独立的人身权利。我国法律体系采纳了固有权利说，强调了死者近亲属的精神损害赔偿请求权是一种固有的权利，不可让与或继承。这一立场旨在保障死者近亲属在侵权致死案件中所遭受的精神痛苦得到适当的抚慰和补偿，强调了这一请求权是基于近亲属自身的精神利益损害而产生的，而非继承自死者。这有助于确保死者近亲属的合法权益得到充分的法律保护。

（六）直接精神损害赔偿与间接精神损害赔偿

精神损害问题的分类和性质在不同的法律体系中确实存在多种观点和理论，这些观点通常反映了对精神损害问题的不同理解和权益保护的侧重点。以下是对三种主要理论观点的进一步解释：

（1）直接损害说。该观点认为，精神损害由侵权行为直接导致而不依赖于第三人的损害。基于此，受害人可以在直接受到侵权行为导致的精神损害后，来主张精神损害赔偿。然而，在目前的中国法律体系下，直接损害说通常难以成立，因为法律通常更倾向于采用其他理论来解决精神损害问题。（2）间接损害说。这一理论观点认为，精神损害是由于第三人的损害行为而间接导致的，即第三人的损害行为反射到受害人的精神状态上。这意味着，要主张精神损害赔偿权，通常需要证明侵权行为是由第三人直接实施的，而不是直接受害人自身的行为所导致的。这种理论在某些法律体系下得到认可。（3）精神损害主体说。这一理论观点强调，精神损害赔偿的关键是受害人的精神状态受到侵害，不论是由直接侵权行为导致还是由第三人间接导致。因此，受害人的精神损害赔偿请求可以基于受害人的实际精神状态，而不仅仅是侵权行为的性质或来源。这种理论观点可能更加灵活，能够更全面地考虑精神损害问题。

总的来说，不同国家和地区可能采用不同的理论观点来处理精神损害问题，这取决于其法律体系和文化背景。精神损害问题本身是一个复杂的法律议题，需要平衡受害人的权益和防止滥用之间的关系。法律体系可能会在不同的情况下采用不同的理论观点和标准来解决精神损害问题。

在英美法系中，精神损害通常被称为"精神打击"（Nervous Shock），它是指直接受害人由于侵权行为而受到损害，同时，第三人亲眼看到或事后了解伤害事实而受到精神刺激，从而导致心神崩溃或休克等情况下所遭受的精神损害。英美法系承认精神利益的独立性，即认为直接损害可以是精神损害的来源。在德国法中，间接受害人的精神损害被称为"精神打击"（Schockschaden Dritter），它指的是死者的近亲属因失去了生活乐趣，出现歇斯底里的反应，甚至可能导致精神病的突然发作，以及剧烈的情绪震动等情况下所遭受的精神损害。德国法认为第三人的精神损害实质上是通过加害人对另一人侵权行为的媒介而侵害到自己的健康。与英美法和德国法相比，中国法对间接受害人的精神损害的范围存在一定的限制，通常局限于死者的法定近亲属，并将第三人的震惊精神损害问题归入一般条款内进行规制，缺乏独立的地位。这个比较有助于说明不同法律体系对于精神损害的认知和处理方式，以及中国法律在这方面的特点。

不同国家对于第三人获得精神损害赔偿的条件和标准确实存在差异，一些国家的具体规定和案例，表明了在一些情况下，第三人可以获得精神损害赔偿。以下是一些国家的相关规定：（1）瑞士法律。瑞士《债法》第49条规定，如果受害者的残疾导致要求高度照料，且日常生活状态完全颠覆，婚姻关系也受到破坏，第三人（如丈夫）的绝对权利受到侵犯，那么该第三人可以提出精神损害赔偿的要求。（2）日本法律。尽管日本没有专门规定间接性精神损害赔偿的法条，但最高法院已经处理了一些相关案例。例如，如果一个人因亲属的严重伤害或死亡而遭受了显著的精神痛苦，可以获得精神损害赔偿。最高法院规定了一种判定标准，即当受害者遭受的精神痛苦程度不劣于生命受到侵害的情况时，近亲属可以请求抚慰金。（3）欧洲国家法律。一些欧洲国家如法国、意大利、西班牙、比利时、希腊等国的法律体系也对间接性精神损害的认定提供了标准。通常情况下，只要侵害是直接且明确的人身侵害，就可以导致赔偿义务。[①] 这些例子凸显了不同国家法律体系中对于间接性精神损害赔偿的看法和条件的多样性。这对于理解不同法律体系中的权益保护机制和法律原则是很有启发性的。

当未成年人遭受严重身体伤害，其父母也可能经历极大的精神痛苦。尽管中国的法律目前可能没有专门规定父母可以就这种情况提出精神损害赔偿的权利，但这是一个值得深入思考和讨论的议题。精神损害赔偿的核心目的之一是抚慰受害人的痛苦，弥补其精神上的损失。在某些情况下，父母可能因见证或了解他们的未成年子女遭受严重身体伤害而经历极大的精神创伤。虽然中国法律尚未明确规定此类情况下父母是否有权获得精神损害赔偿，但这涉及道德、伦理和社会公平的重要问题。法律应该随着社会和伦理观念的演变而发展。我们认为，随着社会发展，会逐步达成社会共识，在这种情况下应当给予父母精神损害赔偿权，因此，我们认为我国未来应该立法对此加以规定。

---

① 刘高勇. 反射性精神损害救济请求的司法应对——基于比较法的视角. 社会科学家，2019（5）：123.

第二章　精神损害赔偿制度的变迁及域外经验

一、国外精神损害赔偿制度的演进

在精神损害赔偿制度的长期发展过程中，各国受不同的法学理论影响，形成了英美法系与大陆法系两种类型的精神损害赔偿制度。这两种类型各有其特点：大陆法系国家更倾向于制定成文法典，强调法典的成文化。这些国家通常会在法典中明确规定精神损害赔偿的相关规则和条件，为法院提供具体的法律依据。这种方法的优点是明确性强，便于法律适用，但也可能较为僵化，不够灵活。英美法系国家更注重通过判例来确立精神损害赔偿制度。在这些国家，法院在处理具体案件时会形成一系列相关的法律原则和规则，从而逐渐建立起精神损害赔偿的体系。这种方法的优点是灵活性强，可以根据具体情况灵活运用，但也可能存在不确定性，需要不断的司法实践和判例积累。

(一) 德国精神损害赔偿制度的演进

德国等欧洲国家早在文艺复兴时期就开始关注人的权利，尤其是强调"天赋人权"，这为精神损害赔偿制度的发展提供了基础条件和基本理论。德国首先确立了精神损害赔偿制度，并将其称为"相当金额赔偿"，强调通过金钱给付慰抚受害人的精神痛苦。通常认为最早开始规定精神损害赔偿制度的是1896年的《德国民法典》，该法第84条规定："侵害人的身体或健康或剥夺人的自由者，被侵害人得基于非财产上的损害，请求相当的金钱赔偿。"这一规定标志着精神损害赔偿制度在德国法律中的确立，具有里程碑意义。同时，该法典第847条明确指出了"非财产损害"的概念，将保护的范围延伸到了生命、健康、自由等一部分人格权益，表明精神损害这一"非财产损害"在德国法律中得到了认可，改变了之前法律中仅认可赔偿"财产性人格利益"损失的局限，进一步扩大了公民人格利益的保护范围。同时，德国法律也对金钱赔偿非财产损害做出了严格的限制，将金钱赔偿非财产性损害的范围限制在"只有法律特别规定的情形"，将赔偿范围限制在法律规定之内，在一定程度上防止了诉权的泛化。这一规定体现了在精神损害赔偿领域保护公民人格利益的同时，也对赔偿请求进行了合理的限制，以平衡权益保护和法律秩序的需要。需要指出的是，德国的精神损害赔偿制度是经过多年的演进和修订才逐渐完善的。它在法律中明确定义了精神损害，规定了赔偿的范围和条件，同时充分考虑了公民的人格权益和法律秩序的平衡。我国在借鉴国外制度经验时，可以参考德国的做法，结合我国的实际情况，进一步完善精神损害赔偿制度，以更好地保护公民的人格权益。

随着德国社会对加强人权保护的呼声越来越大，德国司法部在 1967 年对《德国民法典》中的第 823 条进行了修改，将原文中"因故意或过失不当侵害他人生命、身体、健康、自由、所有权或其他权利者对被害者负有赔偿损失的义务"修改为"故意过失不法侵害他人生命、身体、健康、自由、名誉或以其他方法伤害他人之人格利益的，应承担损害赔偿责任。"这一修改明确了精神损害赔偿制度的法律基础，并将其纳入法典之中，为精神损害赔偿的合法性和有效性提供了明确的法律依据。另外，值得注意的是，该修正案增加了"不法侵害"的表述，这意味着只有在行为属于不法侵害时，才会触发赔偿责任，保护了合法行为不受精神损害赔偿的限制。此外，对于人格权受侵害的情况，法律规定了可请求相当的金钱包括抚慰金来赔偿非财产上的损害。然而，根据第 249 条的规定，如果认为恢复原状可能并且充分，或者给予受害人的是金钱之外的其他补偿，则不适用此条款。此外，对于轻微侵害，法律也不予考虑。赔偿金额的确定应当根据具体情况来进行，包括侵害的性质和过失的大小。这些规定更加科学地完善了精神损害赔偿制度，既强调了对被侵权人的抚慰金请求权，也在合理情况下充分考虑了侵权人采取补救措施的情况，体现了民法中的公平原则。这有助于促使侵权人在侵害他人人格利益后能够及时救助被侵权人，防止损害扩大，及时弥补被侵权人的损失，有利于实现精神损害赔偿制度保护人权的立法目的。

现今的德国民法又将第 847 条内容增加了，其中第 1 款修订为：在侵害身体或者健康，以及在剥夺人身自由的情况下，受害人所受损害即使是非财产损失，亦可以因受损失而要求合理的金钱赔偿。第 2 款增加规定：对妇女犯有违反道德的犯罪行为或者不法行为，或者以欺诈、威胁、滥用从属关系，诱使妇女允诺婚姻外同居的，该妇女享有相同的请求权。第 2 款中特别规定了对妇女的保护，其中隐含着对妇女性权利的保护。侵犯妇女的性权利，受害的妇女能够提起精神损害赔偿，充分地肯定了妇女性权利，将性权利受损时享有同生命、自由、健康同样的精神损害请求权，体现了在本条规则下妇女的性权利可以作为法律所明文认可的人格权。不仅如此，在德国长期的司法实践中对公民人格权的保护已经超越了民法典的范围，在许多案件中都支持受侵害人的精神损害赔偿诉求，突出反映了德国社会对于加强人权保护的强烈需求。有学者认为，《德国民法典》第 253 条第 2 款提出：仅身体、健康、自由以及性自主受到侵害的可请求非物质损害赔偿。法国民法中的一般人格权规定则是以其基本法为基础而形成的，虽然不被该条列出，但在受到侵害时仍然能够要求非物质损害赔偿，因而更具包容性。因此，德国法这种立法实践受到许多批评，被认为落后于其他欧洲国家。

德国在 2002 年的新债法中规定了精神损害赔偿可以在合同诉讼中主张，也可以依据侵权诉讼提出，这是德国法律的特色。瑞士的债法也承认了在违约诉讼中的精神损害赔偿。《德国民法典》第 253 条的原文是："非依法律特别规定，精神损害不能诉诸金钱赔偿。"这条规定并不是说精神损害不能诉诸金钱赔偿，而是指在一般法律规定的精神损害赔偿的情况下，不能直接通过金钱赔偿的方式进行救济。但是，这并不排除在特定情况下，通过法律特别规定的方式，允许对精神损害进行金钱赔偿。因此，在德国和瑞士的法律规定中，确实存在在违约诉讼中主张精神损害赔偿的情况，但这并不意味着精神损害赔偿和违约责任的承担是对立的。实际上，违约责任包括了财产损失和精神损失的赔偿。

（二）法国精神损害赔偿制度的变迁

法国对于精神损害赔偿制度的规定可以从《拿破仑民法典》开始追溯，《拿破仑民法典》第 1382 条规定：任何行为使他人受到损害时，因自己的过失而致行为发生之人对他人负赔偿责任。这里"损害"的规定在概念上没有清晰地表述为是否仅限于物质损害，这种语境根据解释论可以解释为包括被侵权人的全方面损害，也就当然地包括"非物质损害"，可以指导法院在处理有关案件时可以据此支持被侵权人精神损害赔偿的请求。同时，该条规定只要求侵权行为人有过失就能符合主观构成要件，扩大了该条规定的适用范围。在法国理论界中，对精神损害是否应以金钱赔偿还是存在争议的。一部分人主张"无法补偿说"，认为补偿的本质是恢复权益原有的状态，然而精神属于无形的权益，无论是否采取了财产上的补偿都无法恢复。这种学说单纯地将精神和财产的性质做了分析，作为物质的财物确实无法直接弥补被侵权人的精神损害，但被侵权人可以用侵权人的赔偿从事使自己精神愉悦的活动，从而实现对自己的精神抚慰。同时，在比较法领域，法国法没有对适用范围作出一般限制，但在他们民法典中列明了一般性的条款则。日本法对请求精神损害赔偿的权利给予了积极的肯定，日本民法典第 709 条和第 710 条对抚慰金作了规定：人格利益、身份利益以及财产权因受到不法侵害时产生的精神损害赔偿。但是德国始终秉持对赔偿范围进行限制，德国损害赔偿法于 2002 年修改时仍把精神损害赔偿限定于法律规定的法益侵害类型，但增加了危险责任与合同责任领域的非财产损害的金钱赔偿。

（三）瑞士精神损害赔偿制度的沿革

瑞士被认为是现代对人格权保护最完善的国家之一，瑞士在确定其精神损害赔偿制度时吸收了法德的有关经验，并且在继承的基础上加以发展，最突出的特点就是将许多停留在学理上对一般人格权的认识加入了法律中，对其他国家的精神损害赔偿制度的建设具有示范建设作用。

首先，瑞士民法第 28 条规定："任何人在其人格受到不法侵害时，可诉求排除侵害，并可根据本法规定，诉请损害赔偿或给付一定数额的抚慰金。"该规定将精神损害赔偿制度保护对象直接规定为人格，人格包括了一般人格权和具体人格权，大部分国家在规定精神损害赔偿制度的保护对象时，通常只将生命、健康等具体人格权进行保护。一般人格权保护的范围很大，如自然人享有的概括人格平等、人格独立、人格自由与人格尊严所有内容的一般人格利益，从而形成并确立了具体人格权的基本权利。因此，瑞士民法相当于就一切人格权受损都允许受害人享有精神损害请求权，对公民的人格利益进行了全方面的保护。

其次，瑞士民法将精神损害赔偿制度中的"抚慰金"与其他侵权行为责任中"赔偿损失"的概念进行了分割。不同的侵害行为侵害不一样的权益，所造成的损害结果也是不一样的，瑞士民法将侵害人格权造成非物质财产损害的赔偿规定为"抚慰金"，并且强调在这种情况下侵权人的补偿手段包括：（1）给付金钱；（2）其他法律规定的方式。而"赔偿损失"则是适用于侵犯人格权造成物质损失的场景，强调以恢复原状及对受害人的金钱赔偿。这种划分模式并不是没有意义，不同的损害会导致不一样的侵害结果，承担的责任也有所不同。人格权造成损害的后果既可以是物质损害的后果也可以同时兼具精神损害的后果，或者只具有精神损害的后果，或者只有物质损害的后果，事实上这是承认了人格权的物质属性。与瑞士相比较，法国民法典中只规定了"损害"一词，没有详细地区分人格权的物质性损害和非物质性损害，导致长期以来只能依靠司法实践和理论解释将"损害"进行区分。

再次，瑞士民法中，对于侵害生命权或身体伤害的案件，抚慰金制度主要适用于受害人的近亲属，特别是其配偶和子女。瑞士民法并没有明确规定死者的亲属具有抚慰金请求权，而是在某些特定情况下，如死者具有未了结的民事权益或者死者的近亲属因死亡而遭受了精神上的痛苦，才可能获得抚慰金。在瑞士民法中，抚慰金并非是一种独立的赔偿方式，而是与物质损失赔偿相互独立的一种制度。在某些情况下，如侵害生命权或身体伤害案件中，法院可能会根据具体情况判决抚慰金，以作为对受害人或其近亲属精神上的一种补偿。在瑞士民法中，精神利益的保护主要针对的是生者，特别是受到精神损害的受害人或其近亲属。

（四）日本精神损害赔偿制度的革新

日本的立法实践长期受到德国的影响，结合日本的国情将德国制度移植到国内，所以日本的精神损害赔偿制度与德国有比较紧密的联系，在对德国的精神损害赔偿制度进行本国化后，日本关于精神损害赔偿的规定和德国关于精神损害赔偿的规定的最大差异为，前者把精神损害赔偿制度保护的客体扩展到了名誉权和财产权。

日本对德国民法中精神损害赔偿制度的移植，将对生命、名誉、自由等的保护规定得更加详细，扩大了精神损害赔偿制度所适用的范围。日本民法典第710条指出："无论是侵害他人身体、自由或名誉情形，还是侵害他人财产权情形，根据前条规定应负赔偿责任的，对财产以外的损害，亦应赔偿。"[①] 本条规定不仅侵害人格利益适用精神损害赔偿制度，在财产被侵害的场合下也同样具有精神损害赔偿的请求权。但是，就本条中的"财产权"而言应该对其做出缩小解释，在实际生活中能够引起精神损害的财产相对较少。只有侵害、毁损与公民精神利益密切相关的某些特定财产才有可能出现精神损害。

我国在法律移植的过程中可以吸收各国精神损害赔偿制度的合理之处，并结合我国的实际情况进行适当改造和发展。可以借鉴英美法系国家的灵活性和判例法的特点，同时也保留大陆法系国家成文法典的明确性，以建立一个适应我国国情并具有完备法律体系的精神损害赔偿制度。这将有助于更好地保护公

---

① 罗丽. 日本的抚慰金赔偿制度. 外国法译评, 2000（1）: 50-57.

民的精神权益，实现法律的公平与正义。

二、我国精神损害赔偿制度的演进

回顾我国的法制建设历程，我们可以发现，在改革开放以后，社会主义市场经济迅猛发展，我国建设法制国家的基本方针也得以确立。尤其是在市场经济的环境下，涌现出了许多以前未曾有过的民事关系，活跃的民事交往中也不可避免地出现了权利的冲突。因此，迫切需要制定法律以救济权利受损者。在这一背景下，我国于1986年通过了《民法通则》，该法规定了侵犯公民一些基本权利的救济途径和补偿措施。然而，值得注意的是，《民法通则》并未详细规定精神损害的相关问题。在侵权责任方面，存在以下几个问题：首先，没有系统地规定侵权责任的承担方式，只是笼统地规定了侵权者需要承担的赔偿责任。其次，法律倾向于保护公民的物质权益，忽视了公民的精神利益，侧重于强调财产损失，而忽视了侵权行为可能造成的非财产损失。尽管大多数学者认为《民法通则》第120条包括了精神损害赔偿，但并未有明确的字面规定。为了弥补这一立法上的不足，立法者开始采用一系列司法解释来对法律进行扩大解释，以扩展民法通则所保护的公民权益。最终，借助这些最高人民法院司法解释的构建，我国于2009年颁布了《侵权责任法》。这部法律对《民法通则》中侵权责任的不足之处进行了补充，尤其是将精神损害赔偿制度写入了法律条文之中，进一步加强了对公民权益的保护。随着《民法典》的出台，我国系统地整合了有关精神损害赔偿的法律制度，使得公民物质权益和精神利益的保护得到了一定的平衡。

总之，我国精神损害赔偿制度从无到有、从模糊到清晰，体现了我们国家对于公民基本权利保护的重视，以及推进依法治国、加强我国社会主义法律体系完善的信心和决心。

（一）民法通则中精神损害赔偿的雏形

精神损害赔偿制度在我国的雏形可以追溯到20世纪的《民法通则》。首先，根据《民法通则》第120条的规定，公民的姓名权、肖像权、名誉权、荣誉权受到侵害时，有权要求停止侵害、恢复名誉、消除影响、赔礼道歉，并可以要求赔偿损失。虽然此处的"赔偿损失"没有明确称为精神损害赔偿，但通常认为此处的"损失"已经包括了精神损失，因此这条规定为法院处理精神损害赔偿案件提供了法律依据。然而，一个突出的问题是，法官在裁判案件时无法直接将精神损失归入此处的"损失"，需要采取一定的解释和论证才能作为裁判依据。因为 20 世纪对于损失的认识主要集中于物质损失，即有形的损失，对精神利益对于公民的重要性还缺乏深入的了解，所以当时的立法者并未将精神损失作为立法的一个重点。其次，我国的《民法通则》第 106 条规定，公民和法人违反合同或者不履行其他义务时，应当承担民事责任。如果公民或法人由于过错侵犯了国家、集体的财产，或者侵害了他人的财产或人身权益，也应当承担相应的民事责任。即使没有过错，但法律规定应当承担民事责任的情况下，仍然需要承担民事责任。根据该条内容，违反合同义务所承担的民事责任已经包括了因违约而引起的精神损害的赔偿义务。这为之后的立法规定违约精神损害赔偿提供了相应的铺垫。

需要指出的是，尽管以上这些早期的法律没有明确详细规定精神损害赔偿，但它们为我国精神损害赔偿制度的发展提供了重要的基础。也就是说，尽管《民法通则》对于精神损害赔偿的规定还不够清晰，但是《民法通则》在立法中规定了相关的构成要件和民事责任，使得精神损害赔偿制度具有了雏形，为将来的立法工作留有了余地。特别是在保护对象中包括了姓名权、肖像权等具体人格权，是对人权的一种实质性保护，对于推进人权保护具有重要意义，也反映出我们党和国家对人权工作的重视。从另一个角度看，没有过早地详细规定精神损害赔偿的具体制度，可能是立法者的一种考虑。如果在当时的经济条件下过早地规定精神损害赔偿制度可能会有适得其反的效果，例如，在改革开放初期，人民生活水平普遍较低，对于精神等无形利益的认识不够充分，实际需求不高，因此过早的制度设计可能会导致法与现实国情无法有效衔接的局面。

（二）精神损害赔偿制度的基本确立

精神损害赔偿制度在我国的建立是通过一系列的司法解释逐步展开确立的，最高人民法院的司法解释对处理精神损害案件提供了法律依据，并弥补了《民法通则》等法律文件的不足。其中，《最高人民法院关于审理涉外海上人身伤亡案件损害赔偿的具体规定（试行）》是最早的一项司法解释，于 1991 年 11 月 8 日颁布。尽管该司法解释没有明确提及精神损害赔偿，但规定了对死者家属和因伤致残者的"抚慰金"，这实际上已经包含了精神损害赔偿的性质，旨在弥补其心理创伤。这一司法解释为精神损害赔偿问题的解释提供了先例。《最高人民法院关于审理名誉权案件若干问题的解答》是另一项重要的司法解释，由最高人民法院于 1993 年颁布。该解释明确规定，只有在公民受到名誉权侵害时，才能同时主张经济损失赔偿请求权和侵犯名誉权所造成的精神损害赔偿请求权。当时，这一解释将精神损害赔偿的范围限制在名誉权受到侵害的情况下。但是后续的司法解释则进一步扩大了精神损害赔偿的适用范围，更全面而科学地保护了公民的精神利益。另外，该解释的第10条第4款首次提出了"精神损害赔偿"的概念。这一术语的出现表明，我国司法解释开始正式关注并确立了精神损害赔偿制度。这些司法解释的出台为我国精神损害赔偿制度奠定了基础，对公民的精神利益遭受损害的赔偿提供了保护依据。

《最高人民法院关于确定民事侵权精神损害赔偿责任若干问题的解释》于2001年2月26日颁布，对精神损害赔偿的适用范围进行了重要的扩大和规定。其中，第4条规定："具有人格象征意义的特定纪念物品，因侵权行为而永久性灭失或毁损，物品所有人以侵权为由，向人民法院起诉请求赔偿精神损害的，人民法院应当依法予以受理。"这一规定明确了精神损害赔偿的适用范围，并扩大了受保护的对象。尽管该司法解释将扩大的对象限定为"特定纪念物品"，但相较于原有的《民法通则》而言，已经提供了更为全面的保护。此外，该司法解释第5条规定，"法人或者其他组织以人格权利遭受侵害为由，向人民法院起诉请求赔偿精神损害的，人民法院不予受理。"这一规定明确规定法人和其他组织不具备人格利益受损的精神损害赔偿请求权。此前，学界一直存在关于法人是否具有精神损害赔偿请求权的争议，一般观点认为法人不会遭受精神痛苦。这种观点坚持了传统民法理论，将精神损害定义为"精神痛苦和肉体痛苦"。一些学者则提出，法人和其他组织作为民事主体，在社会功能方面与自然人相似，但它们没有精神感受力或感受精神痛苦的能力。这一司法解释为法院处理法人精神损害赔偿案件提供了明确的指导。《最高人民法院关于确定民事侵权精神损害赔偿责任若干问题的解释》在我国精神损害赔偿的立法进程中占据重要地位，体现了对人文主义的关切和对人权的尊重。

《最高人民法院关于审理人身损害赔偿案件适用法律若干问题的解释》于2003年12月4日通过，并在精神损害赔偿方面做出了重要规定。其中，第1条明确规定"因生命、健康、身体遭受侵害，赔偿权利人起诉请求赔偿义务人赔偿财产损失和精神损害的，人民法院应予受理。"第18条则规定"受害人或者死者近亲属遭受精神损害，赔偿权利人向人民法院请求赔偿精神损害抚慰金的，适用《最高人民法院关于确定民事侵权精神损害赔偿责任若干问题的解释》予以确定。"这些规定表明，生命、健康、身体遭受侵害的受害人及其近亲属除了能够要求赔偿财产损失外，还可以请求精神损害赔偿。这一规定将精神损害赔偿与死亡赔偿金或残疾赔偿金区分，不再将其视为精神损害的一部分，而是将其归类为家庭收入的减少。这一变化旨在减少刑事附带民事诉讼中不能提起精神损害赔偿的影响。尽管根据法律规定，刑事案件中的被害人和其亲属不能单独提起精神损害赔偿，但根据此司法解释的规定，他们仍然可以就死亡赔偿金和残疾赔偿金提起刑事附带民事诉讼，以最大程度地保护他们的权益。总之，最高人民法院颁布的有关精神损害赔偿的司法解释为我国精神损害赔偿制度的建立提供了基础，并在法律实践中发挥了重要的引导作用。这些司法解释为后来的侵权责任法的制定提供了有益的经验和参考。

（三）侵权责任法对精神损害赔偿制度的丰富

《侵权责任法》对精神损害赔偿制度的规定虽然不多，但在其中的第22条中，我们可以看到它涵盖了许多以前司法解释中的规定，进一步推动了精神损害赔偿制度的系统化和规范化建设。该条规定如下："侵害他人人身权益，造成他人严重精神损害的，被侵权人可以请求精神损害赔偿。"尽管这是一条简短的法条，但它具有很强的弹性。其中的"人身权益"概念涵盖了各种人格权益和身份权益，体现了《侵权责任法》在保护公民权益方面的全面性和广泛性。相对于早期《民法通则》中仅限于部分人格权的保护对象，这一条款更为广泛。实际上，根据《最高人民法院关于审理人身损害赔偿案件适用法律若干问题的解释》，精神损害赔偿制度的保护对象已经扩展到了物质性人格权益，承认了在生命权、健康权等受损时可能引发精神损害。因此，尽管《侵权责任法》对精神损害赔偿制度的规定篇幅较短，但它为精神损害赔偿提供了更广泛的保护范围，将其纳入法律体系，推动了精神损害赔偿制度的进一步发展和规范化。

其次，第22条中规定的"被侵权人"具有一定的弹性。在这一规定下，被侵害人不仅包括直接受到侵权行为侵害的人，还包括因侵权行为而遭受精神损害的"其他人"。精神利益的损害并非仅限于直接的侵权行为所导致，有时侵权行为的影响可能会涉及其他人，例如，侵害他人的生命权可能导致被侵害人的亲属陷入精神痛苦之中。另外，一些情况下，侵权行为可能会导致"其他人"受到惊吓而遭受精神损害，这也可以被视为第22条中所指的"被侵权人"。因此，立法者已经认识到精神损害与实际侵权行为之间的因果关系具有复杂性，因此在体系解释和目的解释的指导下，不再需要对"被侵权人"是否是侵权行为的直接受害人作出严格区分。这一灵活性的解释有助于更全面地保护那些可能受到侵权行为间接影响的人的精神权益，反映了法律对于复杂情况的关切和保障。这一立法精神有助于确保精神损害赔偿制度在实际应用中更加公平和合理。

再次，第 22 条中规定了一定的条件限制，尤其是要求精神损害达到严重的程度才能主张赔偿。这一要求突出了精神损害构成要件中不仅需要有损害结果，还要求该损害达到严重程度，从而在构成精神损害方面设置了一定的量化门槛。这样的规定有几方面的目的和好处：其一，有助于维护社会的和谐稳定。如果将轻微精神损害结果纳入赔偿范围，可能导致一些轻微纠纷升级为法律诉讼，从而不利于社会的和谐稳定。此规定有助于防止将本应通过调解和谈判解决的纠纷升级为法律诉讼，有助于减少不必要的法律争端。其二，它有助于强调公民解决纠纷的自主能力，优化纠纷解决途径。将轻微精神损害结果排除在外，有助于鼓励公民自行解决轻微纠纷，以减轻法院工作负担。轻微精神损害结果仍然可以通过调解、协商等方式解决，这有助于丰富纠纷解决路径，迅速解决争端，及时赔偿被侵权人的损失。总的来说，我国《侵权责任法》确立了精神损害赔偿的体系，同时，它也为未来进一步细化精神损害赔偿制度提供了基础，采取了相对灵活的规定，为未来的立法发展提供了可能性。

（四）民法典对精神损害赔偿制度的完善

民法典将原本分散的民事法律规定统一编纂为一部法典，具有理论整合的功能，同时还吸纳了学界和司法实践中认为合理的学说，促进了民法学理论的进步和司法实践中的规范化。此外，民法典还对原有法律中的不合理之处进行了修改，废止了一些已经不符合时代发展需求的法律，降低了法律滞后性对公民生活的影响，减少了由于法律制度问题所导致的司法诉讼成本和交易成本。特别是在精神损害赔偿制度方面，对精神损害赔偿制度做出了更多符合时代发展需求的规定。

在我国《民法典》中，关于精神损害赔偿的规定分散在各编中，基础性的规范主要存在于侵权责任编和合同编。侵权领域中，精神损害赔偿的规范表述体系化程度较高，内容清晰明确，其中核心规定包括《民法典》第 1183 条。精神损害赔偿是对精神损害事实的金钱赔偿，根据《民法典》第 1179 条、第 1182 条、第 1183 条和第 1184 条等规定，精神损害赔偿与人身损害赔偿以及财产损失赔偿（如侵害人身权益导致财产损失等）相互关联。人身损害（第 1197 条）、精神损害（第 1183 条）和财产损失（第 1182 条、第 1184 条等）都被包括在我国《民法典》所确立的侵权损害赔偿中的"损害"具体种类中。第 1183 条的具体内容包括：第 1 款规定了精神损害赔偿的一般规则，即侵害人身权益造成严重精神损害的受害人可以请求精神损害赔偿；第 2 款规定，对具有人身意义的特定物品造成严重精神损害，当侵害人有故意或者重大过失时，权利人可以请求精神损害赔偿。这些规定在民法典中明确了精神损害赔偿的法律地位和适用条件，为保护公民的精神权益提供了法律保障。民法典的颁布对我国精神损害赔偿制度的发展和完善具有重要推动作用，通过法律的整合和规范化，为公民提供更全面的法律保障，促进了社会的和谐稳定，优化了纠纷解决途径，进一步提高了公民权益的保护水平。

《民法典》第 1183 条对于能够通过侵权损害赔偿予以救济的精神损害范围进行了界定，从而确定了哪些类型的精神损害事实能够被纳入侵权损害赔偿救济框架。这一规定确定了精神损害赔偿的条件：一方面是过程要件（人身权利遭受侵害），另一方面是结果要件（严重精神损害）。首先，精神损害赔偿必须与基础权益的侵害有关，即必须基于某种基础权益的损害而发生。这意味着精神损害必须是由于某种权益的侵害而导致的结果，尽管这种结果本身也会造成一定的伤害，但它是依赖于基础权益的侵害而发生的。因此，精神损害被认为是结果性的损害。其次，被吸收进入我国侵权损害赔偿救济范围的精神损害必须达到足够的"严重"程度。这意味着精神损害必须在程度上足够严重，以至于可以触发侵权损害赔偿的法律救济。如果精神损害不够严重，依据《民法典》的规定，可能会要求对方承担起停止侵害、赔礼道歉等人格权请求权的责任，而不是直接进行精神损害赔偿。总之，我国《民法典》精神损害赔偿规定包括侵权责任编第 1183 条、合同编第 577 条、第 583 条、第 584 条以及人格权编第 996 条等相关规定。这些规定为侵权损害赔偿提供了明确的法律依据，并考虑了精神损害的类型和严重程度，以确保合理的法律救济。

1. 民法典对违约精神损害赔偿的发展

违约精神损害赔偿的发展在我国民事法律领域经历了一系列的演变和完善。下面对这一发展历程进行梳理：（1）1981 年，梁慧星学者首次关注了精神损害赔偿问题，指出在制定侵权法时应考虑对精神损害和其他非财产上的损害予以适当的赔偿。[①]（2）《民法通则》于 1986 年正式以法律规定的形式明确了精神损害赔偿制度。第 120 条规定了公民的姓名权、肖像权、名誉权、荣誉权受到侵害时可以请求停止侵害、恢复名誉、消除影响、赔礼道歉，并可以要求赔偿损失。此规定限定了精神损害赔偿的范围，仅包括了自然人的"四权"和法人的"三权"。（3）《合同法》（1999 年颁布）规定了违约责任的赔偿范

---

① 刘小璇，郑成良.《民法典》视域下违约精神损害赔偿制度的适用困境与消解路径. 当代法学，2022，36（3）：91-99.

围，但没有明确将精神损害包括在"损失"的范畴中。因此，违约精神损害赔偿需要通过违约责任与侵权责任的竞合来实现。(4)《最高人民法院关于审理旅游纠纷案件适用法律若干问题的规定》第 21 条明确规定，违约情况下不适用损害赔偿，进一步确认了违约精神损害赔偿的局限性。(5)《侵权责任法》(2010 年实施) 第 22 条规定了精神损害赔偿的请求要件，强调必须是因侵害他人的人身权益而造成的严重精神损害。这一规定延续了之前的法律框架，未将违约精神损害赔偿包括在内。

综上，我国法律对违约精神损害赔偿一直处于较为有限的状态，对于违约造成的精神损害赔偿尚未有明确全面的法律规范。

关于违约精神损害赔偿问题，学术界存在激烈争议，不同学者和法学专家提出了不同的观点。以下是一些相关观点的概述：

学者杨立新认为，根据《最高人民法院关于确定民事侵权精神损害赔偿责任若干问题的解释》和《侵权责任法》第 22 条的规定，守约方可以对违约方提出精神损害赔偿要求。他强调守约方应该在合同履行中充分保护当事人的精神利益。[①] 王利明教授认为，《合同法》的早期版本旨在保护双方的合法权益和财产利益，没有包括精神利益。[②] 因此，《合同法》中没有明确规定违约精神损害赔偿。他认为合同订立时很难预见精神损害的存在。崔建远教授则认为，当事人在合同订立时可以预见到，可能会因对方违约而遭受精神损害，因此守约方有权要求违约精神损害赔偿。他认为精神损害是可以预见的损害类型。[③] 学者梁慧星提出，在制定侵权法时，应该考虑对精神损害和其他非财产性损害给予适当的赔偿。[④] 他强调了对精神损害的合理关注。

在英美法系国家，随着实务判例的发展，违约精神损害赔偿逐渐被认可。英美法系国家总结出三种可以提出违约精神损害赔偿的情形，包括合同旨在供给平静安宁与愉快的体验、合同的目标旨在解除麻烦与痛苦、违反合同给人带来身体不便，也会直接导致精神痛苦。然而，在我国的司法实践中，违约精神损害赔偿仍然存在争议。大多数法官持否定态度，只有极少数法官肯定违约精神损害赔偿制度。这个问题在我国尚未有明确的法律规范，仍然需要进一步的

---

① 杨立新. 侵权责任法. 复旦大学出版社，2010：296-298.
② 王利明. 侵权责任法与合同法的界分——以侵权责任法的扩张为视野. 中国法学，2011 (3)：119-120.
③ 崔建远. 精神损害赔偿绝非侵权法所独有. 法学杂志，2012 (8)：25.
④ 梁慧星. 试论侵权行为法. 法学研究，1982 (2)：41.

研究和探讨。

根据违约精神损害赔偿的发展，学者和法律实践在《民法典》第996条的解释上存在不同观点和争议。以下是一些相关观点的总结：学者认为，《民法典》第996条是侵权与违约责任的聚合条款，要求守约方既要承担违约责任又要承担侵权责任，负担过重，可能导致司法资源紧张。杨立新教授认为，《民法典》第996条是关于精神损害赔偿的特别规定，在适用时处于优先地位。根据《民法典》第1183条，精神损害赔偿的必要条件是侵犯人身权益并造成严重精神损害。① 最高人民法院民法典贯彻实施工作领导小组认为第996条属于精神损害赔偿的例外规定。② 薛军提出了一个新的解释论框架，即在合同关系中，如果一方当事人因违约导致对方的人格权受到损害，并且遭受严重精神损害，受损害人可以通过违约赔偿之诉要求违约方承担精神损害赔偿责任。在这种情况下，不涉及两个不同的诉讼，仅存在一个诉，即违约之诉。③有学者认为，《民法典》第996条应被视为违约精神损害赔偿的规定。根据《民法典》第584条中对"损失"的规定，损失包括财产损失和非财产损失（精神损害）。如果守约方在具有精神利益实现内容的合同中遭受严重精神损害，可以要求违约精神损害赔偿。如果违约侵犯了物质性人格权，应对责任竞合规则进行适当限制，守约方只能以侵权之诉提起精神损害赔偿，以防止滥用违约精神损害赔偿条款，力求实现相关法条的协调适用。这些不同的观点和解释为《民法典》第996条的具体解释提供了不同的理解方式，但这个问题仍然存在争议，需要在实际案例和法律实践中进一步明确和解决。

2. 民法典对财产权侵权精神损害赔偿的发展

对财产侵害是否可能导致精神损害一直是备受争议的问题，不同国家和地区的法律体系对此问题持有不同的立场。以法国和奥地利为例，它们承认财产侵害可能引发非财产性损害，并允许相应的赔偿。这意味着在某些情况下，对个人财产的侵害可能会被认为导致精神损害，并可能涉及相应的赔偿权。

然而，在日本，民法典第710条规定了更广泛的情形，包括侵害他人身

① 杨立新. 中华人民共和国民法典释义与案例评注：人格权编. 中国法制出版社，2020：41.

② 最高人民法院民法典贯彻实施工作领导小组. 中华人民共和国民法典人格权编理解与适用. 人民法院出版社，2020：82.

③ 薛军.《民法典》对精神损害赔偿制度的发展. 厦门大学学报（哲学社会科学版），2021（3）：91.

体、自由、名誉，以及侵害他人财产权的情况，都可能导致非财产性损害的赔偿责任。① 这意味着日本法律承认在不仅限于人身权益的情况下，财产权的侵害也可能引发精神损害赔偿的权利。

在中国，《民法通则》时代并没有明确规定财产权的精神损害赔偿。然而，随着时间的推移和一些案例的发生，学者和法律实践开始关注财产权方面的精神损害赔偿问题。例如，一些案例涉及特定纪念物品或具有人格象征意义的物品，对这些物品的侵害可能导致精神损害赔偿的请求。这表明在一些情况下，财产侵害也可以引发精神损害赔偿的问题。

综上所述，财产侵害是否可能导致精神损害赔偿，在不同国家和地区的法律规定中存在差异。在中国，是否可以请求财产侵害的精神损害赔偿可能会受到案件的具体情况和法院的解释的影响而有所不同。因此，需要根据具体情况和法律规定来确定是否存在精神损害赔偿的权利。在《侵权责任法》制定的过程中，是否应该在法律中明确规定人格象征意义的物品的精神损害赔偿一直存在争议。一些学者支持将其写入《侵权责任法》，因为最高人民法院的司法解释是基于司法案例和民法理论的综合确认。然而，反对者认为很多国家并没有类似的规定，只有少数国家，如日本，才有相关规定。因此，立法的主流趋势是否定这一规定。最终，《侵权责任法》并没有明确规定人格象征意义的物品的精神损害赔偿。《侵权责任法》颁布后，一些人提出最高人民法院应该清理司法解释中与这一法律规定不一致的内容，将不一致的规定废止。然而，专家学者反对这一观点，认为最高人民法院司法解释中的规定并不违背《侵权责任法》的规定。《侵权责任法》第 22 条规定了人格利益遭受侵害的精神损害赔偿，而人格象征意义的物品虽然不是人格权，但是侵害这些物品也侵犯了物品相关的人格权益，与《侵权责任法》第 22 条所规定的人格利益的保护是一致的。因此，最高人民法院的司法解释并不违反《侵权责任法》的规定，不应被废止。

到了《民法典》制定时，在充分吸收了最高人民法院司法解释第 4 条规定的内容后，加以完善，在第 1183 条做出了较为合理的规定：对于自然人具有人身意义的特定物受侵权而遭受严重损害的精神损害赔偿给予肯定。这里所谓的"人身意义的特定物"精神损害赔偿旨在突出强调保护其中蕴含的人身利益，而不是请求物品本身的财产价值的损害，因为财产价值中蕴含了人身的

---

① 刘士国. 日本民法典（2017 年大修改）. 中国法制出版社，2018：174.

意义，精神损害赔偿的正是这部分人身利益的损害。

综上所述，《民法典》第 1183 条与最高人民法院司法解释第 4 条存在明显不同。首先，在侵害的客体方面，《民法典》规定的是"人身意义的特定物"，而 2001 年最高人民法院司法解释规定的是"具有人格象征意义的特定纪念物品"①。显然，《民法典》中的特定物与司法解释中特定意义的纪念物品的外延不同。特定物的外延更广泛，司法解释的保护范围相对较窄，仅限于纪念物品。其次，关于主观要件，《民法典》强调的是"故意或者重大过失"，排除了一般过失的精神损害赔偿。这一立法理由是，尽管侵害自然人的人身权益在许多情况下都可能导致严重精神损害，但对于"具有人身意义的特定物"，必须进行严格的限制。只有在侵权人明确知道其行为侵害了特定物并且故意或者重大过失地导致严重精神损害时，才能请求精神损害赔偿。然而，有学者认为，《民法典》的这一规定并不妥当，应该更多地从被害人的角度考虑，给予被害人充分的保护和救济。无论是重大过失还是一般过失导致的损失，区分对被害人的权利保护不利，因此，在过失情况下，主观要件的区分并不重要。笔者认为，《民法典》的这一规定旨在限制对人身意义的特定物的精神损害赔偿，将主观要件限制在故意和重大过失上是合理的。精神损害赔偿的一项功能是惩罚侵权人，只有当侵权人故意或者重大过失导致了严重精神损害时，才应该迫使其承担精神损害赔偿的责任，这是合理和必要的。再次，在损害后果方面，《民法典》明确规定精神损害必须是"严重的精神损害"，这一立足点更合理、更全面。另外，《民法典》对精神损害的定义更为周延和合理，相比之下，最高人民法院司法解释提出的是"造成永久性灭失或者毁损"，侧重于物的灭失或毁损，这在比较上显然不如《民法典》的规定更为全面。值得一提的是，2020 年修订的我国《最高人民法院关于确定民事侵权精神损害赔偿责任若干问题的解释》第 1 条也做出了与《民法典》类似的规定。

对于确定精神损害赔偿的数额以及人身意义特定物的价值评估，一直以来都是法律界和学者研究的难题。精神损害赔偿中，法官拥有较大的自由裁量权，这使得精神损害赔偿数额的判定一直是审判实践和学者研究的难题。确定精神损害赔偿数额时，需要考虑多个因素。首先，要确保受害人能够得到精神抚慰，这是精神损害赔偿的一项重要功能。其次，要从侵权人的角度出发，通

---

① 2001 年《最高人民法院关于确定民事侵权精神损害赔偿责任若干问题的解释》第 4 条："具有人格象征意义的特定纪念物品，因侵权行为而永久性灭失或者毁损，物品所有人以侵权为由，向人民法院起诉请求赔偿精神损害的，人民法院应当依法予以受理。"

过赔偿数额对侵权行为人进行惩罚，以防止其再次侵权。最后，要考虑社会的利益，确保精神损害赔偿起到警戒社会中每个人的作用，以预防侵权行为的发生。因此，确定精神损害赔偿数额以及人身意义特定物的价值评估，需要在立法上加以量化，并制定明确的裁量标准，以确保精神损害赔偿的公平和一致性。这样的量化标准可以帮助法官在裁判中更好地行使其自由裁量权，同时也能够满足受害人的精神抚慰需求、对侵权行为人进行惩罚，并在社会层面产生威慑作用，以预防侵权行为的发生。

3. 民法典下刑事附带民事诉讼精神损害赔偿的新解释

《刑法》和《刑事诉讼法》曾经历多次修订，但这些修订并未明确处理犯罪行为造成精神损害后是否可以提起精神损害赔偿的问题。例如，2000 年最高人民法院发布的《关于刑事附带民事诉讼范围问题的规定》第 1 条第 2 款明确规定：对于被害人因犯罪行为遭受精神损失而提起附带民事诉讼的案件，人民法院不予受理。这一规定的制定背后有以下原因：首先，当时的《刑事诉讼法》第 77 条规定，受害人只能依据物质损失提起附带民事诉讼，未明文规定精神损害的赔偿权。其次，法律认为最终对被告人的刑事处罚可以在一定程度上满足被害人的精神抚慰需求，因此认为不需要单独提起精神损害赔偿诉讼。再次，由于几乎任何犯罪行为都会对被害人造成一定程度的精神损害，如果允许所有犯罪案件都提起附带民事诉讼，可能导致法院负担沉重，与法律立法初衷不符。这些因素导致了早期法律对精神损害赔偿问题的模糊处理，未能明确肯定受害人在精神损害方面的权利。

2002 年，《最高人民法院关于人民法院是否受理刑事案件被害人提起精神损害赔偿民事诉讼问题的批复》明确规定：因受到犯罪侵犯，提起附带民事诉讼或者单独提起民事诉讼要求赔偿精神损失的，人民法院不予受理。这意味着受害人既不能因罪犯造成的精神损害提出附带民事诉讼，也不能独立提起民事诉讼。根据现行的《刑事诉讼法》第 101 条的规定，受害人提起刑事附带民事诉讼的条件是受到物质损害。最高人民法院的解释为：首先，如果允许认定精神损害能够另行提起民事诉讼，那么将使《刑事诉讼法》第 101 条规定失去意义，因为只有遭受物质损失的情况下才能提起附带民事诉讼；其次，这将导致同一罪行下被害方能够第二次以同样的理由提出损害赔偿请求，从而导致"一事两诉"的情况；最后，通常情况下，在刑事案件审理完毕后，对物质损失的判决执行都较为困难，如果允许被害人对精神损失另行提起民事诉讼，可能会导致判决无法执行，引发其他社会问题。

然而，许多学者对这一理由持反对观点，认为在刑事附带民事诉讼中应该允许请求精神损害赔偿。近年来，刑事诉讼法和相关司法解释已经经过多次修正，包括精神损害赔偿问题的修改，进一步完善了我国的附带民事诉讼制度。① 首先，受害人的精神损害是犯罪行为引起的，单独再提起民事诉讼未免浪费了司法资源和诉讼人的金钱、时间。其次，罪犯对受害人造成的精神损害是真实存在的，法院不予受理违背了公正司法的原则，要坚持有损害就有赔偿的原则。再次，在许多犯罪行为中，受害人受到的精神创伤并非仅仅通过对被告人的刑事判决让被告人承担刑事责任就能够得以抚平。例如，在拐卖妇女儿童罪、强奸、绑架等暴力性的犯罪案件中，特别是在未满 18 周岁的人受到类似犯罪行为的侵害的情形下，受害人所遭受的精神伤害往往长期难以抚平，甚至伴随受害人终身。这时精神损害赔偿之诉就应该予以受理，这与加害人是否还需要承担刑事责任没有直接关系。此外，站在法理角度看，被告人如果没有财产可以执行，与被告人应负精神损害赔偿责任二者表面上具有因果关系，但实质上并无关联。不能够因获得正义困难从而就否定存在正义。《民法典》第187 条规定：民事主体因同一行为应当承担民事责任、行政责任和刑事责任的，承担行政责任或者刑事责任不影响承担民事责任；民事主体的财产不足以支付的，优先用于承担民事责任。

刑法和刑事诉讼法的进展比民法和民事诉讼法要顺利得多，1979 年我国颁布了《刑法》与《刑事诉讼法》，但民法与民事诉讼法的制定工作进展缓慢。到了 1982 年《民事诉讼法（试行）》颁布了，这是仿效苏联的法典，而《民法通则》直到 1986 年才出台。《民法通则》仅规定了四项人格权受损时可以请求赔偿损失。1982 年《宪法》对公民的人格尊严作出了明确的规定，确保其不被侵犯，并对公民的人身自由、住宅和通信自由和通信秘密作出了不受侵犯的规定。伴随着改革开放后社会主义市场经济的发展和人们生活水平的极大提高，人们的维权意识也在不断提高，我们国家的立法观念也不断革新，民事立法包括民事权利体系不断健全，民事法规与民事司法解释相继承认受害人有提起精神损害赔偿的权利。《民法典》中也单独增设人格权这一分编，并着重于人格权的保障。笔者认为，虽然我国在民法及民事诉讼方面的法律法规姗姗来迟，但其立法理念通过改革创新已经逐渐接受了精神损害赔偿。刑事附带民事诉讼是为了维护国家和社会公共利益的同时保护百姓的私权利，应允许精

---

① 陈光中. 刑事诉讼法（第 7 版）. 北京大学出版社，2021：267.

神损害赔偿请求权。

这一讨论表明，在法律制度的演进过程中，特别是在对受害人权益的认知不断提高的情况下，应当考虑允许受害人在刑事附带民事诉讼中请求精神损害赔偿。这不仅有助于维护受害人的权益，也有助于建设更加公正和完善的法律体系，以适应社会的发展和需求变化。法律制度的完善需要与时俱进，充分考虑各方利益，以确保公平正义得以实现。

深入理解《民法典》所蕴含的立法目的，是理解法条深层含义的关键。《民法典》对于精神损害赔偿制度的深化不能单纯强调其重要性，还要把握符合《民法典》立法目的的解释方法，充分发挥《民法典》价值整合的功能，牢记《民法典》全面保护人权的本质，深入研究精神损害赔偿制度。《民法典》对精神损害赔偿制度的有益扩展，将使得该制度更加贴合实际，符合国际精神损害赔偿制度发展的潮流。这一发展不仅体现了法律体系的不断完善，还反映了法律与社会发展相互促进的关系。通过更深入的研究和法律实践，我们可以更好地理解精神损害赔偿制度的意义，确保它更好地服务于公平正义的原则，同时也为受害人提供了更多的法律保障和公正补偿的机会。这样的法律发展有助于建设更加公平、合理和保护人权的法治社会。

第三章　精神损害赔偿的性质与功能

《民法典》的颁布，全面体现了我国对人格权保护的重视。该法明确规定了自然人的人格权，同时也对人身权利的侵权行为所导致的精神损害赔偿进行了明确的规定。精神损害赔偿的性质与功能在以下几个方面有所体现。

一、精神损害赔偿的性质

精神损害赔偿是指自然人因人身权利或具有人身意义的特定物遭受侵犯而遭受精神损害的后果，要求侵权人以财产赔偿等方式予以救济与保护的制度。以下是关于精神损害赔偿性质的详细解释：（1）精神损害的产生：当自然人的人身权利或特定物受到侵犯时，其生理和心理状态通常会遭受一定程度的冲击和破坏，同时也会影响到为保障自身精神利益所做的各项准备工作，因此导致生理痛苦或精神痛苦。（2）区分生理痛苦、心理痛苦和精神利益受损：生理痛苦是指自然人在人身权利或特定物受到侵犯后，身体受到伤害而产生的不适感。心理痛苦则指的是自然人在精神上感到幸福与平衡受到损害，出现不适的感觉。而精神利益受损是指侵犯人身权利或特定物，导致个体生理痛苦和心理痛苦的后果。（3）与物质利益的不同：精神利益与物质利益存在差异。精神利益难以立即量化，但与物质利益密切相关。拥有良好的精神状态或积极的社会评价往往能为个体创造物质利益。这反映了精神利益作为一种无形财产，具有独特的价值，但也可能受到损害。综上所述，精神损害赔偿作为一种以财产救济为主要手段的损害赔偿方式，主要关注的是人身权利或特定物遭受侵犯所导致的生理痛苦和心理痛苦。虽然精神损害不同于物质损害，但在法律制度中占据重要地位，其主要目的是通过经济赔偿来抚慰受害人因精神损害而遭受的痛苦和不适。

（一）非财产性

精神损害赔偿具有非财产性质，这一属性是精神损害赔偿本身固有的特点。精神损害赔偿并不直接牵涉到具体的财产数额，因此无法准确地用金钱来衡量精神损害的程度。其非财产性质表现在受害人的精神利益遭受了损害，包括了生理痛苦或心理痛苦等后果。一般情况下，精神损害的过程和后果比较难以进行明确的计算和量化，但是我们还是尽力量化，以求同案同判。尽管最终采用金钱形式进行赔偿，是因为金钱在一定程度上能够安抚和弥补受害人的内心伤痛，但从本质上来看，金钱赔偿只是一种合适的、可供选择的手段，无法真正恢复受害人的精神健康。因此，精神损害赔偿本质上具有非财产性质，金钱赔偿也不能否认精神损害赔偿的非财产性质。总之，精神损害赔偿作为一种非财产性损害赔偿，无法完全恢复受害人的原始状态。尽管金钱赔偿是一种通常采用的救济方式，但不能真正消除精神损害的后果。

当前我国的精神损害赔偿法律规定主要关注侵犯人身权利并导致受害人精神上遭受严重损害的情形。人身权利本身具有非财产性质，因此精神损害赔偿的条件通常要求侵犯人身权利，并伴随着精神上的严重损害后果。人身权利的特点在于其并不直接包含财产内容，尽管某些人身权利，如隐私权和肖像权，可能涉及间接的财产利益，但它们的本质仍然是非财产性的。侵犯人身权利的行为主要损害的是个体的人身利益，而不是财产利益，因此导致的精神损害后果也主要体现为非财产性质。要注意的是，侵犯财产权利的情况除了《民法典》第1183条第2款所规定的"具有人身意义的特定物"外，通常不包括在精神损害赔偿的范围内。这意味着财产权利的侵犯通常不能直接导致精神损害赔偿的请求。对于合同违约引起的损害，根据《民法典》第996条的规定，如果一方的违约行为损害了对方的人格权并导致严重精神损害，受害方可以选择请求对方承担违约责任，但这并不影响受害方请求精神损害赔偿。然而，一些学者认为，这一条款表明在违约情况下，精神损害赔偿必须伴随着对人身权利的侵害以及严重的精神损害后果。需要指出的是，2020年修订后的《最高人民法院关于确定民事侵权精神损害赔偿责任若干问题的解释》将精神损害赔偿的范围限制在侵权行为带来的后果上，同时《最高人民法院关于审理旅游纠纷案件适用法律若干问题的规定》第21条明确指出在旅游合同纠纷中提起违约之诉主张精神损害赔偿的情况下，人民法院不予支持。这反映了我国法律体系目前对于财产权利遭受侵害的精神损害赔偿机制的有限认可。精神损害赔偿的法律定位主要集中在人身权利的保护和对人身权利侵害导致的严重精神损害的补偿上，强调了其非财产性质。总之，我国当前的精神损害赔偿法律规定通常要求侵犯人身权利，并伴随着精神上的严重损害后果。尽管财产权利的侵犯也可能导致精神损害，但现行法律体系只是规定了人身意义特定物的侵害的精神损害赔偿，因此，对于大部分财产的精神损害赔偿是持否定态度的，这一法律立场突出了精神损害赔偿的非财产性属性，使其更专注于保护个体的人身权利。未来精神损害赔偿的法律框架需要进一步考虑如何平衡人身权利和财产权利的保护，以确保全面的法律救济体系。

（二）模糊性和非一致性

精神损害赔偿制度的非财产性和主观性属性使其具有模糊性和非一致性特征。

一方面，精神损害赔偿的模糊性与其主观性紧密相关。在民事司法实践中，精神损害带来的损害结果通常是模糊不清的，很难直接量化为具体的物质财产价值，虽然我们力求量化因素，相比之下，财产损害赔偿的定量评估要明确得多，因为它可以直接反映在财产价值的减少上。而精神损害赔偿往往依赖于受害人的主观感受和反应，这增加了其模糊性。在司法实践中，这种模糊性表现为法官需要进行主观判断和权衡，以确定精神损害赔偿的适当金额。这也引出了锚定效应的概念，即在面对不确定性的情况下，评判人员往往会使用某个特定的参照点（锚）来降低不确定性，并根据该锚进行适度调整，最终得出判断。在涉及精神损害赔偿的案件中，法官的最终决策结果往往受到最初获得的信息和锚的影响，这可能导致一定程度的结果偏差。因此，精神损害赔偿的模糊性在司法实践中表现得尤为突出，而法官的判断可能受到案件的具体情况和所获信息的影响。

另一方面，精神损害赔偿的非一致性体现在其缺乏明确的标准和一致的判例。由于精神损害赔偿的性质使其难以具体量化，法律和判例通常提供了一些模糊的指导原则，但缺乏明确的标准。因此，在不同的案件和不同的法院中，对于精神损害赔偿的判决可能存在差异，这导致了非一致性。例如，原告在精神损害赔偿诉讼中所提出的赔偿金额往往会在一定程度上影响法官的判决，但因缺乏明确的精神损害赔偿标准，不同的法官可能会做出不同的决策，这使得判决结果不一致。总的来说，精神损害赔偿制度的模糊性和非一致性源于其非财产性和主观性特征。这种模糊性和非一致性在司法实践中可能导致不确定性和不公平，因此有必要进一步探讨和完善精神损害赔偿的法律规定和标准，尽量对其进行量化，以提高其公正性和可预测性。

精神损害赔偿被普遍视为一种保护精神利益的途径，然而，这个表述通常被认为过于抽象，难以理解。这种困难不仅源于精神利益概念本身的模糊和抽象，还在于立法中对精神利益保护的零散和非系统化安排。精神利益的模糊性可以被视为一种积极因素，因为它为当事人提供了充分的证据和辩护的空间与动力，同时也赋予了审判者更多以法律为依据、全面了解案情、理论与实践相结合、发挥主观能动性的机会。权利的保护并不是静止不变的，一旦某些权利被过于具体化或固化，审判者可能会按照传统模式来处理案件，无法根据具体情况进行分析和判断。这正是精神利益和精神损害赔偿所共有的模糊性问题，而这种模糊性可能导致法官回避问题，无法灵活处理案件。

精神损害赔偿具有非一致性特征，这与其主观性和模糊性密切相关。首先，精神损害对每个人的影响程度存在明显的非一致性，这是由其主观性特征所导致的。由于个体的天性、成长经历、年龄和社会经验各不相同，因此不同个体对精神损害赔偿的接受程度存在显著差异。在实际审判过程中，有些受害人可能不追求精神损害赔偿，而同一侵权行为可能会对另一位受害人造成巨大的精神痛苦。其次，目前不同地区对精神损害案件的处理标准存在不一致的情况。尽管《最高人民法院关于确定民事侵权精神损害赔偿责任若干问题的解释（2020 修正）》和 2021 年发布的《最高人民法院关于审理国家赔偿案件确定精神损害赔偿责任适用法律若干问题的解释》在一定程度上解决了这个问题，但仍需要进一步规范和统一各地在处理精神损害赔偿案件时的标准，以确保判决的合理性和公平性。此外，在刑事和民事领域，对精神损害赔偿的适用存在较大差异。《民法典》中有明确规定，如前文所述的第 996 条和第 1183 条；2021 年发布的《最高人民法院关于适用〈中华人民共和国刑事诉讼法〉的解释》第 175 条规定："被害人因人身权利受到犯罪侵犯或者财物被犯罪分子毁坏而遭受物质损失的，有权在刑事诉讼过程中提起附带民事诉讼；被害人死亡或者丧失行为能力的，其法定代理人、近亲属有权提起附带民事诉讼。因受到犯罪侵犯，提起附带民事诉讼或者单独提起民事诉讼要求赔偿精神损失的，人民法院一般不予受理。"这个规定也体现了同样的精神损害后果如果涉及刑事责任则不承担精神损害赔偿责任，反映了民事和刑事规定的不同一性，事实上我们还是坚持刑事附带民事诉讼可以提起精神损害赔偿，因为在符合精神损害赔偿两个条件的前提下可以请求赔偿。总之，非一致性是精神损害赔偿性质的一个方面，与其他属性相互关联。我们需要制定统一的裁定规则来降低这种非一致性，以实现司法的公平和合理。

（三）客观性和确定性

精神损害赔偿具有主观性，但也表现出客观性。其客观性在精神损害赔偿数额的确定程序中具有法定的客观流程。在《国家赔偿法》和 2014 年的《最高人民法院关于人民法院赔偿委员会审理国家赔偿案件适用精神损害赔偿若干问题的意见》中，对精神损害赔偿有一定的原则性规定，但仍缺乏详细的具体规定。目前，2021 年正式发布的《最高人民法院关于审理国家赔偿案件确定精神损害赔偿责任适用法律若干问题的解释》增加了精神损害赔偿的适用范围，并首次提出了客观性赔付标准。该司法解释的第 7 条以列举的方式规定了可以认定为《国家赔偿法》第 35 条所规定的"造成严重后果"的情况。在第 8 条中，具体规定了致人精神损害、造成严重后果的情况下，精神损害抚慰金的酌定范围。第 9 条则详细列举了在确定精神抚慰金时应考虑的因素，包括精神损害的程度和造成的严重后果，侵权行为的目的、手段、方式等具体情节，侵权机关及其工作人员的违法、过错程度和原因力比例，原错判的罪名、刑罚轻重和羁押时间，受害人的职业和影响范围，以及纠错的事由和过程等。这为司法实践提供了客观有力的参考和标准，凸显了精神损害赔偿的客观性，同时规范了精神损害赔偿的司法程序，有助于深化对人权的保护并维护社会的和谐稳定。正因为精神损害的本质具有一定的主观性，所以在其适用中必须严格要求客观的程序标准。我们必须将主观性的判断内容以客观的方式呈现出来，以确保司法工作人员和社会公众对涉及精神损害赔偿的案件有一个明确的理解，以便处理这些案件并确保法律规定的判断和审理。通过客观方式展现这些内容后，我国已经制定了各种法律条文，为解决精神损害赔偿提供了客观的处理途径。笔者认为，试图通过强调精神损害的内在主观性特点来否认其客观性是不科学和不严谨的。

在我国深化司法改革的大背景下，任何司法案件都必须遵循统一客观的标准。尽管精神损害本身具有不可否认的主观性，但在整个案件处理过程中，必须严格保障和实施客观的程序。随着社会公众法治意识的提高，保护公民的人格权已成为法学界和司法领域关注的重要议题，《民法典》将人格权单独列为一编，凸显了立法者对这一问题的重视。因此，司法实践中不容忽视精神损害赔偿的客观性。必须以客观、科学、有效的程序和规定来保障精神损害赔偿的客观性，以确保公民的人格权得到更加重视和规范的保护。笔者认为，确定精神损害赔偿的最大挑战在于证明的困难。这种证明的困难是精神损害本身所带来的，从某种程度上说，它是不可避免的，因为精神损害本身具有内在性。如果某自然人声称自己遭受了超出合理范围的痛苦，那么必须证明自己所承受的痛苦与合理范围之间的差距。如果这些条件无法证明，那么法官就必须假设一个理性的人处于受害人的位置，并根据受害人表现出来的外在客观状态来判断是否存在精神损害以及其严重性。最终，结合 2020 年修订的《最高人民法院关于确定民事侵权精神损害赔偿责任若干问题的解释》和 2021 年《最高人民法院关于审理国家赔偿案件确定精神损害赔偿责任适用法律若干问题的解释》中的相关标准，法官提出了建议。这种还原真相的追求是客观性的表现，也是精神损害赔偿的目标。

精神损害赔偿除了具有客观性的表现外，还具有确定性的性质特征，这一确定性特点与前述性质密切相关。确定性主要体现在精神损害赔偿制度中明确定义了法律规定，使模糊性的精神损害有了更明确的处理方法。我国法律已经明确了精神损害赔偿的标准和规定，为模糊性的精神损害提供了更明确的处理方式。下文中列举的具体法律条文正是确定精神损害赔偿性质的表现。

在《民法典》出台之前，精神损害赔偿的规则要求侵害自然人的人身权益，才能够请求精神损害赔偿，前提是损害必须造成严重精神损害。从这一规定可以看出，如果侵害的是他人的财产而非人身权益，理论上是不能够请求精神损害赔偿的。然而，在司法实践中，这一原则在某些情况下可能显得不够灵活，因为在现实生活中，存在一些特殊的物品，这些物品通常是自然人的精神寄托所在。在这种情况下，特殊物品的受损可能会影响到物品的所有人，进而对其精神造成损害。因此，迫切需要对特殊物品的精神损害赔偿进行保护。为了适应这一现实需求，2020 年修订的《最高人民法院关于确定民事侵权精神损害赔偿责任若干问题的解释》第 1 条明确规定：如果侵害了自然人具有人身意义的特定物品或者人身权益，自然人或其近亲属可以向人民法院提起诉讼，要求精神损害赔偿。这一规定是我国司法领域的一项重大改革，也是精神损害赔偿制度的重要组成部分。根据这一规定，如果特定物品受到侵害，而这个物品对于自然人具有某种人格象征意义，受害人就可以要求侵权行为人进行精神损害赔偿。通过这次修订，之前对特定物品的精神损害赔偿在法律上得到明确。

在《民法典》制定的过程中，立法者在侵权责任编的精神损害赔偿条款中作出了明文规定，该规定借鉴了司法解释的规定，将内容修改为：如果因故意或严重过失侵害自然人具有人身意义的特定物品而造成严重精神损害，受害人有权要求精神损害赔偿。这一规定的制定是法律规范的发展，为精神损害赔偿提供了明确的法律依据。同时，新的规定更加科学，对"物"的表述从"具有人格象征意义的特定纪念物品"变为"具有人身意义的特定物品"。这一修改使规定的内涵更加广泛，更能适应当今社会生活的实际情况。因此，《民法典》的颁布不仅强调了精神损害赔偿制度的重要性，也为精神损害赔偿提供了更明确的规范。

尽管精神损害赔偿具有模糊性、非一致性和主观性的特点，但我们可以通过具体规范来加以确定，体现其客观性，以确保法官在判案时有明确的指导。这种确定性还表现在尽管精神损害赔偿具有主观性、非一致性和模糊性，但它仍然具有客观性，因此必须确定性地对受害人的精神损害进行客观的赔偿。为实现这一目标，我们需要不断研究和制定具体的规范，以实现精神损害赔偿的真实客观和量化，这也是精神损害赔偿制度的确定性体现。

二、精神损害赔偿的功能

社会在不断进步和发展的过程中，人们的生活越来越丰富多样化。最初，人们主要关注自身的物质损失救济，但随着社会的发展，人们对精神利益，如人身权的保护和救济，也开始关注。这一变化在精神损害的财产性赔偿方面得到了体现，反映了我国法律制度的不断完善和发展。

总结而言，精神损害赔偿的功能主要包括以下几个方面：

（一）填补功能

填补功能既包括在过程层面的补偿也包括在结果层面的填平。精神损害是指精神利益的破坏和损害，自然人的信誉、名誉遭到破坏或者内心世界受到创伤等，并由此引发精神与情绪的较大波动。此外，受害人及其近亲属所受到的精神利益损失由精神损害赔偿来进行填补。这种补偿与物质利益性质的残疾赔偿金或者死亡补偿金有区别，它是一种因精神损害而对被害方进行物质上的填补，为精神利益的范畴。在民事赔偿之中，填补原则和精神损害赔偿的填补功能的具体实现存在密切相关性。填补原则作为民事赔偿中的重要原则之一，特别在物质性与财产性损害赔偿的应用上，具体适用为恢复原状、返还种类物或者以金钱代替赔偿来弥补受害人所遭受的损害。但因为精神损害具有非物质性和精神性，其精神损害的大小和严重程度难以精确地测量，而且精神损害具有不能复原性，因而不存在直接填平的可能。因此，精神损害的填补功能不在于直接弥补受损害人精神上的痛苦，而在于在停止侵害、恢复名誉、消除影响、赔礼道歉之基础上将金钱给付当作补偿，属于间接填补。

填补功能在精神损害赔偿中扮演着关键角色，它包括在过程层面的补偿和在结果层面的填平，旨在弥补受害人精神损失。精神损害指的是精神利益遭受破坏和损害，包括自然人的信誉、名誉、内心世界的受创等，从而引发较大的情感波动。受害人及其近亲属所遭受的精神利益损失需要通过精神损害赔偿来得到弥补。这种赔偿形式与物质利益赔偿，如残疾赔偿金或死亡补偿金，有所不同，它是对受害人精神利益的物质性填补。在民事赔偿领域，填补原则与精神损害赔偿的填补功能密切相关。填补原则是赔偿的重要原则之一，通常用于物质性和财产性损害赔偿，旨在通过恢复原状、返还特定物品或以金钱补偿等方式弥补受害人所遭受的损害。然而，精神损害由于其非物质性和精神性，难以准确测量，且通常无法直接弥补。因此，精神损害赔偿的填补功能的目的并非直接弥补受害人的精神痛苦，而是通过停止侵害、恢复名誉、消除影响、赔礼道歉等手段，以金钱赔偿作为间接填补的方式。填补功能旨在通过金钱补偿来填平受害人的精神损失，最大限度地恢复其精神状态。尽管精神损害不同于物质性损害，难以实现真正的原状恢复，但通过填补功能，可以在停止侵害、恢复名誉、消除影响、赔礼道歉等基础上，通过金钱补偿来帮助受害人尽快回归正常生活。物质补偿可以通过购买受害者需要的商品或服务来提供精神愉悦，从而帮助受害人克服精神痛苦，尽早恢复正常生活状态。填补功能强调物质和精神之间的关联性，认识到受害人的精神损失需要物质利益的参与。受害人在恢复精神上的损失时，通常需要付出一定的物质成本，物质补偿可以弥补这些成本，从而实现对精神利益的补偿。精神损害赔偿的目的是通过财产补偿来弥补受害人遭受的精神损害，从而减轻其痛苦，使其尽快恢复到正常生活状态。填补功能是精神损害赔偿的主要功能之一，具有保障受害人权益和完善精神损害赔偿制度的重要作用。填补功能的关键在于它同时关注赔偿过程和结果，强调在赔偿过程中不仅要恢复原状，还要实现填平结果。这种综合性的考虑不仅有助于保障受害人的权益，还有助于完善精神损害赔偿制度，为精神损害赔偿提供重要保障。

（二）抚慰功能

精神损害赔偿的抚慰功能是其重要组成部分，它承担着在精神损害发生后，通过金钱赔偿来安抚、慰藉受害人的心灵和精神状态的责任。精神损害通常是一种非物质性的伤害，表现为受害人的心理创伤、精神痛苦以及精神利益的损失。这种类型的损害往往无法用传统的物质赔偿来直接填补，因为它牵涉到个体的内心世界和情感状态。抚慰功能在精神损害赔偿中发挥着关键作用，它的核心理念在于通过金钱赔偿来缓解受害人的心理痛苦。尽管金钱本身无法治愈精神创伤，但它可以为受害人提供一种安抚和宽慰，帮助其渡过难关。当受害人接受金钱赔偿时，这笔赔偿不仅仅代表了法律对其权益的承认，还能够满足其物质和精神需求，从而减轻其精神负担。抚慰功能的关键在于将金钱赔偿转化为精神上的满足。这种转化过程并非简单的经济交易，而是一种情感和心理上的宽慰。金钱赔偿在某种程度上可以让受害人感到公正和正义的伸张，它有助于受害人更好地应对精神损害带来的负面情绪和心理影响。总之，精神损害赔偿的抚慰功能通过金钱赔偿来帮助受害人恢复内心的平衡。虽然金钱无法完全弥补精神损害造成的痛苦，但它可以为受害人提供一种心理慰藉，减轻其精神痛苦。金钱赔偿的抚慰作用有助于受害人重新建立信心，走出精神创伤，促进身心健康的恢复。因此，抚慰功能在精神损害赔偿中具有深远的意义。

（三）惩罚功能

对于惩罚功能，学界有不同的声音，主要包括两种立场：肯定说和否定说。

肯定说认为，我国精神损害赔偿制度既具备抚慰功能，又具有明显的惩罚功能，这两个方面在维护法律正义和社会秩序中起到了重要作用。惩罚功能不仅仅针对侵权人，还对社会其他成员具有警示作用，以阻止未来的侵权行为。这一观点认为，精神损害赔偿的惩罚性质主要通过判定侵权人的主观过错程度来实现。因此，在司法实践中，法官通常会依据侵权人的主观过错程度来决定是否需要赔偿精神损害，并确定赔偿的具体金额。相关的规定可以在《最高人民法院关于确定民事侵权精神损害赔偿责任若干问题的解释》中找到，其中明确规定了对"侵权人的过错程度"的考量。侵权人需要承担因其行为导致他人精神损害而产生的赔偿责任，这实际上是国家法律对侵权行为的谴责和指责，带有一定的惩罚性质。精神损害赔偿的惩罚功能体现在促使侵权人履行法定义务，预防侵权行为的再次发生，同时也确保了受害人的正当权益，有助于维护社会的有序和和谐。尽管精神损害赔偿是一种非物质性的赔偿，非财产性损害通常难以用金钱等价来衡量。然而，在确定赔偿金额时，很多国家都考虑到了侵权人的过错程度、侵害行为的性质、当事人的经济状况以及受诉地的法律和社会环境等因素。这表明精神损害赔偿不仅仅关注抚慰功能，还包含惩罚功能。惩罚功能与抚慰功能的最大不同之处在于赔偿金额的计算标准。抚慰功能主要关注精神损害的补偿，而惩罚功能则更加强调侵权人的过错程度、行为方式以及双方当事人的经济状况等因素，这些因素都可以影响到惩罚的程度。惩罚功能主要面向侵权人，强调对其行为的道义谴责，因此，在侵权人实施精神损害后，其行为可能会受到一定的法律惩罚。综上所述，精神损害赔偿的惩罚功能与抚慰功能并存，不仅对侵权人起到一定的惩戒作用，还对社会其他成员产生警示效应，以维护社会的公平正义和法律秩序。

否定说认为，精神损害赔偿的主要功能是对受害人遭受的损害进行弥补，与惩罚功能无关。根据这一观点，精神损害赔偿与物质损害赔偿属于同一类别，都是对受害人的一种补偿方式，而不是一种惩罚方式。将惩罚性功能纳入精神损害赔偿的范畴可能会使其强调制裁性质，然而，民事法律关系的主要目的是为了弥补受害人的损失，而制裁主要属于刑事案件的领域。因此，否定说认为，精神损害赔偿不应被视为具有惩罚性功能。

笔者认为，精神损害赔偿的惩罚功能在法律制度中发挥着重要的双重作用，既可以惩戒侵权人，又可以警示社会其他人。因此，在民事法律制度中，并不必然排斥惩罚功能的存在，当情节严重、主观过错显著的侵权行为发生时，引入惩罚功能具有其合理性和必要性。一个完善的民法规范的运行目标应该是尽可能减少侵权行为对受害者和社会的伤害，而精神损害赔偿的惩罚功能可以在此方面发挥应有的作用。正因为填补性功能或补偿性功能有时难以充分弥补实际造成的损害，强调惩罚功能在某些情况下显得正当和必要。《民法典》并未广泛使用惩罚性赔偿制度，这表明立法者在运用惩罚性赔偿制度时持谨慎态度，同时也为其在法律上的适用提供了广泛空间。通过在民事法律制度中承认精神损害赔偿的惩罚功能，并将"精神损害抚慰金"统一为"精神损害赔偿金"，进一步明确了对侵权行为的规范。当加害人侵害受害人的精神健康时，精神损害赔偿的惩罚功能不仅为受害人提供了安抚，还对加害人进行了惩罚和教育。作为精神损害赔偿的一个直观而直接的功能，惩罚功能具有多重价值。

首先，其主要目的仍然是为了安抚受害人，加害人的侵权行为会对受害人的心理状态产生显著影响，因此，司法部门需要根据加害人的行为程度对其进行相应的惩罚，要求加害人赔偿受害人，通过这种方式来平复受害人的内心痛苦。其次，精神损害赔偿的惩罚功能可以直接惩戒加害人，通过这种惩戒，加害人能够更好地认识到自己侵权行为的违法性，进而为社会的法治建设提供有力的教育示范，使加害人深刻体验到侵权行为所带来的后果，进而更加警惕，不再侵害他人。总之，精神损害赔偿的惩罚功能在民事法律制度中具有重要地位和功能，通过它可以更好地平衡侵权行为所带来的伤害，同时也有助于社会的和谐与稳定。这种功能的引入和运用，既有助于维护受害人的合法权益，也有助于促进公平正义，应视为一项积极的法律措施。

精神损害赔偿在性质上具有难以精确衡量受害人所遭受精神损害的特点，因此司法机关难以确保以完全的补偿价值来弥补受害人已经遭受的精神损害。在实际操作中，精神损害赔偿的惩罚功能常常充当了对填补功能的补充和兜底作用。它不仅是为了安抚受害人的心理需求，同时在一定程度上也减轻了司法人员在判决时的艰难压力。由于很难准确评估精神损害与补偿之间的平衡，其中一部分精神损害赔偿可以解释为对侵权人行为的惩罚。

惩罚在精神损害赔偿中具有重要的作用，它是一种有效的预防措施。只依靠填补功能和抚慰功能往往难以有效地防止侵权行为再次发生，因此需要采取一定的惩罚手段来实现期望的效果。精神损害赔偿的惩罚功能的存在是基于其自身属性的，包括非财产性、主观性、非一致性和模糊性。这些属性决定了精神损害赔偿很难像财产损失赔偿那样精确计算，法官需要综合考虑加害人的侵害程度、主观过错以及受害人的社会影响等多个因素来确定最终的赔偿数额。最终的数额可能高于实际的损害，这也是合理的，同时也反映了一定程度的惩罚功能。总之，精神损害赔偿的填补、抚慰和惩罚三种功能是相辅相成、不可或缺的。如果不对侵权行为进行一定的惩罚，将难以真正有效地发挥填补和抚慰功能，因此精神损害赔偿的惩罚功能具有重要价值，它既有助于维护受害人的合法权益，也有助于预防侵权行为的再次发生。这种功能的引入和运用是积极的法律措施，有助于促进公平正义。

（四）教育功能

精神损害赔偿具有重要的教育功能，它不仅对侵权人施加惩罚，还在一定程度上对社会其他成员甚至整个社会起到了警示和教育的作用。

首先，精神损害赔偿能够警示侵权人，让他们明白重蹈侵权覆辙将会付出巨大的代价。这种警示作用对侵权人有教育意义，使其更加谨慎，不敢轻易实施侵害行为。精神损害赔偿的存在告诉侵权人，侵犯他人的精神权利将不会被放任，他们必须承担法律责任。其次，通过精神损害赔偿，社会大众能够更加深刻地认识到尊重人权和保护人权的重要性。它让加害方认识到侵害他人的人身权利将会导致更大的损失，从而在道德和法律层面进行了教育。这也对社会上其他人起到了警示作用，提醒他们不要侵害他人的精神权益，否则将承担法律责任并遭受损失。这种教育功能是精神损害赔偿和惩罚功能相互结合的结果。

在我国社会发展的过程中，一些私法规则中也包含了类似的惩罚功能，例如，定金规则和对消费者的欺诈赔偿规则，旨在遏制某些恶意侵权或违约行为。精神损害赔偿责任由加害人承担，它不仅对侵权行为进行了规制和制裁，还对社会产生了积极的教育效果。因此，精神损害赔偿不仅仅是一种赔偿，还具有重要的社会教育功能，有助于推动社会公平和法治建设。

（五）调整功能

精神损害赔偿的调整功能，是指在判决最终的赔偿数额时，法官通常会保留一定的裁量权，以根据具体情况做出调整，这一功能的存在源自精神损害赔偿本身的性质特点，包括其主观性、非一致性、模糊性以及客观性。当个体遭受人身侵害导致精神上的严重损害时，法官需要根据法律规定判决赔偿金额，然而这一金额的大小受多种因素的影响，因此不同法官，甚至同一法官在不同情况下可能会做出不同的判决，这就凸显了精神损害赔偿的调整性质。

精神损害赔偿的调整功能对维护公平正义至关重要。由于精神损害本质上难以精确衡量，法官需要行使一定的裁量权，以便根据具体案情做出公正的判决。这种裁量权不仅为法官提供了灵活性，也使得赔偿金额能够更好地反映受害人遭受的实际精神损害。只要精神损害赔偿制度存在，就必然具备调整功能，这种功能通常与其惩罚功能相辅相成。当法官认为有必要增加赔偿金额以对加害人和社会产生更大的警示作用时，调整功能就更加显著。这有助于确保精神损害赔偿的公平性，并促使侵权者认识到其行为可能导致更严重的后果，从而有助于预防侵权行为的再次发生。

因此，法官在确定精神损害赔偿金额时，需要全面考虑多种因素，包括加害人的过错程度、受害人的损失情况、社会影响等，尤其我们建议未来尽量量化赔偿因素，以便做出公正而合理的判决。精神损害赔偿的调整功能是其整体性质的重要组成部分，有助于满足受害人的需求、维护社会正义，并确保法律的公平与公正。

第四章　精神损害赔偿的范围

精神损害赔偿的范围，即我国法律规定的哪些情况下可以提起精神损害赔偿请求。从主体角度看，法律是否规定了自然人和法人主体的精神损害赔偿；从客体角度看，法律是否涵盖了侵害人身权和侵害财产权所导致的精神损害赔偿。以下将分别探讨自然人、法人以及特定物品的精神损害赔偿范围。

一、自然人精神损害赔偿

在我国，自然人精神损害赔偿制度经历了法律演变，其保护范围逐渐扩大。受苏联民法学的影响，我国在很长一段时间内未确立精神损害赔偿制度，主要观点是反对精神损害赔偿的。然而，随着时间的推移，旧的民法学理论中关于精神损害的赔偿范围已逐渐被拓宽，且已被认可并实施，这样自然人受到侵权导致精神痛苦时，其精神损害可以得到金钱赔偿。在市场经济改革背景下，我国对于精神损害赔偿制度的认知逐步深化，法律体系不断完善，为公民的精神权益提供了更为明确的法律保障，也反映了我国法治建设的积极进程。

（一）侵害一般人格权之精神损害赔偿

一般人格权在《中华人民共和国宪法》（以下简称《宪法》）中得到明确保护。《宪法》第 37 条规定："中华人民共和国公民的人身自由不受侵犯。任何公民，非经人民检察院批准或者决定或者人民法院决定，并由公安机关执行，不受逮捕。禁止非法拘禁和以其他方法非法剥夺或限制公民的人身自由，禁止非法搜查公民的身体。"此规定强调了公民的人身自由，明确规定了不受非法侵犯的权利，并明文禁止了非法拘禁和搜查等行为。此外，根据《宪法》第 38 条的规定："中华人民共和国公民的人格尊严不受侵犯。禁止用任何方法对公民进行侮辱、诽谤和诬告陷害。"这一规定表明，禁止任何方式的侮辱、诽谤和诬告陷害，以保护公民的人格权益。这两项《宪法》规定明确了一般人格权的保护，为民法对一般人格权的保护提供了前提和基础。

2013 年修订的《消费者权益保护法》（以下简称《消法》）第 50 条规定："经营者侵害消费者的人格尊严、侵犯消费者人身自由或者侵害消费者个人信息依法得到保护的权利的，应当停止侵害、恢复名誉、消除影响、赔礼道歉，并赔偿损失。"这一规定明确了对经营者侵害消费者一般人格权的保护措施，包括赔偿损失，以维护消费者的人格尊严和人身自由等权益。此外，根据《消法》第 51 条规定："经营者有侮辱诽谤、搜查身体、侵犯人身自由等侵害消费者或者其他受害人人身权益的行为，造成严重精神损害的，受害人可以要求精神损害赔偿。"这进一步强调了对一般人格权的保护。

《最高人民法院关于确定民事侵权精神损害赔偿责任若干问题的解释》于 2001 年颁布，其中第 1 条提出：人格尊严、人身自由遭受非法侵害，可以请求精神损害赔偿。这一规定为一般人格权遭受侵害时可请求精神损害赔偿的法律依据。随着《民法典》的颁行，法律对一般人格权的保护进一步完善。

根据《民法典》第 990 条第 2 款的规定："除前款规定的人格权外，自然人享有基于人身自由、人格尊严产生的其他人格利益。"这一规定扩大了一般人格权的涵盖范围，包括了那些基于人身自由和人格尊严而产生的其他人格利益，使一般人格权更加具有包容性和适用性。此外，《民法典》第 1183 条明确规定："侵害自然人人身权益造成严重精神损害的，被侵权人有权请求精神损害赔偿。"这一规定明确了一般人格权的精神损害赔偿权。一般人格权不仅包括人身自由和人格尊严等具体权益，还具有开放性和包容性，可以包括未来可能出现的新的人格利益。因此，自然人在其一般人格权受到侵害，且造成严重精神损害时，均有权请求精神损害赔偿，这一法律规定体现了对个体人格权益的全面保护。

（二）具体人格权之精神损害赔偿

自 1986 年的《民法通则》到 2020 年的《民法典》，我国法律在自然人具体人格权受到侵害时精神损害赔偿的适用范围经历了显著的法律演变，这一过程表明了对于个体人格权益的不断强化与全面保护。

在《民法通则》颁布初期，我国法律主要关注名誉权等精神性人格权的保护，而对于隐私权和其他物质性人格权的保护相对较少。然而，随着社会的发展和法治观念的不断深化，对于具体人格权的保护逐渐受到重视。

2001 年，《最高人民法院关于确定民事侵权精神损害赔偿责任若干问题的解释》的颁布标志着一个重要的里程碑。该解释不仅扩大了精神损害赔偿的适用范围，包括了姓名权、肖像权、名誉权、荣誉权等，还首次明确保护生命权、健康权和身体权等物质性人格权，为个体人格权益提供了更全面的保护。

2009 年，《侵权责任法》的颁布进一步拓展了精神损害赔偿的适用范围，规定了一般的人身权益遭受侵害造成精神损害的情形，为自然人在面对人格权受损时主张精神损害赔偿提供了法律基础。

最终，2020 年《民法典》的颁布将精神损害赔偿的适用范围扩大到了所有侵害自然人人身权益的情形。这意味着凡是涉及自然人人格权的侵害，不论是精神性的还是物质性的，只要造成了严重的精神损害后果，都可以请求精神损害赔偿。这一法律规定的进一步拓展，确保了自然人在人格权受到侵害时能够充分行使精神损害赔偿权，获得更全面的法律保障。

总之，自然人的具体人格权受到侵害时，精神损害赔偿的法律演变体现了我国法律对于人格权益的全面保护和不断强化。这一法律发展趋势为维护个体的人格尊严和权益提供了有力支持，为社会的法治建设和人权保护事业贡献了重要力量。

（三）侵害身份权之精神损害赔偿

身份权是指个人在家庭和社会中所拥有的特殊地位和关系，包括配偶权、亲权、亲属权与监护权。当身份权受到侵害时，不仅会对被侵害者本人的精神造成损害，还可能影响到亲子关系和亲属关系，导致监护人及其近亲属遭受严重的精神损害。在 2001 年颁布的《最高人民法院关于确定民事侵权精神损害赔偿责任若干问题的解释》中，第 2 条明确规定了一种情形，即非法使被监护人脱离监护，导致亲子关系或者近亲属之间的亲属关系遭受严重损害时，监护人可以向人民法院提起诉讼请求赔偿精神损害。这一规定的出台旨在保护无民事行为能力人和限制民事行为能力人的身心健康，同时维护家庭关系和社会关系的和谐稳定。2020 年颁布的《民法典》第 1183 条规定了侵害自然人人身权益造成严重精神损害时的赔偿权，其中包括了身份权。这一规定的出台进一步强调了对身份权的保护，确保了受害人在身份权受到侵害时能够主张精神损害赔偿权。

综合考虑，《民法典》和《最高人民法院关于确定民事侵权精神损害赔偿责任若干问题的解释》的相关规定，当身份权受到侵害时，受害人以及其监护人和近亲属均有权请求精神损害赔偿。① 这一法律保障的建立旨在确保个体

---

① 《最高人民法院关于确定民事侵权精神损害赔偿责任若干问题的解释》第 2 条规定："非法使被监护人脱离监护，导致亲子关系或者近亲属间的亲属关系遭受严重损害，监护人向人民法院起诉请求赔偿精神损害的，人民法院应当依法予以受理。"

在家庭和社会中的特殊地位和关系得到充分的尊重和保护，为维护社会关系的和谐稳定做出了积极贡献。

（四）侵害死者近亲属之精神损害赔偿

我国《民法典》第 994 条以及《最高人民法院关于确定民事侵权精神损害赔偿责任若干问题的解释》第 3 条明确规定了一种情形，即当死者的姓名、肖像、名誉、荣誉、隐私、遗体等受到侵害时，其近亲属有权依法请求精神损害赔偿。这种规定反映了法律对于生者权益延续性以及对于近亲属及社会公共利益的关注。

首先，这些规定承认了生者的民事权利和人格权利在一定程度上具有延续性。虽然自然人一旦死亡，其民事权利能力终止，但其生前的权益可能对其近亲属和社会公众产生影响。因此，法律允许死者的近亲属代表死者的权益，以请求精神损害赔偿。这样的规定有助于维护生者的权益，即使在其死后，也能够保护其名誉、荣誉、隐私等方面的权益。其次，这些规定强调了近亲属的权利，特别是配偶、子女、父母等与死者关系密切的亲属。这是出于对近亲属的保护考虑，因为侵害死者的名誉、荣誉等权益往往会对其近亲属造成精神上的伤害。近亲属请求精神损害赔偿不仅是为了维护死者的权益，也是为了保护近亲属的合法权益。

总的来说，这些规定为死者的近亲属提供了一种法律途径，以维护死者生前的名誉、荣誉、隐私等权益，并为社会公共利益提供了保护。虽然这并非直接针对死者的人格利益，但却是法律在死者离世后仍然保护其合法权益和维护社会道德秩序的一种方式。这一规定的制定充分考虑了生者和社会公共利益的需求，体现了法律的综合性和人性化。

（五）第三人休克损害

第三人休克损害，或被称为"第三人震惊损害"，在法律领域引发了复杂而具有争议性的讨论。它指的是在某一侵权行为发生后，与直接受害人无亲缘关系的第三人，因亲眼目击或事后得知侵权损害的情况下，而受到精神休克或崩溃的精神损害。这种情况下，直接受害人的遭遇会导致第三人的精神损害，通常是因为他们目睹或得知了发生的可怕事件，如车祸、灾难事故或其他严重的人身伤害事件。在英美法系，第三人休克损害已经有了一些法律框架和判例法律支持，这允许第三人在特定情况下提起精神损害赔偿诉讼。在我国，有关第三人休克损害赔偿的规定相对有限且不够明确，因此仍存在一些争议和法律漏洞。

目前，我国法律体系中的相关规定主要包括废止的《侵权责任法》第 22 条、① 《最高人民法院关于确定民事侵权精神损害赔偿责任若干问题的解释》（2020 修正）第 3 条，② 以及《民法典》第 1183 条。③ 这些规定主要强调了以下几个方面：第三人的资格：根据这些规定，只有在某些情况下，第三人才有资格请求精神损害赔偿。通常情况下，第三人需要是直接受害人的近亲属，如配偶、子女、父母等。权益受侵害：第三人的精神损害赔偿请求需要基于直接受害人的姓名、肖像、名誉、荣誉、隐私、遗体、遗骨等权益受到侵害的情况。直接受害人的条件：导致直接受害人死亡为条件，尽管有这些规定，但在实际应用中仍然存在争议和不确定性。例如，是否应该扩大第三人休克损害的适用范围，允许更广泛的第三人提起精神损害赔偿诉讼，以及如何确定精神损害的严重性等问题都需要进一步的法律界定和司法解释。

因此，为了更全面地保护第三人的精神权益，我国可能需要进一步完善和扩大第三人休克损害赔偿的法律框架。这可能需要在法律立法和司法解释方面进行更多的研究和修订，以适应现代社会的复杂情况和法律需求的变化。这样的举措可以更好地平衡侵权行为的责任和精神损害赔偿的合理性，确保法律在处理第三人休克损害问题时更加公平和有效。

在英美法系，第三人休克损害赔偿标准经历了多次演变，每一次的变革都代表了法律对精神损害赔偿问题认知的深化和法律标准的逐步完善。最早的"触碰规则"要求第三人请求精神损害赔偿必须有实际的身体伤害，这一规则显然存在明显不足。举个例子，假设有一位母亲目睹了她的孩子在交通事故中被撞伤，尽管母亲自己没有受到身体伤害，但她因亲眼见到孩子的伤情而陷入了深度的精神痛苦，她在精神上受到了严重的损害。然而，根据"触碰规则"，她无法请求精神损害赔偿。然后，法律进化到"危险区域规则"，这一规则下，如果第三人在危险区域内，即使没有直接的身体伤害，也可以请求精神损害赔偿。这是对"触碰规则"的一定改进，但仍然存在一些限制。例如，

---

① 《侵权责任法》第 22 条："侵害他人人身权益，造成他人严重精神损害的，被侵权人可以请求精神损害赔偿。"

② 《最高人民法院关于确定民事侵权精神损害赔偿责任若干问题的解释》（2020 修正）第 3 条："死者的姓名、肖像、名誉、荣誉、隐私、遗体、遗骨等受到侵害，其近亲属向人民法院提起诉讼请求精神损害赔偿的，人民法院应当依法予以支持。"

③ 《民法典》第 1183 条："侵害自然人人身权益造成严重精神损害的，被侵权人有权请求精神损害赔偿。因故意或者重大过失侵害自然人具有人身意义的特定物造成严重精神损害的，被侵权人有权请求精神损害赔偿。"

假设在一个工厂爆炸事故中，工厂的员工们目睹了爆炸并逃离了危险区域，但他们的同事因为逃生不及被炸伤。员工们目睹了这一情景后，精神受到了严重损害。根据"危险区域规则"，员工们可以请求精神损害赔偿，因为他们在危险区域内目睹了事故的发生。然而，这一规则仍然存在一些问题。例如，在某次自然灾害中，一位市民目睹了一名陌生人被洪水冲走，尽管他与受害人没有亲属关系，但他因目睹了这一悲剧而陷入了严重的精神痛苦。根据目前的法律标准，他无法请求精神损害赔偿。然而，1968 年的《Dillon 案》引入了"合理预见规则"，这一规则的关键是行为人是否能够合理预见第三人的权益会受到损害。根据这一标准，第三人必须在事故现场目睹事故发生，与直接受害人存在亲密关系。如果满足这些条件，第三人就可以请求精神损害赔偿。这一规则更全面地考虑了精神损害的可预见性。举例来说，如果一位妻子目睹了她的丈夫在工作中发生致命事故，并因此受到了严重的精神伤害，根据"合理预见规则"，她可以请求精神损害赔偿。

中国现行法律对第三人休克损害赔偿的规定并不充分。目前的规定主要强调第三人必须是直接受害人的近亲属，并要求存在一定的因果关系。这种限制可能会排除那些不符合这些条件但仍然可能遭受精神损害的第三人。举个例子，假设在一次重大交通事故中，一名路人目睹了众多受害者的惨状，尽管他与受害者没有亲属关系，但他因目睹了这一情景而陷入了深度的精神痛苦。根据中国目前的法律标准，他无法请求精神损害赔偿。因此，笔者认为我国有必要对第三人休克损害赔偿制度进行更深入的审议和改进。首先，不应过于将人员范围局限于直接受害人的近亲属，非近亲属或朋友等也应有权请求精神损害赔偿。其次，不一定要求第三人亲自在事故现场，只要他们知晓受害情形并遭受了精神损害，也应有权请求赔偿。最后，应该明确行为人需要具有过错或重大过失，以确保合理的精神损害赔偿请求得到支持，并且不应局限于某些特定关系。为了更好地理解这一观点，让我们进一步探讨一些具体案例。

案例 1：非近亲属的友情关系。假设小明和小李一起参加一场娱乐活动。在活动中，他们目睹了他们共同的朋友发生了一起严重的意外事故，事故导致多人受伤。虽然他们不是亲属关系，但他们因目睹了这一悲剧而遭受了严重的精神创伤，导致长期的心理困扰和抑郁症状。根据中国目前的法律规定，他们无法请求精神损害赔偿，因为他们不是近亲属。然而，如果法律允许扩大第三人的主体范围，这种友情关系下的精神损害也应该得到合理的关注和赔偿。

案例 2：非现场目击但知晓情况的第三人。想象一个情景，一名身在外地的亲属——王先生，他接到电话通知，他的亲人在一次交通事故中受伤，但他无法立即赶到现场。在电话中，他听到了亲人的呼救声以及救援人员的紧急处理情况。王先生因担心亲人的安全而遭受了极大的精神压力，导致长期的精神创伤。尽管他不是事故现场的目击者，但他在知晓受害情况后遭受了精神损害。根据中国现行法律，他也可能无法请求精神损害赔偿。然而，如果法律能够扩大对第三人的认可，王先生的精神损害赔偿请求可能会得到更多的关注。

案例3：扩大第三人的范围。假设一位未婚妻——小红，她的未婚夫在一次严重的工作事故中不幸受伤。尽管他们尚未结婚，但他们已经建立了深厚的感情。小红目睹了事故的发生，之后遭受了严重的精神损害。根据目前的法律标准，她可能会被视为非近亲属，从而无法请求精神损害赔偿。然而，如果法律能够扩大第三人的主体范围，小红的精神损害也应该得到认可和赔偿。

综上，第三人休克损害赔偿制度在我国有待深化和完善。通过考虑更广泛的关系和情境，以及更合理的可预见性标准，法律可以更好地保护那些因目睹他人遭受严重伤害而遭受精神损害的第三人权益。这样的完善不仅有助于个体权益的保护，也有助于社会的心理健康和社会和谐的维护。

二、法人精神损害赔偿

针对法人是否具有精神损害赔偿请求权，有肯定说和否定说两种观点。

（一）肯定说

肯定说认为精神损害赔偿是人格权遭受侵犯后最为有效的保护手段，因此对于侵害法人人格从而造成法人的人格损害有规制的必要性。以下是肯定说的更详细理由：

法人信誉和经济利益的关联性：法人在市场中的信誉和声誉对其经济利益至关重要。侵害法人的人格权不仅会对法人造成名誉损失，还会降低其在市场竞争中的竞争力。这种信誉的丧失可能导致客户、供应商、投资者等各方对法人的不信任，从而影响其业务和经济状况。通过规制侵害法人人格权的行为并允许精神损害赔偿，可以更好地维护法人的商业和经济利益。

法人内部自然人人格的关联性：法人实际上是由自然人组成的，其员工、管理层等内部自然人也拥有自己的人格权。侵害法人的人格权实质上也会损害到法人内部自然人的精神利益。例如，如果一个公司的声誉受到严重损害，员工可能会面临失业和工作不稳定的风险，从而导致精神上的困扰和焦虑。通过精神损害赔偿制度，可以维护法人内部自然人的精神健康和社会稳定。

精神损害赔偿的多重功能：精神损害赔偿不仅具有补偿功能，还有抚慰功能和惩罚性功能。对于法人，当其人格权受到侵犯时，精神损害赔偿可以部分弥补其所遭受的精神痛苦和名誉损失。此外，赔偿金额的确定可以考虑到侵权行为的恶性程度，从而达到一定的惩戒效果，防止侵权行为再次发生。这有助于维护法人的生存环境和信誉，促使市场各方尊重法人的人格权。

综上所述，肯定说认为通过规制侵害法人人格权的行为并建立精神损害赔偿制度，可以更全面地保护法人的权益，维护其商业利益和社会形象，同时具备了多重功能，有助于维护社会秩序和公平竞争环境。这样的法律规定有利于推动企业行为更加合法和道德，有益于法人和整个社会的长期稳定和繁荣。

（二）否定说

讨论是否应该向法人授予精神损害赔偿权时，存在一种主张，即法人不应该享有精神损害赔偿权。以下是详细的理由：

法人无感知能力：精神损害赔偿的核心是赔偿个体因他人不当行为而遭受的精神痛苦和困扰。然而，法人是一个法律实体，它没有情感、感知或主观体验的能力。精神损害通常表现为情感上的困扰，如焦虑、沮丧、恐惧等，这些是只有自然人才能体验和表达的感受。法人不具备这种感知和情感经历，因此不可能经历精神损害。

法人人格权的财产性质：法人通常被视为一个法律实体，其人格权（如名称权、名誉权、荣誉权等）在某种程度上被视为财产权。这些权利通常用于维护法人的商业和经济利益。当这些权利受到侵害时，法人通常可以通过索赔来获得物质赔偿，以弥补其经济损失。这种物质赔偿已经足够解决法人人格权受侵害所引发的问题，不需要额外的精神损害赔偿。

法人与自然人的区别：法人是一个独立的法律实体，与其内部自然人成员有所不同。法人的权益通常是以组织的名义而非个人名义进行维护的。因此，法人人格权的侵害更多地涉及法人的商业和社会利益，而非个体精神上的痛苦。与此不同，自然人的精神损害通常涉及个体的情感和心理健康，因此精神损害赔偿对自然人具有意义。

物质赔偿的足够性：法人的人格权受侵害时，通常伴随着经济损失。物质赔偿已经足以弥补这些经济损失，因为法人不能体验到精神上的痛苦。精神损害赔偿通常用于弥补个体在精神层面上的痛苦和困扰，但法人无法体验这种精神痛苦，因此精神损害赔偿在这种情况下并不适用。

总之，否定说主张法人不应享有精神损害赔偿权，因为法人无法感知精神损害，其人格权具有财产权属性，可以通过物质赔偿解决，同时法人与自然人在精神损害赔偿方面存在差异。因此，精神损害赔偿对法人并不适用。

三、人身意义特定物的精神损害赔偿

《民法典》第1183条的规定标志着我国在精神损害赔偿领域的立法进一步完善和扩大，特别是针对侵害"具有人身意义的特定物"的精神损害赔偿责任。以下是对这一条款的分析：

精神损害赔偿的适用范围扩大：该条明确规定，不仅针对侵害人身权益的精神损害可以请求赔偿，还包括了侵害"具有人身意义的特定物"的情况。这一扩大范围对于更好地保护个体的精神利益具有积极意义。在现代社会中，很多个体将情感寄托在特定的物品上，这些物品可能寄托了珍贵的回忆、感情纽带或者是重要的象征。当这些特定物遭受侵害时，个体的精神损害可能是显而易见的，因此，法律将其纳入精神损害赔偿范围是符合社会实际需要的。

主观要件的限制：该条规定了必须具备故意或者重大过失的主观要件。这意味着侵害人必须在侵害行为中具有明显的过错，才会触发精神损害赔偿责任。普通的过失不足以构成精神损害赔偿的要件，而需要明显的疏忽或者故意。这一要求在一定程度上限制了精神损害赔偿的适用范围，以防止滥用或过度使用这一制度。

合理平衡：该条的制定旨在在扩大精神损害赔偿的适用范围的同时，保持合理平衡。一方面，法律将更多的情况纳入赔偿范围，以保护公民的精神利益；另一方面，通过规定主观要件，确保不是每一种侵权行为都会触发精神损害赔偿责任，以防止滥用和过度索赔。

综上所述，该条的制定体现了我国在精神损害赔偿领域的法律进步和完善，旨在更好地保护公民的精神利益，同时也考虑到了防止滥用的合理性。这一规定对于维护社会公平和正义，保护个体的精神健康具有积极的法律意义。

当分析《民法典》第1183条时，需要深入考察其背后的法理和立法意图，以更详细地理解该规定的重要性和适用范围：

（一）保护特定物的人身意义

该条将精神损害赔偿扩大至侵害"具有人身意义的特定物"的情况，这意味着法律承认了特定物品对个体精神健康和幸福感的重要性。这些特定物品可能包括家庭照片、遗产、纪念品或其他有情感纽带的物品。这种扩大范围的保护有助于维护社会中人际关系和家庭联系的稳定性。

（二）人格权与精神损害的联系

人格权不仅仅包括了生命权和身体健康权，还包括了与个体身份、尊严和情感有关的权利。侵犯了这些权利可能会导致精神损害，因为这些权利的侵害可能引发情感困扰、心理创伤和精神上的痛苦。法律通过扩大精神损害赔偿的适用范围来更好地保护人格权的完整性。

（三）主观要件的重要性

该条规定了必须具备故意或者重大过失的主观要件，这是为了确保不是每一种侵权行为都会导致精神损害赔偿责任。故意或者重大过失表明侵权人在侵害行为中存在明显的过错，而普通过失不足以触发精神损害赔偿。这一要求有助于避免过度索赔和滥用法律制度。

（四）社会互惠和平衡

该条的制定旨在平衡社会各方的权益。一方面，它扩大了精神损害赔偿的适用范围，以更好地保护个体的精神利益。另一方面，通过规定主观要件，法律要确保不是每一种侵权行为都会触发精神损害赔偿责任，以维护社会的公平和正义。

（五）法律的灵活性

该条采取了相对宽泛的表述，即"具有人身意义的特定物"，这种灵活性有助于适应社会不断变化的情境。法律不仅适用于传统的特定物品，还可以根据社会的发展和文化的变迁来解释和适用。

总的来说，《民法典》第 1183 条的制定标志着我国在精神损害赔偿领域的立法进一步完善和扩大，旨在更好地保护个体的精神利益，同时也充分考虑了防止滥用和过度索赔的合理性。这一规定对于维护社会公平和正义、保护个体的精神健康具有积极的法律意义。

第五章 精神损害赔偿的原则

精神损害赔偿制度的核心在于数额的判定。精神损害赔偿的原则在精神损害赔偿制度中贯穿始终，精神损害赔偿制度的原则主要包括如下：

一、补偿原则

补偿原则在精神损害赔偿制度中具有至关重要的地位，主要强调精神损害赔偿的目的是补偿受害人所遭受的损害。这一原则的确立，不仅有助于明确精神损害赔偿制度的法律本质，还体现了法律的人本关怀。

（一）补偿精神损害

精神损害赔偿制度的首要任务是为受害人提供一种方式来弥补其遭受的精神损害。精神损害通常无法通过常规方式迅速或完全康复，因此，各国的法律体系选择了以金钱形式的赔偿作为一种补偿方式，帮助受害人尽快恢复到原有的精神状态。这一原则确保了受害人在精神损害发生后能够得到适当的补偿，从而减轻其所遭受的损害。

（二）救济功能

补偿原则体现了精神损害赔偿制度的救济功能。受害人在遭受精神损害后，往往需要一定的帮助和支持来缓解其痛苦和困扰。精神损害赔偿制度通过提供金钱补偿，为受害人提供了一种恢复精神健康的途径，使其能够通过各种方式来缓解精神痛苦，例如，寻求专业心理治疗或娱乐活动等。

（三）个案调整

补偿原则并不是一刀切的，而是根据具体情况进行个案调整。不同的精神损害可能有不同的严重程度和影响，因此，精神损害赔偿数额应根据个体案情的严重性和特殊性进行调整。这种个案调整的灵活性有助于确保精神损害赔偿制度的公平性和合理性。

总之，补偿原则是精神损害赔偿制度的核心，其主要目的是补偿受害人所遭受的精神损害，具有强烈的救济功能和个案调整的特点。这一原则体现了法律对于个体精神健康和情感权益的关怀，为受害人提供了必要的法律保障和支持。

二、抚慰原则

抚慰原则作为精神损害赔偿制度的核心原则，在法律规制中从受害人的角度出发，通过赋予受害人精神上的抚慰和宽慰来实现其权益保护。以下具体地探讨抚慰原则及其在精神损害赔偿中的具体运作：

（一）受害人关怀和安抚

抚慰原则的首要目标是关心受害人的情感需求。在遭受精神损害后，受害人可能经历情感上的痛苦、困扰和心理创伤。精神损害赔偿制度通过赔偿金的支付，向受害人传递了社会的同情和关怀，旨在减轻其内心的痛苦，使其能够逐渐恢复平静和安宁。

（二）法律匡扶正义

抚慰原则体现了法律匡扶正义的态度。通过责令侵权人承担精神损害赔偿责任，法律表明了对侵权行为的不容忍，并通过金钱赔偿的方式为受害人提供公平和正义的回应。这有助于化解受害人的怨恨和愤怒，降低其对侵权行为人的报复欲望，维护社会的和谐与稳定。

（三）精神抚慰金的本质

抚慰原则将精神损害赔偿金更准确地描述为"精神抚慰金"。这表明赔偿金的主要目的是通过金钱的形式来实现对受害人精神上的抚慰和安慰。赔偿金并不仅仅是物质上的赔偿，更是一种法律承认和关心的象征，其价值在于提供精神上的安慰。

（四）实效和和解

抚慰原则突出了法律的实效性。通过精神抚慰金的支付，法律能够有效地化解争端，降低诉讼的复杂性，促进和解。受害人在感受到法律的抚慰后，可能更愿意接受和解，从而达到更广泛的社会和解和调解。

（五）金钱与法律正义的结合

抚慰原则将金钱的支付视为一种方式，以实现法律正义。精神损害赔偿金的数额应当彰显法律为受害人伸张正义的实效。法官在确定精神损害赔偿金时需要综合考虑多个因素，包括侵权行为人的过错程度、经济能力、侵权行为的具体情节以及受理法院所在地的平均生活水平等，以确保赔偿金的数额能够达到抚慰受害人的目的。

（六）替代性救济手段

我国《民法典》规定了多种救济非财产损失的手段，例如，赔礼道歉、消除影响等，也可以起到抚慰作用，从而替代一部分精神损害赔偿金。这种替代性救济手段的存在有助于更全面地满足受害人的精神需求，使其在获得抚慰时也能感受到侵权行为人的道歉和悔改，从而更好地实现法律的抚慰和调解功能。

（七）抚慰原则与补偿原则的关系

抚慰原则与补偿原则在精神损害赔偿制度中相辅相成。补偿原则强调金钱的给付作为一种救济方式，旨在帮助受害人尽快恢复原有精神状态。而抚慰原则则更注重法律的实效性，通过金钱的支付来安抚受害人的情感，化解其愤怒和不满。两者共同作用，既保障了受害人的合法权益，又维护了社会的和谐与稳定。

（八）自由裁量权与公平性

在精神损害赔偿中，法官具有一定的自由裁量权，可以根据具体案件的情况来确定赔偿金的数额。这一自由裁量权的行使需要遵循抚慰原则和公平原则，以确保赔偿金的确定既能抚慰受害人，又能反映法律正义的实现。

（九）法律体系的价值表现

最终，抚慰原则体现了法律体系的价值观。通过精神损害赔偿制度，法律不仅仅是一种规则和制度，更是一种社会文明和人文关怀的表现。法律的抚慰功能不仅仅在于赔偿金的数额，更在于对受害人的关心和支持，为社会提供了一种公平、正义和人道的解决争端的方式。

总之，抚慰原则在精神损害赔偿制度中扮演着重要的角色，其目的是通过金钱的支付来安抚受害人的情感需求，化解争端，实现法律的抚慰和调解功能。在赔偿金的确定中，需要综合考虑多个因素，确保赔偿金的数额既能满足受害人的需求，又能反映法律正义的实现。抚慰原则与补偿原则相辅相成，共同促进了精神损害赔偿制度的发展和完善。

三、类案同判原则

"类案同判原则"是司法裁判人员在处理案件时应当遵循的原则，它强调在面对相似的法律事实时，应采用一致的裁判标准以追求相似的法律结果。

这一原则的基本理念可以追溯到古希腊哲学家亚里士多德对正义的理解，即"相等的人应该得到相等的待遇"。根据这一理念，法律制度追求的司法公正自然蕴含着对"平等"的追求，而在具体的案件裁判中，这一追求体现为"相似案件采用相似裁判"的原则。在中国学界，通常将"类案"和"同判"分为两个阶段来考量是否做到了"类案同判"。

对于"类案"的内涵，学界已经基本形成了共识。然而，对于如何判断两案是否为"类案"的方法仍存在分歧。实际上，即使在拥有判例法体系的国家，判断类案的通用方法仍然难以确立，法官主要依靠自己的审判经验和法律技巧来做出判断。在中国，关于判断案件是否为"类案"的方法也存在争议，学界目前提出了一些判断类案的要素。例如，一些学者认为应该从案件的关键事实、法律关系、争议点、所争议的法律问题的相似性来判断是否为"类案"。另一些学者则强调具体案件与参照案件法律事实之间的差异在层级和量上的重要性，并指出法官的自由裁量权起着主导作用。这些观点基本涵盖了学者研究判断类案标准时普遍关注的要素，前者从规范的角度判断是否为类案，后者从实践的角度判断是否为类案，强调了"同判"和"类案"之间的逻辑关系。

"同判"的愿景是实现实质性的司法公正，但其具体内涵在实践中不断发展演进。从1985年1月开始，最高人民法院通过《最高人民法院公报》的形式，开始探索以发布裁判文书和裁判摘要的方式指导全国法院的审判和执行工作。代表性案例的指导作用逐渐显现。2010年11月26日，最高人民法院正式颁布实施了《关于案例指导工作的规定》，建立了中国特色的案例指导制度。根据这些规定以及一系列相关政策文件，最高人民法院将其指导案例定位为人民法院内部的软性约束，其主要功能是实际上的审判监督，这为"地域性同判、全国性异判"的争议埋下了伏笔，其中关键问题之一是各省市法院参照标准的不一致。

随着信息技术和司法公开建设的发展，以往的判例可以跨越时空，传播到法律社群和普通民众之中，民众对法律"公正"的期望也转化为对"全国统一裁判标准"的期望。2021年12月1日，最高人民法院正式颁布并实施了《最高人民法院统一法律适用工作实施办法》。这些规定总结并吸收了过去统一法律适用改革的成功经验，明确了"类案检索"在审判全过程中的重要地位，特别强调了法官在审理过程中对类案采纳或不采纳的释明义务。"类案同判原则"逐渐介入了审判权的初次使用。该实施办法还强调了在全国范围内统一法律适用标准的重要性，使"同判"的最高理想——全国范围内统一法律裁判标准——正在逐渐成为现实。

总之，"类案同判原则"强调了在面对相似的法律事实时采用一致的裁判标准，以追求相似的法律结果。这一原则的实施需要充分考虑案件相似性，遵循法官的自由裁量权，以实现法律的公正和一致性。此外，法院制定的相关规定也起到了指导和规范的作用，有助于确保"同判"原则的落实。这一原则的逐步实施有望为中国的司法体系带来更大的一致性和公正性。

四、地区差异原则

"地区差异原则"指的是精神损害赔偿金的额度应根据受理诉讼法院所在地的标准确定。这一原则在精神损害赔偿制度中具有重要地位。中国作为一个发展中国家，城乡和地区之间存在较大的经济差距，这显著影响了受害人提出索赔要求的意愿和侵权人的赔偿能力。

1999 年 11 月 19 日，最高人民法院印发了《全国民事审判质量工作座谈会纪要》，就损害赔偿案件中赔偿数额的问题提出了允许考虑地区因素的观点。纪要中指出，各地在判决侵权人支付精神损害赔偿金的数额和标准时，应考虑国家经济社会和文化发展情况以及当地的实际情况。赔偿数额不应设置得过高，但允许不同地区根据其经济发展情况来确定不同的赔偿标准，以实现对侵权人行为的制裁、对受害人精神痛苦的抚慰和补偿，并引导社会风尚。纪要还明确表示，对于那些要求支付数百万元精神损害赔偿金的诉讼请求，一般不应该支持。这一规定实际上确立了我国精神损害赔偿标准的地域性原则。

地区差异原则的制定是基于我国东西地区和城乡之间存在明显的差距。制定全国统一的精神损害赔偿标准或限额在实际操作中可能不太可行，因此将法官的自由裁量权交由各地法院自行把握更为实际。这样的做法有助于充分考虑各地的经济发展水平和实际情况，以更好地满足受害人的需求，并确保赔偿数额能够反映地区的差异。

根据我国民事诉讼法的相关规定，处理侵权责任纠纷的法院适用侵权行为地法律。这包括侵权行为发生地和侵害结果发生地。如果这两个地点不同，受害人有权选择其中一个地点提起民事诉讼。随着我国经济社会的发展，侵权行为地和侵害结果发生地不同的情况变得越来越普遍。在过去，关于精神损害赔偿数额应根据哪个地方的标准来确定的争议较多，法官通常需要考虑侵权人和受害人所在地的标准。为了解决这一问题，2020 年修正后的《最高人民法院关于确定民事侵权精神损害赔偿责任若干问题的解释》明确规定，法官应将受理诉讼法院所在地的平均生活水平作为考量因素，这为各地法官提供了确定精神损害赔偿标准的依据。因此，我国明确将受理诉讼法院所在地的规定作为审理精神损害赔偿的标准。

总之，地区差异原则强调了精神损害赔偿标准应根据受理诉讼法院所在地的情况确定。这一原则的制定是为了更好地考虑地区差异，确保赔偿数额反映实际情况，满足受害人的需求，并维护社会公平和正义。

五、公平原则

公平原则是精神损害赔偿制度的基本原则之一，它要求法官在裁定精神损害赔偿数额时必须本着合理的法律框架，并在法律允许的范围内，审慎而公正地考虑各方的权益，既要兼顾受害人的需求，又要考虑到侵权人的惩罚与教育，以及社会的警示作用。

在我国《民法典》第 6 条中，明确规定了公平原则，要求民事主体从事民事活动时必须遵循公平原则，合理确定各方的权利和义务。这一法律规定为精神损害赔偿制度奠定了坚实的法律基础，强调了公平原则在法律实践中的关键地位。精神损害赔偿制度必须遵循这一原则，以保障法律的公平性和正义性。

公平原则的核心思想是损失分担理念，它源于社会化大生产的发展，强调在不幸损害发生时应该合理分担损失。在我国《民法典》中，第 1166 条①规定了侵权责任的无过错归责原则，第 1186 条②规定了在法定情形下法官可以进行损失分担。此外，《最高人民法院关于确定民事侵权精神损害赔偿责任若干问题的解释》第 5 条第 5 项明确指出，法官应当考虑侵权人的经济情况等因素来确定赔偿数额。这些规定明确体现了损失分担理念在我国法律中的重要性，其目的是保护弱势群体的权益，实现社会公平与正义。在精神损害赔偿案件中，公平原则不仅仅是法官自由裁量权的一个指导原则，也是法官必须遵守的法律准则。法官在裁定精神损害赔偿数额时，必须审慎地综合考虑各种因素，

---

① 《民法典》第 1166 条："行为人造成他人民事权益损害，不论行为人有无过错，法律规定应当承担侵权责任的，依照其规定。"

② 《民法典》第 1186 条："受害人和行为人对损害的发生都没有过错的，依照法律的规定由双方分担损失。"

以确保权利人得到公平待遇。这包括考虑受害人的实际损失与需求，侵权人的过错程度，以及社会对侵权行为的警示作用。公平原则的遵守有助于维护法律的公平性和正义性，保护受害人的合法权益，同时对侵权人进行合理的制裁，促进社会的和谐与公平。因此，公平原则在精神损害赔偿制度中发挥着至关重要的作用，正是公平原则促使我们建议未来立法对赔偿要素进行量化规定。

第六章　侵权精神损害赔偿额
立法判定要素评析

2020 年，为配合《民法典》出台所修订的《最高人民法院关于确定民事侵权精神损害赔偿责任若干问题的解释》，其中第 5 条对精神损害赔偿数额判定要素作了较为翔实的规定。本部分从立法视角就第 5 条中罗列的六项判定要素进行分析，以期为后续探究司法实践中精神损害赔偿额存在"同案不同判"之困境及解决出路提供基础。

一、法定要素

（一）侵权人的过错程度

我国的《最高人民法院关于确定民事侵权精神损害赔偿责任若干问题的解释》明确规定，侵权人的过错程度是决定精神损害赔偿金额的关键依据。然而，值得注意的是，民法和刑法领域的过错内涵不完全相同。在民法中，过错是侵权的一个构成要件，而在刑法中，过错用于区分罪行与非罪行、罪行的种类以及刑罚的量刑依据。因此，将过错程度列入精神损害赔偿的考量范畴时，法官需要明晰这两者之间的区别，以避免在案件中扩大"过错程度"的影响，导致不公正的判决结果。

民法的过错包括故意和过失，侵权人的过错一般与侵权人的主观动机、行为认知以及是否表现出悔改等因素相关，通过这些因素可以判断侵权人的主观恶性和过错程度。一般来说，精神损害赔偿的确定因受害人的主观感受而显得更为主观，不容易准确计算损害后果。因此，侵权人的过错程度成为精神损害赔偿案件中必须要考虑的重要因素。过错程度表明了侵权人的主观恶性程度，一般说来，过错程度越高，侵权人的主观恶性则越大，法官对精神损害赔偿金额的判定也就越高；反之，过错程度较低则表明侵权人的主观恶性较小，精神损害赔偿金额也相应较低。在极端情况下，如果法院判定侵权人没有过错，依法可能无须承担精神损害赔偿责任。

在精神损害赔偿判决中，需要考虑侵权人的过错属于故意还是过失。在过失情形下，侵权人应承担的赔偿数额通常较少，因为相对于故意侵权而言，过失侵权的主观认识因素较低。故意侵权的侵权人明知自己的行为可能会导致被侵权人的精神损害，甚至有意或者无意地促成这一结果的发生，其主观上的恶性更为明显，因此应当承担更大的精神损害赔偿责任。这样的判决不仅有助于救济被侵权人的损失，还可以起到惩罚侵权人、警示他人的作用，以维护社会的法律秩序。其次，被侵权人自身是否具有过错也会影响精神损害赔偿金额的裁定。如果被侵权人在精神损害发生时有过错，即其自身行为或态度对精神损害的出现产生了一定影响，则法律会要求被侵权人承担一部分责任。法律原则上主张责任自负，不仅要求侵权人承担相应责任，还要求被侵权人对自己的过错承担一定责任。在这种情况下，侵权人需要承担的赔偿责任将受到限制，最终赔偿金额将基于双方的过错程度进行分摊。这种方式旨在确保在精神损害赔偿案件中实现责任的公平分担，同时促使个体对自己的行为负起责任。

目前，侵权人的过错程度已经成为多个省份高级人民法院指导性意见中的考量因素。例如，福建省明确指出，侵权人的主观过错程度是区分侵权行为严重程度的重要因素；[①] 山东省规定，侵权人的过错程度是判决精神损害赔偿金额的一个因素；[②] 北京市明确指出，侵权人的过错程度可以作为确定精神损害赔偿额的考量因素。[③] 因此，侵权人的过错程度在司法实践中扮演着重要的角色，有助于维护精神损害赔偿案件的公平与正义。

---

① 《福建省高级人民法院关于审理人身损害赔偿案件若干问题的意见》第25条："根据侵权人的主观过错程度、侵害手段、侵权行为所造成的后果，侵权行为分为一般侵权行为、严重侵权行为、特别严重侵权行为。"

② 《山东省高级人民法院关于审理人身损害赔偿案件若干问题的意见》第82条："精神损害赔偿的数额应根据以下因素综合确定：不法侵害人的过错程度（法律另有规定的除外）；侵害行为所造成的后果；侵权的具体情节，包括侵权的手段、场合、行为方式、持续状态或时间等；侵害人的获利情况及其承担责任的能力；侵害人的家庭状况、经济能力及其他与精神利益相关的个人因素以及受诉法院所在地平均生活水平等。"

③ 《北京市高级人民法院关于审理人身伤害赔偿案件若干问题的处理意见》第25条："侵权行为致人身体伤残，受害人请求精神损害抚慰金的，可以根据受害人承受的肉体与精神痛苦情况给予一定金钱慰抚，给付数额可以根据伤残程度及侵害人的过错程度予以裁量。因侵害行为致受害人残疾的，赔偿数额一般不超过我市城镇职工上一年平均工资收入的5倍。受害人身体受到一般伤害，造成严重后果，确有必要给予精神损害抚慰金的，参照致人残疾的情况酌减。"

总之，侵权人的过错程度是精神损害赔偿案件中的关键因素之一。法官在考量过错程度时需要充分理解其在民事法律和刑事法律领域的差异，确保不会误导案件的判决结果。同时，过错程度的评估应综合考虑侵权人的主观动机、行为认知以及是否表现出悔改等因素，以便更准确地确定精神损害赔偿金额。这有助于确保受害人在精神损害赔偿案件中获得公平的赔偿，同时也能够维护社会的公平与正义。因此，我们期望未来立法通过客观量化的方式来衡量故意和过失侵权行为的具体要素，使得侵权行为外化量化为可以计算的客观因素，以保证精神损害赔偿金额的裁定具有准确性、客观性和真实性。

（二）侵权行为的目的、方式、场合等具体情节

我国《最高人民法院关于确定民事侵权精神损害赔偿责任若干问题的解释》明确规定，侵权行为的目的、方式、场合等具体情节是在确定精神损害赔偿金额时的重要判定因素，对赔偿金额的确定具有举足轻重的作用。这些具体情节包括了侵权人实施侵权行为的手段、场所和范围、行为方式、侵权行为的次数以及持续的时间长度。

侵害手段主要指的是侵权人对受害者采取的各种伤害方式，可以分为暴力和非暴力两种形式。不同的侵害手段对受害者的精神损害程度有明显差异，因此在确定精神损害赔偿金额时需要充分考虑这一因素。侵权人实施侵权行为的场所和范围指的是，侵权行为发生的地点以及侵权行为可能对受害者造成的负面影响。明确这一因素对于侵权人是否应承担赔偿责任的确定具有重要作用。例如，侵权人在公开场合与在私人住宅中实施相同的言语侮辱行为可能会对受害者造成不同程度的精神损害，因此需要在赔偿金额的确定中予以考虑。此外，侵权行为的场所和范围以及行为方式都是需要区分的因素。例如，侵权行为在公共场所与私人领域的差异，以及侵权人采用的侵害方式，都可能影响到受害者的心理健康。最后，侵权行为的次数和持续的时间也是重要考量因素。通常情况下，侵权行为的次数和持续时间与损害结果的严重程度成正比。如果侵权行为频繁且持续时间较长，受害者可能会遭受更严重的精神损害，因此需要在赔偿金额的确定中予以充分考虑。

这些具体情节因素在精神损害赔偿案件中的重要性不可忽视。多个省份的高级人民法院指导性意见也明确了这些因素的必要性，例如，山东省规定，如

果侵权行为特别恶劣，可以根据案件实际适当提高精神损害赔偿金额；① 福建省规定，将侵权人的侵权手段作为判定侵权行为严重性的条件之一。②

（三）侵权行为所造成的后果

我国《最高人民法院关于确定民事侵权精神损害赔偿责任若干问题的解释》明确规定，精神损害赔偿的判定因素包括侵权行为所造成的后果，而这一因素对于判决精神损害赔偿金额具有十分重要的意义。然而，尽管现行的《最高人民法院关于确定民事侵权精神损害赔偿责任若干问题的解释》及多省高院的指导性意见已将这一因素规定为考量标准之一，但关于"后果"包含哪些具体内容，现行法律及司法解释并没有统一规定，更无量化的标准，这也成为实务界的一大难题。

在理论界，对于"侵权行为所造成的后果"的具体内容存在较大的讨论空间，民法学者们提出了以下观点。

一些学者认为，侵权行为所造成的后果是指受害者因遭受损害而导致的精神损害程度，而受害者的精神损害程度往往与精神损害赔偿金额成正比。按照这种看法，损害后果具体表现为受害者出现严重精神疾病，进而对其正常的学习、工作和生活造成了严重影响。

另一些学者则提出，侵权行为所造成的后果包括受害者遭受侵权行为损害的权益和损害程度，其中损害程度可以表现为受害者丧失部分或全部劳动能力、精神失常、重伤甚至死亡等情形。依据这一观点，侵权行为的后果应根据受害者的伤势轻重以及精神损害的程度来确定。

还有一些学者补充指出，侵权行为所造成的后果还应包括受害者近亲属遭受的精神损害后果。此外，有学者认为，评估侵权行为所造成的结果应该从两个方面综合考虑：一方面是侵权行为给社会带来的影响程度，另一方面是受害者因侵权行为遭受的精神和身体损害程度。

在精神损害赔偿案件中，法官需要综合考虑侵权行为的具体情节以及受害者的实际情况，以确定后果的性质和程度，并据此来确定精神损害赔偿的合理

---

① 《山东省高级人民法院关于审理人身损害赔偿案件若干问题的意见》第 85 条第 2 款："侵害人侵害行为特别恶劣、受害人的伤害程度特别严重或社会影响特别大的，可根据实际需要，适当提高上述赔偿标准，但判决前必须呈报省法院复核。"

② 《福建省高级人民法院关于审理人身损害赔偿案件若干问题的意见》第 25 条："根据侵权人的主观过错程度、侵害手段、侵权行为所造成的后果，侵权行为分为一般侵权行为、严重侵权行为、特别严重侵权行为。"

金额。这一因素的具体界定和权衡需要根据案件的具体情况来进行，以维护受害者的权益并确保案件的公平和正义。我国相关法律及司法解释未对"侵权行为所造成的后果"作出明确解释，因此如何界定这一因素，更大程度上依赖于法官审理中的自由裁量权以及各地的相关规定。这一问题的探讨在当前阶段具有重要的基础。

目前，我国多个省份的高级人民法院的指导性意见，主要从受害者精神损害与物质性人格权所受损害程度加以规定，有些地方还对侵权行为所造成的社会影响进行了规定。例如，安徽省将受害者的物质性人格权所受损害程度列为了应当考虑的损害后果之一。① 云南省和北京市也有类似的规定，云南省将侵权行为导致受害者伤残或死亡作为精神损害赔偿的依据，② 而北京市则明确规定了侵权行为所造成的后果，包括受害者因侵权行为导致一般伤害、身体残疾或死亡的情形。③ 福建省则将受害者因侵权行为遭受的精神伤害列为侵权行为所造成的后果之一。④

此外，有一些地区明确规定侵权行为所造成的后果不仅包括物质性人格权损害，还包括精神性人格权损害。山东省的规定就比较全面，规定侵权行为所造成的后果包括了受害者的生命权、健康权、身体权以及精神上遭受的损害。同时，山东省的规定也考虑了受害者的学习、工作和生活是否受到影响，以及

---

① 《安徽省高级人民法院审理人身损害赔偿案件若干问题的指导意见》第 25 条第 1 款至第 4 款分别规定了公民身体权、健康权遭受轻微伤害、遭受一般伤害但没有构成伤残等级、已经构成伤残等级以及造成死亡四种情形的赔偿标准。但需要注意的是，此规定出台时间为 2006 年，《民法典》出台后安徽省尚未颁布对应的指导意见。

② 《云南省高级人民法院〈关于审理人身损害赔偿案件若干问题的会议纪要〉》："损害后果较轻，受害人经治疗恢复健康，没有构成伤残的，应当赔偿医疗费、护理费、交通费、住宿费、住院生活补助费、因误工减少的收入、必要的营养费等直接损失。损害后果严重并造成伤残、死亡的，除上述赔偿外，还应赔偿残疾赔偿金、死亡赔偿金、被扶养人生活费、后续治疗费、精神抚慰金等。"

③ 《北京市高级人民法院关于审理人身伤害赔偿案件若干问题的处理意见》第 1 条："侵权行为致人身体一般伤害（指经治疗能够恢复健康，尚未造成残疾）的，侵害人应当赔偿受害人医疗费、误工费、护理费、就医交通费、就医住宿费、住院伙食补助费、必要的营养费等合理费用。侵权行为致人身体一般伤害，并造成严重后果的，受害人可以请求给付精神损害抚慰金。"

④ 《福建省高级人民法院关于审理人身损害赔偿案件若干问题的意见》第 24 条第 1 款："对受害人或死者近亲属提出精神损害赔偿的诉讼请求是否支持，应视受害人或死者近亲属在精神上是否受到严重伤害而定。"

侵权行为对社会造成的影响。①

总之，各地区在界定侵权行为所造成的后果方面存在一定的差异，但都强调了受害者的精神损害和物质性人格权损害这两个因素。这些规定为法官在审理精神损害赔偿案件时提供了一些参考依据，但在具体案件中，法官仍然需要根据案件的具体情况和证据来综合考虑和界定侵权行为所造成的后果，以确定精神损害赔偿的合理金额。这一因素的深入界定和权衡有助于确保案件的公平和正义，以维护受害者的权益。

通过前文对理论界观点和不同地区规定的梳理，可以明显看出，在界定侵权行为所造成的后果时，需要从多个角度进行评估，以全面考虑受害者的精神损害。以下是应该考虑的一些方面：

首先，需要考虑物质性人格权的侵害后果。这包括了侵权行为是否导致了受害者的死亡或身体损害的程度。当受害者的生命或健康受到威胁或受损时，后果显然更加严重，因此这是一个重要的评估因素。其次，精神性人格权的侵害后果也至关重要。如果受害者的精神健康受到了侵害，需要评估其精神损害的后果，包括可能对其精神和其他权益造成的损害。这可能包括焦虑、抑郁、创伤后应激障碍等心理健康问题，以及对受害者日常生活和人际关系的负面影响。再次，身份权的侵害后果也需要考虑。当受害者的个人身份或隐私受到侵害时，后果可能涉及个人尊严和自由的侵犯。这可以包括名誉损害、侵犯隐私权或其他身份权利的损害。一般人格权的侵害后果也是一个考虑因素。如果侵权行为影响了受害者的一般人格权，如影响其正常的学习、工作和生活，这也应该纳入评估中。最后，某些特定物品受损可能导致受害者的精神损害后果。例如，珍贵的个人物品或文化遗产的损坏可能引起极大的精神痛苦。在这种情况下，需要考虑物品的重要性以及损坏对受害者精神状态的影响。

侵权行为所造成的后果不仅仅对受害者和其近亲属产生生理、心理上的损害，也会对社会大众产生影响。社会影响是指侵权行为对受害者之外的所有外部评价和社会群体产生的作用。尽管《最高人民法院关于确定民事侵权精神

---

① 《山东省高级人民法院关于审理人身损害赔偿案件若干问题的意见》第86条："受害人因侵害行为影响正常工作、生活、学习的，为一般性精神损害；受害人因侵害行为导致工作失误、学习成绩下降、生活无常或者自杀等严重后果的，为严重损害。"并且明确自然人的物质性人格权受到损害作为侵权行为所造成的后果需要满足以下几个条件：侵权人的主观心态为故意或重大过失，手段方式特别恶劣以及侵权行为所造成的损害后果较为严重。

损害赔偿责任若干问题的解释》在确定精神损害赔偿金额时将侵权行为所造成的后果列为影响因素之一，但并未明确规定是否应考虑侵权行为对社会的影响。但是，一些省份高级人民法院的指导性意见明确将侵权行为对社会的影响列为考量因素。

例如，山东省高级人民法院的指导性意见提出，如果侵权人的侵权行为特别恶劣，受害者的损害程度特别严重，或者侵权行为对社会产生了特别大的影响，法院可以适度提高精神损害赔偿的标准，但必须呈报法院进行复审。此外，该指导性意见还指出，在侵权人侵害受害者的物质性人格权时，如果最终的损害后果导致大众对受害者的社会评价降低，那么这也可以作为受害者要求侵权人承担精神损害赔偿的条件之一。因此，在司法实践中，法官需要综合考虑侵权行为所造成的社会影响，以更好地得到社会大众的支持，进而产生教育和警示的效果。这种做法有助于维护社会的公平与正义，同时也有助于预防侵权行为的发生，促使公民更加尊重他人的精神权益。

侵权行为所造成的社会影响是指大众对实施侵权行为者所最终导致的损害后果以及受害者情况产生的反响和评价。通常情况下，侵权行为所造成的社会影响与周围地区人群的法律意识、价值观、侵权人和受害者的社会地位、公众知名度等因素密切相关。尽管在决定精神损害赔偿金额时，对侵权人和受害者的身份地位是否应作为判定因素尚无统一定论，但在案件审理过程中，我们必须充分考虑不同自然人主体的影响力对社会大众产生的影响。

具有更高社会声誉和影响力的自然人所导致的损害范围和影响通常远比普通人要大。同时，成为引发更多社会评论和注意的受害者所遭受的精神损害通常也要比一般受害者更严重。法官在考量侵权行为所带来的社会影响时，首先应将受害者的敏感度与其所产生的社会影响联系起来，而不仅仅考虑社会影响本身。因为每个人处于不同的社会背景和文化环境中，对侵权行为及其后果的感知和反应都会有所不同。

例如，政府工作人员的名誉权受到侵犯可能导致负面社会影响，但娱乐明星的名誉权遭受侵害，可能不会引发太多负面情感反应。有时有些明星甚至希望社会效应扩大，以提高自己的知名度。当法官关注受害者对损害后果的敏感度时，还需要考虑他们所处的特定环境，例如，社会文化背景、宗教信仰、年龄和性别等因素。儿童和老年人通常更加敏感，女性通常比男性更敏感。不同的宗教信仰者对同一事件的敏感度也会有很大差异。此外，全球不同国家和地区的文化差异也会影响人们对损害的敏感程度。因此，在考虑受害者对损害后果的敏感度时，必须综合考虑他们所处的特定环境和情境。这有助于更全面地评估精神损害赔偿案件中的社会影响因素。另外，需要指出的是，我国的许多省份的相关指导性意见尚未将侵权行为所造成的社会影响作为一个明确规定的因素。然而，在法官审理侵权行为所造成的后果时，他们仍然会考虑到这些后果可能对社会产生的影响。实际上，侵权行为所造成的损害后果与其对社会的影响之间存在相互作用关系。侵权行为所导致的损害后果可能会引起一定程度的社会关注和反响，而社会的反应和关注程度也会在一定程度上影响法官的判决，同时也可能对受害者产生影响。

具体来说，侵权行为所造成的损害后果越严重，可能引起的社会消极影响就越大。这种消极影响包括社会舆论的关注、社会对侵权行为者的评价以及对受害者的同情和支持程度等。在确定精神损害赔偿数额时，考虑到这些消极影响可能有助于减轻受害者的精神痛苦程度。因此，尽管"社会影响"这一因素未被明确列入相关法规条文中，但本书认为，在审判过程中，法官应当继续考虑侵权行为所带来的社会影响，以更好地发挥教育和引导社会公众的作用。需要注意的是，尽管法官可以考虑社会影响，但这并不意味着他们可以随意根据社会反响来裁定赔偿金额。法官仍然需要依据法律和司法解释的规定，以及对具体案件的客观分析来确定赔偿数额，确保判决公正合法。社会影响只是其中的一个因素，不能替代法律依据和事实情况的综合考量。尤其我们建议未来立法量化赔偿因素。

（四）侵权人的获利情况

侵权行为的后果与侵权人所获得的利益之间存在深刻的关联，这一关联在精神损害赔偿案件中具有重要的法律和道德意义。侵权人的获利情况，也就是侵权人基于其不当行为所取得的各种利益，在裁定精神损害赔偿金额时，扮演着关键角色。然而，学界对于这一关联的解释存在多种观点，不同的学者提出了不同的理论观点和分析方法。

一些学者主张获利情况与精神损害程度之间呈正相关关系，即侵权人获得的利益越多，受害者的精神损害程度也越大。这一观点强调了侵权行为的目的性和结果性，认为侵权人为了追求自身利益而侵害他人的权益，应当承担更大的精神损害赔偿责任。另一些学者则认为，法院应该根据侵权人实施侵权行为后所获得的利益来相应增加精神损害赔偿的数额。他们强调了侵权人的行为与其获利之间的因果关系，认为侵权人因侵犯他人权益而获得了不当利益，应当为此付出代价。

　　还有学者提出，当侵权人出于谋利目的而侵犯他人的合法权益时，法院应该同时考虑精神损害赔偿和对侵权行为的道德斥责。这一观点强调了精神损害赔偿的双重作用，既是一种赔偿，也是一种惩罚。侵权人的获利情况在这种情况下可以成为判决的依据之一，以反映侵权行为的恶劣性和侵权人的道德缺失。

　　笔者认为，侵权人的获利情况在精神损害赔偿案件中应该得到充分的重视。首先，法官应该关注侵权人是否出于获利目的而侵犯他人的合法权益。如果侵权人的行为是出于谋利的动机，那么其所获得的利益应当成为判决的一个重要因素。其次，侵权人获得的金额虽然不能成为精神损害赔偿计算的唯一标准，但可以作为一个参考因素。法官应该根据受害者的精神损害程度为主要依据，并结合侵权人的获利情况、获利金额以及其他相关因素来综合判定最终的赔偿金额。

　　然而，精神损害赔偿的核心仍然是受害者的精神痛苦程度，因此法官在判决时必须以受害者的利益为优先考虑。侵权人的获利情况只是其中的一个因素，不能取代对受害者权益的保护。因此，在精神损害赔偿案件中，法官需要综合考虑多种因素，以确保判决的公正和合法性。

　　（五）侵权人承担责任的经济能力

　　侵权行为所导致的后果与侵权人的经济能力之间存在紧密的关联，这一关联在精神损害赔偿案件中具有重要的法律和道德意义。侵权人是否有能力承担赔偿责任，直接影响着精神损害赔偿金额的确定以及最终判决的执行情况。在实际裁判中，如果侵权人存在难以负担赔偿责任的现实原因，例如，财务困难或因丧失部分或全部劳动能力而无力支付，法官通常会将这些因素视为酌情减少精神损害赔偿金额的考虑因素，这旨在保护受害人的合法权益的同时，也兼顾了侵权人的实际承担能力。

　　相反，如果侵权人明显具备承担责任的经济能力，却拒绝支付或不表现出悔改态度，法官可以将此列为酌情提高赔偿金额的考虑因素，以起到对侵权人的惩罚和警示作用。

　　至于是否将侵权人的经济能力视为测算精神损害赔偿金额的标准，学界存在两种主要观点。一种观点是肯定说，认为应该充分考虑侵权人的经济承担能力，以确保最终判决既体现实际公平，又有助于判决的执行。另一种观点是否定说，主张法官不应将侵权人的经济能力视为测算赔偿金额的考量因素之一，以维护司法裁判的一致性和统一性。

笔者认为，目前的司法解释已经明确将侵权人的经济能力列为一个重要因素，表明了法律层面对这一因素的认可。在实际裁判中，法官应该全面考虑侵权人的经济承担能力，但这只是众多考虑因素之一，不应成为唯一的考量标准。通常情况下，法官需要根据侵权人的经济情况来酌情裁定赔偿金额。对于经济能力较弱的侵权人，法官可以酌情减判赔偿金额。在获得受害人及其近亲属同意和理解的前提下，司法机关对侵权人进行教育和劝导，以最大程度减少和降低其再次侵权的可能性。在裁定精神损害赔偿金额时，法官需要综合权衡各种因素，以确保判决的公正和合法性。这种权衡和考虑需要根据每个具体案件的情况来进行，以找到最合理的解决方案，旨在维护公平正义，并保护受害人的权益，同时兼顾侵权人的实际情况。

（六）受理诉讼法院所在地的平均生活水平

当受理精神损害赔偿案件时，法院通常会考虑当事人所在地的生活水平对赔偿金额的影响。这是因为精神损害赔偿的一个重要目的是通过金钱来抚慰受害人的痛苦，确保赔偿金额足以缓解受害人的精神困扰。然而，金钱的抚慰功能是相对的，其影响程度通常与当地的平均生活水平密切相关。

具体来说，在中国的一些高级人民法院的指导性意见中，当地的生活水平被视为一个关键的考量因素，以确保精神损害赔偿的公平性和合理性。这些指导性意见根据受害人与侵权人的社会状况以及不同案件的性质提供了一定的数额范围，以作为裁定赔偿金额的依据。例如，安徽省高级人民法院的指导性意见规定，在一般侵权行为的情况下，抚慰金数额在 1000 元至 5000 元。然而，如果侵权行为导致了伤残等级，那么抚慰金的数额将提高至 5000 元至 8000元。而如果侵权行为导致了公民死亡，那么抚慰金的数额将更大，为 50000 元至 80000 元。另一方面，福建省高级人民法院的指导意见也提供了类似的指导，对于一般侵权行为，抚慰金数额在 1000 元至 10000 元；对于严重侵权行为，抚慰金数额在 10000 元至 50000 元；对于特别严重的侵权行为，抚慰金数额在 50000 元至 100000 元。这些数额范围的设定反映了不同地区的生活水平和经济状况。通常情况下，沿海地区相对于内陆地区来说，生活水平更高，因此精神损害赔偿金额也更高。这样的设定有助于确保精神损害赔偿的实质公平性，因为它能够更好地反映不同地区的生活成本和需求，从而为受害人提供更为合理的金钱赔偿，以减轻其精神痛苦。这也有助于法院更好地履行其抚慰功能，同时提供合理的赔偿以缓解受害人的痛苦。

随着社会的不断发展以及人民群众对生活需求的日益提高，衡量精神损害赔偿额的因素已不再局限于受理法院所在地的经济水平。而应当将更广泛的社会状况列入考虑因素之中，这些因素包括当事人所处的社会文化生活环境、宗教信仰、社会阶层、职业身份等。这些因素相较于单纯的经济生活水平而言，具有更强的主观性，因为同一侵害行为可能会对不同社会背景和价值观的受害者产生不同程度的精神损害。例如，同一侵害行为对于思想开明的受害者可能会导致较轻的精神损害，而对于观念保守的受害者则可能引发更严重的痛苦。宗教信仰也是一个重要考虑因素，因为宗教信仰可能影响个体对待精神损害的态度和应对方式。此外，社会阶层和职业身份的不同也会影响对精神损害的认知和感受。例如，政府官员对于个人隐私权的保护需求可能较高，因为他们的工作性质和社会地位要求他们更加注重隐私，而一些娱乐圈的名人则可能更能够利用个人隐私权的侵犯来引发公众的关注。此外，还需要关注被侵害人的职业特性，不同职业可能会对精神损害的影响产生不同的结果。以医务人员为例，如果他们的手部受伤，可能会导致终生的痛苦，因为他们需要用手进行医治工作，这可能使他们的精神损害更为严重。

综上所述，精神损害赔偿金额的确定不仅取决于当地的生活水平，还取决于更广泛的社会状况和背景。这些因素在裁定赔偿金额时应得到充分考虑，以确保最终的赔偿既具有实质公平性，又能够满足受害人的特定需求，从而在一定程度上缓解其生理痛苦和心理痛苦。这也有助于法院更好地履行其抚慰功能，旨在提供合理的赔偿以减轻受害人的痛苦。当然，这些影响因素我们会设计为量化的指标，为未来立法提供完善的建议。

二、法定要素评析

需要强调的是，精神损害通常具有极强的主观性，因此在评估精神损害程度时，法院常常依赖客观的外部标准来考量其所受损害的大小。虽然目前尚无统一的客观标准来量化精神损害的程度，但我们认为通过量化外部客观标准，客观计算受害者的精神损害数额是司法实践的需要。因此，我们可以说，受害者的精神损害虽然具有主观性，但不会丧失其客观性。不同个体的精神损害是有差异的，因此需要综合考虑外部客观因素，以量化受害者的精神损害程度。这有助于确保案件的公平和正义，以维护受害者的权益。

（一）量化法定要素的意义

以上只是目前规定的要素，事实上这些要素落实到裁判案件上并非易事，如果没有一定的量化考量因素，很难做到公正判决。笔者认为，以上各个法定要素我们可以尽可能地多一些客观要素量化，少一些法官裁量和主观性，还原精神损害本身具有生理痛苦或心理痛苦的客观本质属性。我们认为在精神损害赔偿制度的发展过程中，需要加强立法工作以确保裁判有法可依。虽然法官在对精神损害的认定中具有很强的主观能动性，但精神损害的评定标准可以是客观的。

利用明确的客观评定模式来限制精神损害赔偿案件中的法官主观能动性，有助于规范法官对精神损害赔偿案件的审判，避免出现同案不同判的情况，体现出裁判标准化建设在精神损害赔偿案件中的作用。同时，一个明确的损害评定模式还可以增强公民对精神损害制度的理解，深化公民对于法律的预期，有助于减少不必要的诉讼，避免司法资源的浪费。有学者提出将精神损害的认定标准分为三个不同的阶层，包括精神痛苦阶层、严重精神损害阶层、特别精神利益损害阶层。这些阶层具有以下特点：（1）交叉性。这些阶层虽然都用于规定精神损害的状态，但在造成损害的行为上存在交叉。肉体的痛苦以及某些特定财产损失都可能导致精神损害的后果，不是一种损害对应一种结果。（2）赔偿的位阶性。精神损害的程度由低到高呈现，因此赔偿数额也呈现由少到多的趋势，精神利益受损严重的阶层精神损害赔偿较多。（3）损害后果的复杂性。每个精神损害阶层都有不同的损害后果，有些是独立存在，有些是相互渗透，有些是交叉重叠，呈现出相当复杂的情况。

然而，我们认为这些严重后果实际上可以依据生理和心理痛苦的程度来对精神损害进行层级化评估，从而更好地应对精神损害赔偿案件中的复杂情况。因此，我们认为这些严重后果实际上可以依据生理和心理痛苦的程度来对精神损害进行层级化评估，从而更好地应对精神损害赔偿案件中的复杂情况。具体而言，我们建议在评估精神损害的程度时，应综合考虑以下几个方面的因素：（1）生理痛苦程度，包括身体上的疼痛、不适感以及任何与侵权行为相关的生理痛苦。这可以通过医疗记录、专家评估等客观证据来确定。（2）心理痛苦程度，涵盖了受害者的情感状态、心理痛苦程度以及是否需要心理治疗等因素。这一方面的评估可以通过心理医生或心理专家的诊断和评估来确定。而且我们建议未来立法以是否产生医药费用作为衡量后果是否严重的标准。这种客观量化的方法有助于减少法官主观判断的干扰，提高判决的一致性，也能更好地保护公民的精神利益。

总之，随着社会的不断发展，精神损害赔偿制度的完善和规范对于保护公民的精神利益至关重要。通过明确的量化标准和客观的量化方法，以使我们更好地应对精神损害赔偿案件中的复杂情况，确保公平公正的司法裁决，维护社会公平与正义。

我国法律体系中，审判案件的原则是以事实为依据，以法律为准绳。因此，在确定精神损害赔偿金额时，必须充分考虑案件中的客观因素并进行量化，以确保判决的公平和合理性。以下是一些主要的客观因素的量化思路，它们对精神损害赔偿金额的确定产生影响：（1）损害后果。精神损害赔偿金额的首要考虑因素是侵害所导致的后果。不仅要考虑损害的严重程度，还需要分析损害是否是不可逆的。例如，某些侵害行为可能导致被侵权人终身的心理创伤，这种不可逆的后果需要更高的赔偿金额。（2）侵害行为的情节。侵害行为的情节也是影响赔偿金额的关键因素。情节严重的侵害行为，如人身侵害、隐私侵犯等，通常需要承担更大的赔偿责任。可以通过客观指标来量化情节的严重性，如伤残等级等。（3）受诉法院地的经济情况。当地的经济水平会直接影响精神损害赔偿金额的确定。赔偿金额应当能够与当地的经济情况相协调，以满足被侵权人的需求，真正实现精神损害赔偿的目的。经济情况是一个客观因素，可量化。（4）侵权人的经济状况。虽然不应因侵权人经济困难而免除其赔偿责任，但侵权人的经济能力对确定赔偿金额仍然具有重要影响。经济状况较好的侵权人更容易承担赔偿责任，这可以作为一个客观的参考因素。（5）社会文化背景、宗教信仰、社会阶层和职业身份等因素。这些主观因素可能会影响被侵权人对精神损害的感知和认知。不同社会文化、宗教信仰、社会阶层和职业身份的个体对待精神损害的态度和应对方式可能不同。这些因素需要在案件中综合考虑，进行更为详细具体的量化，以更准确地评估精神损害的影响程度。

最终，确定精神损害赔偿金额需要在考虑这些客观因素的基础上综合判断。未来立法应当依据上述因素来设计模型公式，计算合理的赔偿金额，以确保最终判决既符合法律规定，又能够有效地弥补被侵权人的精神损害。这有助于维护个体的权益，提高精神损害赔偿制度的公平性和合理性。这些因素中，我们尽量减少主观裁量因素，增加量化因素，做到精神损害赔偿的客观化。

利用明确的客观评定模式来限制精神损害赔偿案件中的法官主观能动性，有助于规范法官对精神损害赔偿案件的审判，避免出现同案不同判的情况，体现出裁判标准化建设在精神损害赔偿案件中的作用。同时，一个明确的损害评定模型和公式还可以增强公民对精神损害制度的理解，深化公民对法律的预期，有助于减少不必要的诉讼，避免司法资源的浪费。

（二）自由裁量权的辅助效能

确立客观明确的精神损害赔偿数额标准有助于规范法院的裁判工作，但我们也必须认识到精神损害赔偿案件具有其自身的特殊性。因此，尽管存在一定的标准，但在某些情况下，法官仍需行使自由裁量权，以充分考虑案件的具体情况。然而，我们期望最大限度地减少和规范自由裁量权的行使，以适度润滑精神损害赔偿案件的司法处理过程。这种润滑的目的在于：一方面，避免法官机械地套用标准，从而导致司法实践的僵硬和缺乏灵活性。每个精神损害赔偿案件都有其独特的情况和背景，标准不能覆盖所有可能的变数。因此，法官需要在案件中行使自由裁量权，以确保最终的裁决能够反映案件的实际情况和当事人的需求。另一方面，适度润滑也可以帮助避免法官滥用自由裁量权，从而导致案件的不公和裁判的肆意性。虽然法官需要一定的自由裁量权来应对案件的多样性，但这一权力应受到一定的制约，以确保裁判不会偏离法律框架，同时尽量减少主观因素的介入。这有助于保持精神损害赔偿制度的公平性和可预测性。总之，精神损害赔偿案件需要在法官的自由裁量权和明确标准之间找到平衡。适度的润滑可以帮助实现这一目标，既保留了法官根据具体情况作出裁决的灵活性，又规范了法院的裁判实践，以确保精神损害赔偿制度的公正和公平。

精神损害赔偿不仅仅是简单地将金钱与被侵权人的精神利益等同起来。金钱赔偿在精神损害案件中具有重要的社会效果，它向社会传递了法律和道德上对某些行为的谴责，表明这些行为在社会中是不可接受的。因此，除了在精神损害赔偿案件中进行客观评价，法官也需要适度地从道德和社会公众的角度审视案件，以增加判决的社会可接受性，并发挥案例法在法律体系中的作用，以案释法、以案普法。在客观要素得到充分考虑的前提下，允许法官根据具体情况适度运用其自由裁量权是合理的，尽管我们希望对自由裁量权的行使加以限制，以确保其不会被滥用。法官应该在法律框架内行使自由裁量权，以确保判决既能反映案件的独特性，又能保持法律体系的稳定性和一致性。综上所述，精神损害赔偿案件的判决不仅仅是金钱数额的问题，还涉及法律、道德和社会的多重考量因素。法官在处理这类案件时，必要时的有限度的自由裁量是必要的，综合考虑应该考虑的因素，实现公正和公平的判决，并向社会传递法律与道德的信息，以维护社会秩序和公共利益。

发挥法官的自由裁量权，首先，要求建立一支高素质的法官队伍。高素质的法官队伍不仅要求法官具备深厚的法律知识和技能，还需要法官内心怀有社会正义的情感和道德观念。法律赋予法官自由裁量权，不是为了纵容法官的随意行事，而是为了明确法官审理案件的核心目标，即要求法官对案件中的被侵权人表现出同情和共情，尤其对于社会中的弱势群体，法官需要更加敏感和体贴。因此，法官的道德水平在精神损害赔偿案件中的作用显得至关重要。习近平法治思想强调，在推进法治进程中，法治要"法治安天下，德治润人心"，将道德视为司法活动中不可或缺的润滑剂，具有独特的价值和地位。其次，法官在运用自由裁量权时必须理智而审慎。虽然法官无法做到百分之百的"准确无误"，但这并不意味着法官可以任意行使自由裁量权。法官的裁量应该是基于客观事实和适用法律的合理判断，而不是仅仅出于同情被侵权人的精神损害而过度扩大侵权人的赔偿责任。法官需要充分考虑双方当事人的情况，综合各种因素，确保判决符合法律和道义的要求，以实现公平和正义。最后，实现判决的公正需要法官准确地演绎出"自由—心证—裁量"的三部曲。自由代表着法官在审理案件时不受外界干扰，能够独立、中立地对案件中的所有信息、证据和情况进行评估。法官应该避免盲目迷信某种证据，而是要综合考虑所有相关证据，甚至结合当事人的状态来进行案件判断。心证指的是法官对案件事实和适用法律的确信，这种确信必须基于逻辑推理和普遍价值观，法官通过演绎推理的方法将这种确信用文字和语言表达出来，构成法官判决的基础。这种确信的认定要求法官的论证程序严密，虽然不同于自然科学中的严密逻辑推理，但仍然要求法官的裁决过程具备合乎法律和道义的逻辑性。最后，裁量即指酌量，法官在考虑案件事实和适用法律的基础上，根据自由心证主义，以公平和合理的方式确定精神损害赔偿金额，以确保判决对于一般具有正常智力的人都是可以接受的。

综上所述，法官在精神损害赔偿案件中运用自由裁量权需要高度的专业素养、道德情感、理智审慎以及合理演绎，以确保判决的公正和合理，维护社会正义和法治原则的实现。因此，在我国，尽管我们建议未来对影响因素量化，但是，精神损害赔偿案件中不可避免地涉及法官的自由裁量权，但我们始终期盼这种自由裁量权的比重越来越少，力求更多地依赖客观评价标准，以实现同案同判的司法目标。

虽然法官在对精神损害的认定中具有一定主观能动性，但精神损害的评估标准可以是客观的。尽管目前尚未形成统一的客观标准来量化精神损害的程度，但是通过借助外部客观标准来客观计算受害者的精神损害数额是符合司法实践需求的。笔者认为，在未来的立法过程中，应当结合客观要素的量化和法官行使自由裁量权来确定精神损害赔偿金额。虽然我们主张在计算赔偿数额时引入量化方法，但仍然需要辅助以法官的自由裁量权，因为精神损害通常具有极强的主观性。然而，我们期望自由裁量权的行使应当尽可能减少，同时量化程度越高越好。

第七章　典型国家侵权精神损害
赔偿额立法判定借鉴

近现代以来，各个国家关于精神损害赔偿存在一些共同的法律特征。第一，从立法形式的意义上看，各国不断扩大了立法保护的主体范围，将保护对象扩大至每一位公民。第二，立法态度由模糊和否定逐渐走向明确和肯定。传统上，一些国家未将侵害非财产权益而获得相应赔偿纳入民法体系，甚至存在完全拒绝的情况。但随着长期观察和讨论，这些国家逐渐认可精神损害赔偿作为一般原则的重要性。第三，保护的范围逐渐扩大，涵盖了更广泛的人格权利。有些国家的司法实践甚至超出了法律规定的范围。第四，赔偿额的确定通常不是固定的数值，而是依据相应的赔偿条件和标准来规定，具有一定的灵活性和弹性，法官需要根据具体情况进行衡量和计算，因此法官在这方面具有一定的自由裁量权。第五，一般情况下，只有受害人享有精神损害赔偿的请求权，其他人通常不享有此权利，但也存在法律规定的例外情况。部分国家甚至扩大了赔偿请求权的范围，授予近亲属等主体一定的精神损害赔偿请求权，并将第三方也纳入了保护范围。由于精神损害赔偿的特殊性，法官在确定赔偿金额时通常具有一定的自由裁量权，但一些国家提出了一些限制法官自由裁量权的方法。因此，在精神损害赔偿领域，法官的自由裁量权是一个重要的问题，需要细致研究各国的法律理论与实践。以下将从英国、美国、德国、法国、日本、瑞士以及澳大利亚的角度进行逐一介绍与分析，通过评析与总结，探讨各国在精神损害赔偿领域的可借鉴之处。

一、英国精神损害赔偿额认定

在英国，精神损害赔偿准则在许多判例法中得到了确认。英国法律认为，在一系列侵权行为，如殴打、侮辱、非法关押、破坏名誉等过程中，如果造成了精神损害，就应当支付一定的损害赔偿金给受害人。

（一）精神损害赔偿的原则

英国的判例法确立了一项原则："当原告的正当尊严和自尊的感情受到恶意的违法损害时，可以判给精神损害赔偿金。"在英国侵权法中，法官在做出损害赔偿判决时，通常按照一般原则，即损害赔偿只能赔偿一次。这表明，对于被告的侵权行为，原告只能获得一次性的损害赔偿。然而，也存在两种例外情况：（1）同时侵犯两种不同权利，例如，当原告同时受到财产权和人身权的侵犯时，允许其提起两个不同的诉讼，但同时也受到相应的程序规则的限制。（2）持续性的侵犯行为。如果受害人遭受的是持续性的侵权行为，那么他可以针对新的侵权行为提起不同的诉讼。这些例外情况确保了受害人在特定情况下能够得到适当的精神损害赔偿。

作为例外的"全部赔偿原则"意味着受害人遭受的一切损害都能够获得合理的补偿，这种补偿是全面的。这一原则在各国的侵权情境中都得到广泛应用。不管受害人遭受的损害程度如何，在确定行为人应承担的赔偿范围时，只需要考虑受害人所遭受的全部损失，而不需要考虑行为人的主观过错程度。因为坚守全有全无的原则也存在着弊端，正如阿蒂亚就此指出："过错犹如具有魔法一样，一旦加害人被认定有过错，就会陷入任由被害人宰割的境地。在一般情况下，过错的大小或过错导致后果的大小都是无关紧要的。被告因为过错而导致原告的损失，要对原告承担全部赔偿责任。"[①] 所以，在实际应用中，通常会受到其他因素的制约，如因果关系、减轻损失、过错比较等。这一原则将受害人的权益弥补视为重点，为受害人提供更充分的法律救济。

这一原则的实施，有助于确保受害人在遭受侵权行为后获得公平和全面的赔偿，从而维护了社会正义和法治原则的实现。与此同时，这一原则也强调了侵权行为人的法律责任，不论侵权行为是过失还是故意，都必须承担相应的法律后果。这有助于制衡侵权行为，降低社会不端行为的发生，促进了社会的和谐与稳定。

（二）精神损害赔偿金的形式与评估方法

1. 损害赔偿金的形式

在英国，法官裁决被告支付损害赔偿金的目的是弥补原告的损失。然而，在实践中，损害赔偿金的依据不仅仅限于填补损失，因此根据其作用的不同，可以将其分为多种类型，包括补偿性的损害赔偿金、蔑视性的损害赔偿金、名

---

① 郑晓剑. 侵权损害完全赔偿原则之检讨. 法学，2017（12）：157-173.

义上的损害赔偿金、加重的损害赔偿金、惩罚性的损害赔偿金以及返还性的损害赔偿金。在英国的侵权法案中，赔偿金通常分为三大类：审前金钱损失、未来收入损失和非金钱损失。尽管英国的侵权法已经对金钱损失的赔偿进行了详细规定，但对于非金钱损失的赔偿仍存在争议。这是因为非财产性损害赔偿在数额认定上具有一定的主观性，而且对非金钱损害的救济通常是通过支付一定数额的补偿金来实现的。具体来说，非金钱损失的赔偿形式包括痛苦、创伤以及便利生活条件的损失。几乎所有精神损害赔偿案件都涉及这三类损失，因此法院通常将整笔赔偿金额统一称为"PSLA"（即 Pain，suffering and loss of a-menity）。尽管法官可能无法精确用金钱来衡量精神损害的程度，但在最终裁定赔偿金额时，他们会依据相应的法律规定来支持其判决的数额。总的来说，英国法院在处理精神损害赔偿案件时采取了一种综合考虑各种因素的方法，以确保原告能够得到公平和全面的赔偿，尽管非金钱损失的数额可能具有一定的主观性和灵活性，但这种做法有助于维护社会正义和法治原则的实现。

2. 非金钱损失的评估方法

20 世纪 60 年代之前，英国法院通常将对非金钱损失的量化评估交由陪审团决定，而没有严格的硬性标准可循。在当今情况下，法官们的一般做法是参考过去的类似案例来确定赔偿数额。由于每个案例都有其独特的情况，法官在依赖以往判决来作出裁定时，必须具备一定的自由裁量权。因此，在确定基准数额时，通常会依赖于法官个人的经验，或是参考法院内多数法官的共识。需要指出的是，对非金钱损失的评估并不是一个精确的数字计算过程，也不可能实际精确测算。因此，在评估赔偿金额时，法官拥有相当大的自由裁量权。此外，关于原告是否有资格获得损失补偿金的问题，以及是否应向原告支付利息，在某段时间内曾有一定争议。在英国，法官对于是否应支付利息的问题也拥有一定的自由裁量权。然而，目前的情况已经更加明确，如果一个案件的判决金额超过 200 英镑，那么支付利息就成为一种强制性要求，必须向原告支付相应的利息。综上所述，英国法院在处理非金钱损失赔偿案件时通常采用一种综合考虑多种因素的方法，以确保赔偿金额的合理性。然而，这一过程依然具有一定的主观性和法官的自由裁量权。

二、美国精神损害赔偿额认定

（一）精神损害赔偿规则概况

最初，美国将英国的侵权行为法传承到了本土，但美国的侵权行为法相对较小，并没有得到充分的发展。随着美国工业化进程的加速和个人主义自由文化环境的逐渐形成，传统的侵权行为法逐渐无法满足社会需求，因此，要求美国建立一种区别于英国的、具有本国特色的侵权行为法，以适应各类侵权案件的调解。与此同时，侵权行为法的功能也随着社会需求而发生变化，重点从对侵权行为人的惩罚转向对受害人的法律救济。在侵权损害的救济方面，美国经历了长期的演变过程。最初，美国不承认精神损害的存在，然后仅承认对故意侵权行为导致的精神损害进行赔偿，随后承认了对过失侵权行为导致的精神损害进行赔偿。总的来说，美国越来越强调精神损害赔偿，以适应其经济社会的发展和社会需求的变化。这一演变过程反映了美国法律体系的灵活性和不断适应变化的能力，以确保公平和正义的实现。

美国最初没有提供精神损害的法律救济，这是出于多重实际考量的结果。首先，精神损害的性质和证明方式都相对复杂，这使得法院面临了一系列难题。证明精神损害的存在通常比较困难，因为精神状态通常不如身体伤害那样容易量化和可见。此外，精神损害的后果因个体差异而异，同一侵权行为对不同人可能产生不同程度的精神影响，因此很难建立一种通用的赔偿标准。此外，法律也必须考虑到一系列其他问题，如防止滥诉和虚假索赔，以及确保法院能够有效管理和处理精神损害赔偿案件。这些因素导致早期的英美法体系拒绝对精神损害提供法律救济。虽然后来解除了这种限制，但在许多案件中仍然存在多种限制。例如，要获得精神损害赔偿，通常需要证明精神损害的真实性，并且通常需要与生理上的严重伤害相关联。在某些案件中，法院甚至要求存在身体上的伤害才能获得精神损害赔偿。根据传统规则，如果被告没有对公众负有特殊法定义务，原告通常需要以其他侵权事由提起诉讼，然后附带请求精神损害赔偿。即使侵权行为是出于故意，也不能单独提起精神损害赔偿诉讼，除非被告的行为达到了极其恶劣的程度。然而，随着社会的发展和法律观念的演变，美国侵权法逐渐调整了立场，更强调精神损害赔偿，以适应社会的需求。这一演变反映了法律体系对于精神损害赔偿问题的不断探索和调整，以平衡受害人的需求和法律的公平性。如今，美国法律体系已更加注重对精神损害的认可和赔偿，尤其是在特定情况下，精神损害可以单独作为赔偿的依据，而无须与身体伤害挂钩。这一变化旨在更好地保护受害人的权益，确保他们能够获得公平和全面的法律救济。

（二）精神损害赔偿的标准

1. 故意的精神损害

故意的精神损害在法律领域通常表现为行为人的行为极端骇人、不可容忍。这意味着不仅仅是一般的羞辱、亵渎、骚扰，而且包括极端恶劣的行为，如虚假宣称他人的亲人遭受严重伤害或死亡，或者不当处理他人的尸体等。这一条件的确立和严苛要求使得精神损害赔偿的门槛相对较高。随着侵权法的发展，一些由极端侮辱行为造成的精神损害开始被纳入行为人的赔偿范围。到了1936 年，美国已经有 21 个州承认了精神损害赔偿的合法性，而在 20 世纪 40年代，美国法律学会明确承认了导致心理痛苦的赔偿制度，① 这也就是我们通常所称的精神损害赔偿制度。该制度强调行为人对其故意的或者轻率导致他人精神痛苦的行为应当承担法律责任。这标志着美国对精神损害赔偿问题的高度关注和立法重视。因此，美国的法律体系越来越倾向于保护受害人的精神权益，确保他们能够获得法律救济，尤其是对于那些因行为人极端恶劣的行为而遭受精神损害的情况。这一立法和司法实践的发展反映了法律体系对于社会变化和公平正义的不断适应和调整。

2. 过失精神损害

在过失侵权领域，当被告的过失行为导致多人精神损害时，存在一个理论上的难题，即行为与责任的相称性问题。这意味着，如果被告的过失与其应承担的赔偿责任不相称（例如，一项过失行为可能导致多人精神损害），则需要法律对此进行慎重考虑。在美国的司法实践中，出现了一系列创新性的规定，以解决这一问题，确保原告可以得到合理的赔偿，并适当分配被告的责任。其中包括碰撞规则、危险区域规则和可预见性标准等。碰撞规则和危险区域规则是有关侵权案件中责任分配和认定的法律原则。这些规则有助于确定哪些行为导致了精神损害，并对责任的分配提供指导。可预见性标准则是判断被告是否应对原告精神损害承担责任的标准之一。通常情况下，法官要求被告的行为是否可以合理预见，但这并不意味着只有可以合理预见的精神损害才能得到救济。事实上，只要被告的行为导致了精神损害，无论是否可以合理预见，被告都应当承担相应的赔偿责任。值得注意的是，美国法律体系也关注到了现代社会中涉及第三人的过失侵权案件，例如在交通事故中，既可能存在直接受害人，也可能存在与之相关的第三人（或称为间接受害人）。这导致了对直接诉

---

① 徐爱国. 英美侵权行为法学. 北京大学出版社，2004：39.

讼和旁观者诉讼的区分。在旁观者诉讼中，原告必须满足一定要件，如身处可能受到伤害的危险区域、合理担忧个人安全、遭受了严重精神损害并伴有一定的身体症状等。法院会谨慎对待旁观者诉讼，并根据危险区域原则来判断是否支持原告的精神损害赔偿请求。这些法律原则和规定的创新有助于在过失侵权案件中处理精神损害赔偿的复杂问题，确保受害人可以获得公平的法律救济，并确保责任的适当分配。这些法律原则反映了法律体系对于社会变化和公平正义的不断调整和适应。

3. 精神损害赔偿的数额标准

20 世纪 50 年代以后，美国的法律体系对精神损害赔偿作出了重大的调整和改进，这一系列变化具体体现在以下几个方面：首先，不论精神痛苦是否在道德上被允许，受害人都有权要求独立的精神损害赔偿。这意味着法律已经逐渐从仅关注物质损失扩展到保护个体的心理健康和精神权益。法律体系认识到，精神损害可能与物质损失同等重要，甚至在某些情况下更为严重。其次，随着个人隐私权侵犯案例的不断增多，侵权行为法承认了因隐私被侵犯而受到精神损害的受害者可以提起精神损害赔偿要求。这反映了法律体系对于个人隐私的重视，以及对隐私侵犯可能导致的精神痛苦的认可。这一变化为个人隐私权的保护提供了更强有力的法律依据。再次，如果侵害了他人的姓名、名誉、肖像权，也要对由此给他人造成的精神痛苦承担侵权赔偿责任。这表明法律已经扩展了精神损害赔偿的适用范围，不再仅限于特定类型的侵权行为，而是更广泛地保护了受害人的精神权益，特别是在涉及名誉和声誉的情况下。然而，精神损害赔偿数额的评估仍然是一个复杂的问题。精神损害通常难以量化，因为它涉及多个因素，包括侵权行为的性质、危害程度、损害后果的严重性等。因此，在美国的实践中，通常由陪审团来决定精神损害赔偿的具体金额。法官在这一过程中会引导陪审团，以确保赔偿金额既合理又公正。精神损害赔偿通常被视为人身伤害赔偿的一部分，其数额取决于多个因素，包括受害人遭受的痛苦程度、损失的性质和程度等。法院也会考虑社会经济因素、双方当事人的权益以及文化和道德观念等因素。最高限额原则被引入，以确保精神损害赔偿金不超过合理的上限，同时提供了法官在裁量时的参考依据。总的来说，美国法律体系在精神损害赔偿方面经历了显著的演变，以适应社会的不断变化，更好地保护个体的精神权益。这些改变反映了法律的不断发展，以确保公平和正义在法律体系中得到实现。

三、德国精神损害赔偿额认定

1900 年,《德国民法典》首次以立法形式确定了精神损害赔偿制度。根据该法第 249 条第 1 款的规定,首要的赔偿方式是要求加害人通过回复原先的状况来对被害人的损失进行赔偿,这一方式通常被称为"回复原状"。然而,由于在许多情况下,要求加害人回复原状可能难以实现,因此德国法律常常根据利益平衡的理念,规定以金钱赔偿来代替回复原状。这一法律原则旨在确保受害人能够得到合理的赔偿,尽管回复原状在某些情况下可能不切实际。这种权衡考量是德国法律体系中精神损害赔偿的重要组成部分,旨在平衡受害人的权益和加害人的责任。

（一）非财产损害的权益救济

虽然《德国民法典》没有明确使用"精神损害"这一术语,但实际上它确实涵盖了精神损害的赔偿问题。在该民法典第 253 条中,规定了非财产损害的金钱赔偿只有在法律明确规定的情况下才可以要求,其中包括了许多精神损害的情形。根据第 823 条的规定:"任何人因故意或过失而非法地侵犯他人的生命、身体、健康、自由、所有权或其他权利,都有义务对给他人造成的损害进行赔偿。"从《德国民法典》的规定来看,尽管没有明确使用"精神损害"这一术语,但通过相关条文的规定,它实际上认可了非财产损害包括精神损害在内的金钱赔偿。这是因为金钱赔偿可以为受害人提供实际的补偿,并可以避免因其他救济方式导致的不公平分配等问题。此外,在德国的司法实践和单行法规定中,逐渐超越了民法典的相关规定,突破了对精神损害赔偿的限制,以实现对受害人更为充分的救济。这一发展表明,德国法律体系在精神损害赔偿方面已经取得了实质性的进展,为受害人提供了更广泛的法律保护。

（二）非物质损失的赔偿

1. 非物质损失的赔偿原则

在德国的侵权法中,人身伤害抚慰金是一种用来弥补因人身伤害而引起的"非物质损失"的形式。在非物质损失的赔偿方面,德国通行的两项基本原则是:实现"公平补偿"和进行"抚慰"。公平补偿是一种"适当的补偿",与绝对的、完全的补偿不同。这个原则的应用有两个主要原因:首先,非金钱损失很难确定,因此完全补偿通常不切实际;其次,这个原则有助于确保判决结果的一致性。补偿可以为受害人提供实际的经济利益,而抚慰金则可以在心理上给予受害人安慰。因此,如果加害人经济状况较差,法院可以根据抚慰原则来减轻他们的责任。这一原则的应用有助于平衡受害人的实际需求和加害人的经济状况,以达到公平补偿的目标。德国法院在具体案件中会根据情况综合考虑这两个原则,并依法判定合适的抚慰金数额,以尽可能满足受害人的需求,同时考虑到加害人的经济状况。这种方法有助于确保受害人在面对非物质损失时能够获得公平的法律救济。

2. 抚慰金的考量因素

关于精神损害赔偿的具体事项,《德国民事诉讼法》第 287 条明确规定:"如果当事人对是否存在损害、损害的数额以及应当赔偿的利益额存在争议,法院应当考虑全部情况,通过自由心证来对这些问题做出判断。"这一规定赋予了德国法院更大的裁量权,以便决定抚慰金的具体数额。然而,法官的自由裁量权受到德国宪法第 3 条第 1 款的限制,该宪法规定:"法院在处理相似案件时应当采用相同的方式。"这意味着法官在类似案件中必须做出一致性的裁决,而不能随意决定精神损害赔偿的金额。这一约束确保了法官的裁定在类似情况下是公平和一致的,不会因个人主观因素而产生差异。同时,德国法院在裁定精神损害赔偿金额时通常会考虑多种因素,包括受害人遭受的精神痛苦程度、加害人的过错程度、案件的具体情况等。这种综合考虑有助于确保裁决是公正和合理的。总的来说,德国法院在处理精神损害赔偿案件时既有一定的裁量权,又受到宪法规定的限制,以确保法律救济是公平、一致和合理的。这种平衡有助于满足受害人的需求,同时考虑到加害人的责任和情况。

一些学者指出,非财产损害具有一定的特殊性质,尤其是精神损失难以准确计量。因此,在立法上对具体的赔偿金额作出明确限定可能是不切实际的。更深入地看,在德国法律体系中,抚慰金的认定有时需要兼顾"补偿"和"抚慰"这两种功能。然而,"公平补偿"和"抚慰"在含义上有一定的模糊性,这为法官提供了更多自由裁量的空间。在德国,赔偿金额的确定通常要经过法官对案件的具体情节进行全面考虑,最终才能做出综合性的判断。这包括考虑受害人遭受的精神痛苦程度、加害人的过错程度、案件的特殊情况等因素。法官的任务是在平衡补偿和抚慰需求的同时,确保最终的赔偿金额是公平和合理的。

总的来说,德国法律体系中对非财产损害赔偿金额的认定确实具有一定的模糊性和裁量权。这种模糊性和裁量权的存在可以根据不同案件的具体情况来灵活应用,以便更好地满足受害人的需求,并在维护公平和合理性的同时兼顾社会公共利益。因此,德国法院在处理精神损害赔偿案件时通常会根据具体情况做出审慎的裁决。

在德国，法院在判决抚慰金数额时，尽管会综合考虑多种因素，但并没有明确的通用准则来规定必须根据这些因素进行综合考虑。实际上，德国法院在确定抚慰金数额时，会根据具体的案件情况行使自由裁量权，并会考虑各种可能的情节和因素。总体而言，德国的法官在制定抚慰金裁决，尤其是在人身伤害赔偿方面，维持着相对高水准的实践。这一趋势甚至影响到了英国法院对赔偿水准的自由裁量权立场，使其趋向更加慷慨。在德国法院确定精神损害赔偿金数额时，考虑的因素包括但不限于受害人的痛苦程度、身体和精神上的伤害程度、加害人的过错程度、案件的具体情况等。此外，德国设有专门的法医鉴定机构和专家，通过对受害人的身体和精神状态进行全面评估，以便更准确地评估其遭受的精神损害的程度和数额。德国法院在非财产损害赔偿方面的裁量权和实践表现得相当充分和灵活，旨在确保受害人能够获得合理的赔偿，同时也维护了社会公共利益的平衡。这一制度的灵活性使得法院能够根据具体情况做出公平和合理的判决，而不受严格的预定准则的束缚。因此，德国的非财产损害赔偿制度在欧洲维持着领先地位，为受害人提供了广泛的法律保护和救济。

四、法国精神损害赔偿额认定

（一）精神损害赔偿的理论基础

法国在精神损害赔偿方面并没有制定特别的法律规定。然而，《法国民法典》第1382条确立了行为人对于他人的损害承担赔偿责任的一般原则："人的行为导致他人的损害，由于其过错引起该行为发生的人应当对此损害进行赔偿。"尽管这一规定较为一般性，它涵盖了各种类型的损害，包括物质损害和精神损害，因此可以从原则上确定，"如果一个人负有责任，各种损害均需赔偿"。这表明法国在精神损害赔偿方面采取了相对宽松的态度。与法国不同，意大利在其民法典中采用了一种二元模式，将财产损失和非财产损失分开对待。根据《意大利民法典》第2043条，侵权行为造成的财产损失应进行赔偿。而非财产损失则依据《意大利民法典》第2059条来赔偿，将非财产损失限定在《意大利刑法典》第185条之中，提高了精神损害赔偿的认定标准。然而，随着社会的进步，意大利逐渐扩大了精神损害赔偿的适用范围。综合之前关于德国的精神损害赔偿分析，可以看出欧洲国家在精神损害赔偿方面呈现出积极的发展趋势。法国和意大利都在不同程度上承认精神损害赔偿的必要性，并在法律体系中进行了相应的调整。这表明欧洲国家正在逐步重视和拓展对精神损害的法律救济，以适应社会的进步和法律实践的需求。这一趋势有望在未来继续发展，以更好地保护受害人的权益，特别是在涉及精神损害的情况下。

根据《法国民法典》第 1382 条的规定，一旦行为人实施的故意侵权行为引起他人损害的发生，行为人应当就其故意侵权行为引起的损害对他人承担侵权责任。这意味着如果某人故意侵犯了他人的权益，并因此导致了损害，那么侵权责任将追究到这位行为人身上。另外，根据《法国民法典》第 1383 条的规定，一旦行为人因疏忽或不谨慎造成他人损害，应当就其过失行为引起的损害对他人承担侵权责任。这意味着即使没有故意的成分，如果某人的疏忽或不谨慎导致了他人的损害，仍然需要承担侵权责任。

尽管《法国民法典》第 1382 条规定的侵权责任在性质上属于故意侵权责任，而第 1383 条规定的侵权责任在性质上属于过失侵权责任，但在法国的实际法律实践中，往往不会特别区分这两个条款规定的侵权责任。通常认为这两个法律条款所规定的侵权责任均属于一般过错侵权责任。因此，在讨论一般过错侵权责任时，往往会引用《法国民法典》第 1382 条的规定，而不会特别提及第 1383 条的规定。这是因为在第 1383 条中，立法者使用了"过错"这一术语，而第 1382 条则更一般地规定了侵权责任的范围。这种法律实践上的趋同处理有助于简化法律程序，使法院能够更一致地处理不同类型的侵权案件，而不必过于纠结故意和过失之间的微妙区别。这也有助于确保受害人能够在面对侵权行为时获得合理的赔偿，无论侵权行为是故意的还是过失的。

（二）精神损害赔偿的方式与计算方法

1. 精神损害赔偿的方式

法国法律体系为精神损害赔偿提供了多种方式，以满足不同情况下受害人的需求，并确保公平和有效的赔偿。这些赔偿方式包括金钱赔偿和代物赔偿，它们在法律框架中扮演着独特而互补的角色，深刻反映了法国对精神损害赔偿的关注和重视。首先，金钱赔偿作为主要的赔偿方式，被广泛应用于法国的法律实践中。金钱被视为一种普遍的尺度，能够在某种程度上反映受害人的非财产损失，因此被认为是最主要的赔偿方式之一。金钱赔偿不仅可以帮助受害人获得经济上的补偿，还可以作为加害人对被害人表示歉意和道歉的方式，起到一定的抚慰作用。这种赔偿方式可以根据具体情况以一次性全额支付或分期分批支付的方式进行，为法官和当事人提供了一定的灵活性。其次，代物赔偿作为一种替代方式，通常用于一些特殊情况或当金钱赔偿无法完全弥补损失时。代物赔偿包括恢复原状、修复、替换等方式，旨在实际上或符号性地恢复受害人的权益或修复损害。代物赔偿通常作为金钱赔偿的替代方式，但在某些情况下，它也可以独立作为一种合适的赔偿方式，特别是当恢复原状、修复或替换对受害人更为合适时。这种赔偿方式强调了受害人的权益和损失的具体性质。需要强调的是，法国法律体系在精神损害赔偿方面注重案件的具体情况，法院和法官会根据案件的特殊性来选择何种赔偿方式。这种法律灵活性有助于确保受害人得到公平和有效的赔偿，同时也考虑到加害人的能力和过错程度。这种综合考虑使法国的精神损害赔偿制度在整个欧洲地区维持着高水平，并影响了其他国家法院在赔偿问题上的立场。法国法律体系不仅为受害人提供了多种赔偿选择，还充分尊重了受害人的权益，体现了对精神损害赔偿问题的深刻思考和关切。

《法国民法典》第1382条确立的法律原则是法国民事责任制度的重要基石，它规定了当一方的行为导致他人遭受损害时，行为人应对受害人的损失承担赔偿责任。这一原则并未明确规定损害的范围，因此可以适用于物质和非物质损害，其中非物质损害即非财产上的损害。非财产损害在法国法律体系中具有广泛的涵盖范围，它不仅包括了精神损害和痛苦，还包括其他类型的非财产损害。这种宽泛的定义体现了法国法律对个体权益的广泛保护，旨在确保每个人都能够在法律面前获得公平待遇和赔偿。具体而言，法国法律体系对非财产损害的认定通常包括以下几个方面：（1）有形人格权的侵害。这涵盖了对个体身体或健康的侵害。例如，如果某人因他人的过失或故意行为而遭受身体伤害，那么这就构成了非财产损害，行为人需要承担相应的赔偿责任。（2）无形人格权的侵害。这包括侵犯了个人的隐私、名誉、声誉等权利。如果某人的隐私被侵犯，或者其名誉受损，这也构成了非财产损害，行为人需要承担相应的赔偿责任。（3）其他非财产损害。法国法律还承认其他类型的非财产损害，如对个人情感或娱乐活动的损害，以及美感的损失等。这些方面的损害也可以构成非财产损害，行为人需要对其承担赔偿责任。法国法律体系对非财产损害的广泛认可反映了对个体权益的高度重视，它强调了不仅要保护个体的物质利益，还要保护其非物质权益。因此，无论是精神损害、身体伤害还是名誉侵犯，都可以在法国法律下得到应有的关注和赔偿。需要指出的是，法国法律通常要综合考虑案件的具体情况来确定非财产损害，这种综合考虑的方法有助于确保受害人的权益得到公平对待。法国法律的这一灵活性为保障受害人的合法权益提供了坚实的法律基础。

2. 精神损害赔偿额的计算方法

在法国法律体系中，精神损害赔偿的计算方法通常是根据具体情况和不同的因素来确定的。法国法院倾向于采用一种分类计算的方法，这种方法可以更精确地评估不同类型精神损害的级别和赔偿金额，从而确保赔偿的科学性和公正性。首先，精神损害通常会按照不同的项目或类型进行分类。这些分类可以包括精神痛苦、名誉损害、隐私侵犯、情感损害等。每个项目都会被单独考虑，以确定其赔偿金额。其次，针对每个项目或类型，法院会根据具体情况和案件的特点来计算相应的赔偿金额。这涉及对受害人所遭受的精神损害程度进行评估，会考虑到痛苦的严重程度、持续时间以及其他相关因素。最后，法院会将针对不同项目或类型计算得出的赔偿金额相加，以确定最终的精神损害赔偿总额。这种综合计算方法允许法院更全面地考虑受害人所遭受的不同类型的精神损害，并确保最终的赔偿金额是公平和合理的。尽管分类计算的方法可能会相对烦琐，但它有助于确保精神损害赔偿的公正性和科学性。法国法院通过这种方法能够更准确地评估和衡量不同类型精神损害的程度，从而确保受害人能够获得合适的赔偿，以弥补其所遭受的非财产损害。这种精细的计算方法有助于维护法国法律体系中的公平和正义。

五、日本精神损害赔偿额认定

（一）精神损害赔偿的理论依据

日本民法中也将精神损害赔偿责任分为财产赔偿与非财产赔偿两种，日本民法将精神损害赔偿责任通常分为两个方面，即"慰謝料"（抚慰金）和"名誉回復"（恢复名誉），以满足不同的精神损害赔偿需求。首先，"慰謝料"（抚慰金）是用来弥补受害人因加害人的违法行为所遭受的精神损害的赔偿金。这种赔偿旨在帮助受害人减轻其遭受的精神痛苦和不适，以提供一定的精神抚慰和经济补偿。"慰謝料"的计算通常取决于案件的具体情况，包括受害人的痛苦程度、加害人的过错程度以及其他相关因素。其次，"名誉回復"（恢复名誉）是一种措施，旨在恢复受害人的名誉，以防止进一步的名誉损害。这种措施通常包括道歉、修复名誉、公开承认错误等，以确保受害人的名誉得到恢复，并防止进一步的社会损害。日本民法中的精神损害赔偿责任基本上是模仿德国民法典的实践做法，但在日本的法律体系中进行了一些灵活的修改和补充以适应国内的法律环境。精神损害赔偿的法律依据主要包含在《民法》第五章的侵权行为章节中。其中，第709条明确规定了故意或过失侵犯他人权利或受法律保护的利益的责任，并要求对因此产生的损害承担赔偿责任。第710条则进一步指出，侵犯他人的身体权、自由权或名誉权等情况下，依然需要承担赔偿责任，即使受害人的财产权未受侵犯。此外，第711条还规定了侵害他人生命的情况下，必须对受害人的近亲属进行精神损害赔偿，即使财产权未受侵害。这些法律条文为精神损害赔偿提供了明确的法律依据，同时还详细规定了名誉权、财产权等作为精神损害赔偿法律行为的客体。通过这些法律规定，日本民法确保了受害人在精神损害赔偿方面的权益得到充分保护。

　　日本的民法虽然在内容上模仿了德国的民法，但在保护个人权利方面，特别是生命、身体、名誉等人格权的保护规定方面，日本法律规定得要比德国的法律详尽得多，同时也扩展了对非财产损害可获赔偿的范围。这一点在日本的法律体系中具有重要意义，因为它赋予了个体更广泛的法律保护，特别是在处理侵权行为和不当行为方面。根据日本的法律规定，不仅仅是在身体、自由、名誉等核心人格权受到不法侵害时可以寻求精神损害赔偿，甚至在涉及其他人格权的情况下，只要受害人因不法行为而遭受精神痛苦，都有权要求抚慰金赔偿。① 这种广泛的法律保护确保了个体在各种情境下都能够得到公正的对待。例如，如果某人的过错导致婚姻关系破裂或不当解除婚约，受害方也可以寻求精神损害赔偿。过错方需要对无过错一方支付精神损害赔偿金，这一原则在日本的法律体系中得以体现。此外，根据日本民法典第710条的规定，如果财产权受到侵害，受害人也可以请求精神损害赔偿。然而，在财产权受到侵害的情况下，确定精神损害赔偿的情况相对较少，通常仅在亲属赠送的财产或自己饲养的宠物受到侵害时，才会明确考虑精神损害赔偿。当涉及债务不履行时，虽然法条中没有明确规定精神损害赔偿，但根据很多法学家的观点以及相关判例，对于不履行债务的情况，也可以判决支付抚慰金，并在判例中已经形成了相应的体系。在受害人的生命或身体受到侵害的情况下，有权请求精神损害赔偿的主体包括受害人本人、其父母、配偶、子女等，这一点可以根据日本民法典第711条来确定。此外，非法同居者、胎儿、未认定的子女也有权寻求精神损害赔偿。甚至在特殊情况下，如祖父母、孙儿、兄弟姐妹能够证明受到特殊的精神损害时，也可以寻求精神损害赔偿。这一系列规定表明，日本在确定精神损害赔偿的受害主体范围上具有相对宽泛的标准，旨在确保个体权利得到充

---

　　① ［日］千种达夫. 抚慰金数额的算定//综合判例研究丛书民法（4），有斐阁出版社，1957：91-92. 转引自罗丽. 日本的抚慰金赔偿制度. 外国法评译，2000（1）.

分保护。

总的来说，日本的法律体系在精神损害赔偿方面强调对个体的广泛保护，不仅仅限于财产损失，还包括了广泛的人格权利，这一特点在日本的法律体系中具有显著的地位。这种法律保护有助于确保个体在不同情境下都能够维护自己的权益，维护社会中的公平和正义。

（二）精神损害赔偿的方式

在日本，精神损害赔偿是指对精神损害或精神痛苦进行货币估算，从而形成的一种损害赔偿。这种赔偿原则上是以货币支付为主要方式的。在日本，抚慰金赔偿责任的支付对象不仅包括自然人，还包括法人实体。

日本的抚慰金数额主要采用自由裁量原则，即法官会"斟酌各种情况，以自由心证之原则来量定"赔偿金的数额。虽然法官可以根据自由裁量原则来决定抚慰金的数额，但在判决中通常没有具体显示抚慰金数额的计算依据。然而，可以看出，日本采用的计算方法是固定赔偿法，即事先制定一张固定的赔偿表格，其中规定了各项精神损害的固定赔偿数额，主审法官只需查阅表格，即可计算出赔偿金的数额。此外，日本法官在确定抚慰金数额时考虑的因素非常广泛。通常考虑的因素包括案件发生的原因、具体情况和造成的后果。发生原因通常分为故意和过失、侵权和违约。情节方面包括恶劣程度、具体手段、持续时间以及事发后加害人采取的措施。后果方面包括是否导致死亡、受伤的部位、伤势严重程度以及是否有后遗症等。此外，还需要考虑受害人是否有劳灾保险、生命保险、退休金等社会保障和金融情况，以及当事人双方的年龄、性别、社会地位、职业、资产等因素。尽管日本采用的计算方法是固定赔偿法，但并不是说每个案件都有固定的赔偿数额。相反，法官在查阅赔偿表格并计算赔偿金数额时，还需要根据案件的具体情况和各种因素进行自由裁量和判断，以确定最合理的赔偿数额。因此，虽然有固定的赔偿表格作为参考，但法官仍具有相当大的自由裁量权。这确保了每个案件都能根据其独特情况得到公平而合理的精神损害赔偿。

六、瑞士精神损害赔偿额认定

（一）精神损害赔偿概况

传统的损害概念通常仅限于财产损失，而未涵盖因侵权行为导致的非物质性伤害。在瑞士，非物质性伤害若达到一定的严重程度，则被称为非物质性的（精神）痛苦，其主要表现为身体上的痛苦、生活水平和享受的降低、生活乐趣的丧失，以及经济和社会地位和他人评价的下降。根据瑞士《债务法》第47条和第49条的规定，非物质性精神痛苦源自加害人实施了一定严重程度的（非法的）侵害他人人格利益的行为，这构成了请求精神抚慰金的基础。因此，瑞士的侵权责任法规定了精神抚慰金的请求权，有时也称为非物质性损害赔偿，其主要功能在于弥补受害人所承受的（包括未来可能承受的）非物质性精神痛苦，为受害人提供抚慰和安慰，以消除受害人遭受的精神和心理创伤。要产生精神抚慰金的请求权，首先需要行为人对受害人造成了精神痛苦。此外，精神抚慰金请求权还包括与物质性损害赔偿请求权基本相同的几个要素：因果关系、违法性、过错责任中的"过错"以及无过错责任中的事实构成。精神抚慰金的请求权构成了侵权责任法的一个重要方面，它确保了受害人在遭受精神痛苦和非物质性伤害时能够获得合理的赔偿，从而有助于恢复其精神健康和心理平衡。精神抚慰金的计算和赔偿通常受到法律和法院的审查，以确保赔偿数额合理和公正，从而为受害人提供必要的安慰和支持。

（二）精神抚慰金的具体应用

《瑞士债务法》关于精神损害的具体规定涉及两个主要条款，即第47条和第49条。这两个条款为法院提供了一定的自由裁量权，以便在特定案件中确定精神抚慰金的赔偿数额。首先，根据《瑞士债务法》第47条，精神损害被视为非物质性精神痛苦，主要表现为身体上的痛苦、生活水平和享受的降低、生活乐趣的丧失，以及经济和社会地位和他人评价的下降。这一条款规定了精神抚慰金请求权的基础。要求精神抚慰金的申请人必须证明受到了严重的非法侵害，而其他赔偿方式不足以弥补其精神痛苦。因此，不是所有的非物质性精神痛苦都可以请求精神抚慰金，而是必须达到较高的强度和严重程度。其次，根据《瑞士债务法》第49条第2款，法官在上款规定的抚慰金赔偿之外，还可以判决加害人承担其他类型的精神抚慰金。这一条款授权法官在特定情况下自行决定是否应该赋予受害人额外的精神抚慰金，从而进一步填补受害人的精神损害。总的来看，瑞士的侵权责任赔偿制度不适用严格的"完全赔偿原则"，而采用了更为灵活的"公平裁量原则"。关于精神抚慰金数额的具体计算，法律未有明文规定，因此法官具备广泛的自由裁量权。在每个案件中，法院必须根据侵权行为的不同情节，特别是过错程度，合理和公正地裁定赔偿金额。这种灵活性旨在确保每个案件都能得到个体化和公平的处理，以弥补受害人的精神痛苦和损害。

七、澳大利亚精神损害赔偿额认定

（一）精神损害赔偿的分类

在澳大利亚，侵权法涉及精神损害赔偿的规定主要来源于普通法，而澳大利亚的侵权法体系则包括普通法和成文法两种元素。尽管在早期，普通法在精神损害赔偿方面起到了主导作用，但近年来，澳大利亚的一些成文法，如《侵权行为法》和《国家赔偿法》，也开始涉及精神损害赔偿的相关规定。澳大利亚侵权法对精神损害的内涵进行了明确定义，将其描述为由于精神抑郁苦闷而导致身心长期性的不适，严重者可能导致神经官能症。精神损害可以分为以下三个主要类型：（1）人身伤害。这包括因精神损害而导致的身体上的不适，如孕妇流产或心脏病发作等。在某些情况下，精神损害可能直接导致身体健康问题。（2）心理伤害。这一类别包括因精神损害而导致的精神健康问题，如歇斯底里、神经衰弱以及其他精神病症。这些病症通常表现为情感、心理和行为方面的异常。由于精神类疾病造成的其他身心影响：这一类别包括因精神疾病而引发的其他类型的身体和心理影响，如抽风、麻痹症等。[①] 这些影响可能是精神疾病的直接后果。需要明确的是，在这些分类中，神经方面的状态通常不被视为精神疾病，而是属于精神健康的范畴。在精神医学和心理学领域，神经方面的状态可能指的是与神经系统相关的各种状况，这可能包括一些神经系统疾病，如帕金森病、多发性硬化症等。尽管这些疾病主要影响神经系统，但它们也会对个体的精神状态产生重要影响。需要强调的是，在法律中，精神损害需要与一般的精神状态，如焦虑、悲伤、忧虑等进行明确区分。精神损害通常被视为一种严重的精神健康问题，需要达到一定的法律标准，受害者才能获得赔偿。因此，在法律程序中，对精神损害和精神健康问题的准确诊断和分类至关重要。

在许多司法系统，特别是普通法系国家，精神损害通常被分为两大类别：非财产损害（Non-pecuniary Loss）和财产损害（Pecuniary Loss）。这种分类在法律领域中具有重要的法律和赔偿界定作用，有助于明确不同类型损害的性质，并为其提供适当的法律框架和赔偿规则。非财产损害（Non-pecuniary Loss），是指那些无法用金钱来直接衡量的精神或情感上的损失。这种类型的损害包括但不限于痛苦、沮丧、焦虑、精神痛苦等。通常情况下，非财产损害

---

① 王灏. 澳大利亚侵权法原理. 法律出版社，2019：174.

是主观性的，因为其存在和程度取决于个体的感受和情感状态。被侵权人通常需要提供证据来证明这种损害是由侵权行为直接或间接引起的，以及它对其生活品质和精神健康造成了不利影响。财产损害（Pecuniary Loss），是指那些可以用金钱来明确计量的损失，通常涉及与个人财产和经济状况有关的损失。这包括经济损失，如收入减少、医疗费用、财产损坏等。与非财产损害不同，财产损害通常可以通过具体的财务数据和计算来确定其数值。在处理精神损害时，普通法体系通常考虑以下关键因素：（1）因果关系。被侵权人需要能够证明其精神损害是由侵权行为直接或间接引起的，并且存在因果关系。（2）过失侵权责任。法院通常需要考虑侵权人是否存在过失，以及在其行为中是否存在合理预见的精神损害风险。（3）正常人格。在某些情况下，法院可能会评估被侵权人是否具有正常的人格，这可能会影响到侵权人是否应该合理地预见到精神损害的发生。

值得指出的是，在澳大利亚的不同州和领地，法律体系可能存在差异，因此对精神损害的定义和赔偿规定也可能不同。例如，新南威尔士州的《工人赔偿法》规定了某些工作相关事件导致的精神损害赔偿，但不是所有事件都适用于此。此外，澳大利亚尚未明确定义成文法与普通法之间的差异，这可能导致不同地区对精神损害赔偿的处理存在差异。因此，精神损害的法律定义和赔偿要求可能因澳大利亚不同地区的法律而异。

（二）精神损害赔偿的方式

澳大利亚的判例法确立了特定的赔偿形式，其中并不包括一般意义上的"加重赔偿"。在澳大利亚的侵权法中，通常只有非财产损害，如精神损害或人身伤害，才有资格获得赔偿，而具体的赔偿数额通常由法官根据案件的具体情况和提供的证据来决定。澳大利亚的侵权法中，非财产损害的赔偿通常包括以下几种形式：（1）象征性赔偿；（2）小额赔偿；（3）返还性赔偿；（4）惩罚性赔偿；（5）加重赔偿。[①] 象征性赔偿：象征性赔偿通常用于情况特殊或侵权行为存在但未导致实际损失的情况。这种赔偿的数额很小，通常为法院确认侵权行为的一种方式，但不旨在弥补实际损失。小额赔偿：小额赔偿适用于侵权行为虽然导致了实际损失，但其程度相对较低，无法用金钱充分弥补。这种赔偿的数额通常是有限的，仅足以象征性地承认受害人的权益。返还性赔偿：返还性赔偿适用于侵权行为导致了受害人财产上的损失，通常涉及返还或恢复

---

① 王灏. 澳大利亚侵权法原理. 法律出版社，2019：172-173.

被侵权人失去的权益。这种赔偿形式的目标是使受害人能够恢复其原有的财产或权益地位。此外，澳大利亚的法律体系允许在特定情况下考虑惩罚性赔偿，但这需要满足特定的法律要求，通常需要证明侵权行为具有特别恶劣或恶意的性质，以及对侵权人进行惩罚和警示的必要性。对于纯精神损害案件，如果被侵权人遭受的精神损害没有达到精神疾病的程度，通常无法提起诉讼。这是因为普通法规定，纯精神损害诉讼只有在精神损害达到了精神疾病的严重程度时才能成立。然而，如果被侵权人确实遭受了精神疾病，那么他们可以提起诉讼，并有资格获得相应的赔偿，包括精神损害赔偿。在这种情况下，法院将会考虑精神损害的严重性以及其对受害人生活的影响，以确定适当的赔偿数额。最后，澳大利亚还有加重赔偿：加重赔偿要求受害人遭受的精神损害尚没有到精神疾病的程度，加重赔偿主要由法官自由心证确定，也就是说如果受害人人格缺失真实存在且可被感知的话，则加害人的赔偿就应该在原有基础上有所增加。但是，澳大利亚侵权法规定，纯精神损害请求只能在精神损害达到精神疾病时才能获得支持，因此，加重损害赔偿无法在纯精神损害赔偿案件中适用。

八、评析与借鉴

（一）典型国家精神损害赔偿制度的评析

典型国家的精神损害赔偿制度在法国、德国、瑞士、日本等大陆法系国家与英美法系国家之间存在显著差异，下面对这些国家的侵权法制度进行更详细的评析。

大陆法系国家通常采用较为严格的法律框架，强调精神损害赔偿的全面性，类似于完全赔偿原则。这意味着被侵权人可以要求赔偿所有因侵权行为而遭受的精神损害，无论其具体性质如何。典型的大陆法系国家如法国和德国，虽然坚持全面赔偿原则，但也会在实际案件中根据具体情况进行合理的裁量，以维护公平。瑞士的侵权法在精神损害赔偿方面并没有明文规定适用完全赔偿原则，但法院通常会根据案件的具体情况酌情判决是否给予精神损害赔偿。这种灵活性使法院能够根据情况做出公平的裁定，而不受僵化原则的束缚。日本的侵权法以"全面赔偿原则"为主，要求赔偿范围应包括因侵权行为而导致的所有损失和损害，无论其是否可以明确定义或量化。这一原则的目的在于确保被侵权人获得全面的补偿，以实现公平。然而，日本的法院在具体案件中也会根据情况酌定赔偿金额，以保持灵活性。英美法系国家通常采用酌定原则，即法院会根据案件的具体情况来判定精神损害赔偿的具体数额。这种灵活性使法院能够根据不同情况做出公平的裁定，但也可能导致裁判标准的不一致性。总体而言，各国的精神损害赔偿制度在法律框架和赔偿原则上存在显著的差异。大陆法系国家强调全面赔偿，瑞士和日本以全面赔偿原则为主，而英美法系国家则倾向于酌定原则，注重法院的裁量权。这些差异反映了各国法律体系和文化的不同，旨在平衡被侵权人的权益与公平赔偿的需求。

外国对精神损害赔偿范围的立法例采用了不同的表现形式，主要包括列举式、概括式和折中式。以下将详细探讨这些表现形式的特点以及其优缺点。

列举式（限定主义）：德国的侵权法是典型的列举式代表。这种方法的优势在于，法律明确列举了可以请求精神损害赔偿的情形，使赔偿范围具体而清晰。这可以限制法官的自由裁量权，降低权力滥用的风险，减少相关案件的诉讼负担。然而，列举式方法也存在明显不足。首先，由于列举的情形有限，可能无法覆盖所有可能的精神损害情况，导致一些合理的请求被排除在外。其次，法律相对稳定，不能灵活适应社会发展和不断变化的情况，可能不能充分保障民事主体的权益。

概括式（非限定主义）：法国和日本采用了概括式的方法，即法律未明确列举精神损害赔偿的情形，而是由法官根据法律和社会现实情况来酌情确定。这种方法的优势在于，赔偿范围相对全面，能够及时保障民事主体的合法权益。然而，概括式方法的不足在于，法官拥有很大的自由裁量权，可能导致判决不一致，难以预测和控制。此外，滥用的风险也较高，可能导致对精神损害赔偿之诉的滥用，浪费审判资源。

折中式：瑞士采用了折中式方法，法律没有明文规定是否适用完全赔偿原则，而法院通常根据具体案件酌情判决是否给予精神损害赔偿。这种方法旨在平衡列举式和概括式方法的优缺点。折中式方法的优势在于，能够在一定程度上限制法官的自由裁量权，同时也保留了一定的灵活性，以适应不同情况。然而，它也需要法官在实际裁判中做出谨慎和公平的判断，以确保精神损害赔偿的合理性。

综合考虑，不同国家的选择取决于其法律体系、文化传统和社会需求。列举式方法强调明确性，有助于降低风险和不确定性，但可能忽略一些情况。概括式方法强调灵活性，有助于适应变化，但可能导致不一致性和滥用。折中式方法试图平衡这两者的利弊，但需要依赖法官的判断。不同国家可以根据其法律和社会背景选择最适合其需要的立法例表现形式，以确保公平和合理的精神损害赔偿制度。

因此，综合考虑，从制度效率与公平性而言，列举式方法在一定程度上提高了法律的可预测性，有助于减少诉讼的风险和法院的负担。然而，它也可能限制法官在特殊案例中做出公平判断的能力。如果法律规定的精神损害情形无法覆盖某些新兴或罕见的情况，受害人可能会面临无法获得赔偿的困境。这可能导致制度的不公平性，尤其是对于那些在法律框架之外受到精神损害的人。概括式方法的优势在于其灵活性，法官可以根据具体情况做出更公平的判断，有助于弥补法律的不足。然而，这也可能导致判决的不一致性，法院在类似案件中可能会做出不同的决定。这可能引发不满和争议，降低了制度的稳定性。

从社会变革与法律适应性而言，随着社会的不断发展和变革，新兴的精神损害形式不断涌现。列举式方法可能无法及时适应这些变化，因为法律需要经过漫长的立法过程才能进行修改。这可能导致法律滞后于社会需求，限制了受害人的权益保障。概括式方法更容易适应社会变革，因为法官可以在案件中根据最新情况做出判断。这有助于确保法律与社会的需求保持一致。然而，这也可能导致法官过度行使自由裁量权，引发争议和不公平。因此，我们的目标仍然是量化赔偿数额，减少法官自由裁量。

（二）典型国家精神损害赔偿额的确定

各国在确定精神损害赔偿数额时采取了多种不同的方法和立法规定。这些方法可以大致分为两类：一类是明确的法律规定和计算方法；另一类是基于自由裁量权的综合评估。

在英美法系国家中，尽管通常会根据个案的具体情况进行评估，但一些国家仍然采用了具体的法律规定和计算方法来确定精神损害赔偿的数额。以英国为例，他们制定了一套分类系统，根据不同的侵权类型和程度来确定赔偿数额，这种方法在一定程度上提供了指导。美国也有一些州制定了法律规定，根据侵权类型和程度来确定赔偿数额。这些法律规定提供了一定程度的量化标准。

然而，并不是所有国家都认为精神损害赔偿需要进行明确的量化。有些国家认为精神损害的性质使其难以完全量化，因此更注重自由裁量权和综合评估。这种方法可以更好地考虑案件的具体情况，但也可能导致判决的不一致性和主观性。此外，一些国家曾尝试建立精神损害赔偿数额的表格化或定额化制度，但并不是所有国家都成功实施了这种制度。还有一些国家提出了"按日计算"的赔偿方法，但这种方法也未得到广泛应用。

总的来说，不同国家在确定精神损害赔偿数额时采取了不同的方法，每种方法都有其优缺点。在实践中，需要权衡法律的明确性、量化的科学性以及对个案的公平性和灵活性。尽管量化精神损害赔偿可能具有科学合理性，但在实际操作中仍需综合考虑各种因素，以确保最终的赔偿是公正和合理的。因此，不同国家在这个问题上可能会有不同的法律框架和实践，这也反映了各国法律体系和文化背景的差异。我们力求找寻精神损害赔偿的各个要素，全面综合各个影响因素，对这些因素进行量化设计，为未来立法提供参考。

第八章 侵权精神损害赔偿额
判定学说及评析

自我国确立精神损害赔偿制度以来，学界和司法界一直在探讨各个方面的问题，其中赔偿数额的确定问题尤为复杂和具有挑战性。《民法典》的颁布为我国精神损害赔偿体系提供了系统性的法律依据，但在具体的数额确定方面，仍存在许多争议和困难。《民法典》及相关的司法解释并没有明确规定精神损害赔偿数额的具体计算方法和标准。这导致了在实际审判中，法官仍然具有很大的自由裁量权，这也是导致同类案件出现不同判决的原因之一。因此，如何在精神损害赔偿案件中实现精确和公正的赔偿数额的确定成为一个亟待解决的问题。学者们和法律界已经展开了广泛的研究，试图找到解决这一问题的方法。这些研究可以大致分为两类：量化研究和非量化研究。在量化研究方面，学者们提出了各种计算方法，包括分类计算法，数学模型法和分档概算法。这些方法试图通过将精神损害分为不同的类型或程度，并应用特定的数学模型或分档来确定赔偿数额。尽管这些方法具有一定的科学性和客观性，但也面临着难以确定合适的分类和参数的挑战。在非量化研究方面，学者们提出了各种非量化的方法，包括自由裁量说、酌定赔偿说、参照说和概算法。这些方法强调法官的自由裁量权，并提供了一些指导原则，如参照类似案件或法官的主观裁量。然而，这些方法也可能导致判决的不一致性和主观性，使得公平性和合理性难以保证。总之，精神损害赔偿数额的确定问题在我国仍然存在挑战，需要进一步地研究和探讨。学者们已经提出了各种方法，但仍需要在实际应用中进行验证和完善，以实现精神损害赔偿的精确和公正。同时，法官在审判中的自由裁量权也需要在合理的范围内受到限制，以确保赔偿的公平性和一致性。我们力求设计客观的量化模型和公式尽最大可能实现判案的同一性。

一、量化说及评析

（一）分类计算说

分类计算说，又被称为分类法①、分类计算赔偿法②或区分不同损害的赔偿方法③，是一种用于确定精神损害赔偿数额的方法。其核心思想是将精神损害细分为不同的项目或类别，然后根据每个项目或类别的具体情况计算出相应的赔偿金额，最后将这些金额进行简单累加，得出最终的赔偿总额。这个方法旨在通过详细的分类和计算，实现对精神损害赔偿的精确和公正。分类计算说的优点在于它提供了一种结构化和系统性的方法来确定精神损害赔偿数额。通过将精神损害细分为不同的类别或项目，法院可以更准确地考虑被侵权人的实际情况，并为不同的损害类型或程度提供适当的赔偿。这有助于降低法官的主观裁量，并提高判决的一致性和可预测性。然而，分类计算说也存在一些不足之处。首先，确定精神损害的具体分类和赔偿标准可能因案件而异，不同的案件可能需要不同的分类和计算方式。其次，这种方法可能会导致赔偿数额的烦琐计算，增加了司法程序的复杂性。此外，对于一些特殊或罕见的精神损害类型，可能难以在分类中找到合适的项目，从而难以确定赔偿数额。尽管分类计算说存在一些局限性，但它仍然是一种有助于确定精神损害赔偿数额的方法。在实际应用中，需要根据具体情况权衡各种因素，并选择合适的赔偿方法以实现精神损害赔偿的公平和公正。

该方法的核心思想是针对五项基本人格权（肖像权、姓名权、名誉权、荣誉权、隐私权）的精神侵害。首先，明确规定了赔偿数额的基数。具体而言，如果侵权人侵犯了被害人的任何一项基本人格权，就要赔偿相应数量的金钱。这个基数的设定为每个人格权分别规定，以确保对不同权益的侵害能够得到适当的赔偿。其次，对于精神侵害导致的精神损伤，该方法建议根据法定的医学鉴定结果逐项评定，然后按不同等级分别确定不同的赔偿数额。这意味着对于精神损害的程度将会有明确的标准和分级，从而能够更准确地确定赔偿数额。这种方式旨在确保精神损害赔偿的公平性和合理性。最后，法官在考虑赔偿数额时，将根据当事人是否对被害人造成了物质损失进行自由裁量。这意味

① 郭卫华等. 中国精神损害赔偿制度研究. 武汉大学出版社，2003：343.

② 王春娣，程德文. 消费纠纷与精神损害赔偿. 中国民主法制出版社，2001：177.

③ 胡平. 精神损害赔偿制度研究. 中国政法大学出版社，2003：275；车辉. 非财产损害赔偿问题研究. 法律出版社，2011：214.

着法官会综合考虑多种因素，包括精神损害的程度、医学鉴定结果以及可能的物质损失，来决定最终的精神损害赔偿数额。尽管该方法提供了一种结构化的方式来确定精神损害赔偿数额，并考虑了多个因素，但仍然存在一些问题和挑战。例如，关于单个人格权金额的确定以及三个因素简单相加的合理性需要更多的法律和医学界的研究和探讨。此外，精神损害赔偿数额受到许多因素的影响，不仅仅局限于这三个因素，因此需要在实际应用中综合考虑更多的因素。总之，该方法为精神损害赔偿数额的确定提供了一种有待深入研究和完善的思路，旨在实现对被侵权人的公平赔偿和精确裁决。然而，它仍然需要更多的研究和法律界的讨论，以确保其科学性和公正性。

在国外，如法国和英国等国家，精神损害赔偿的计算方法通常采用了多种不同的途径，这表明了精神损害赔偿的计算方法在不同国家和不同法律体系中的灵活性和多样性。在法国，法庭通常会对精神损害的不同项目进行分类，并根据每个项目的具体情况分别计算赔偿金额。这种分类计算的方法能够更精确地反映出受害人的不同精神损害，并确保对每个项目都有适当的赔偿。最终，这些计算结果会被相加，得出精神损害赔偿的总数额。[①] 而在英国，精神损害赔偿的计算方法在不同阶段发生了变化。最初，英国法院倾向于根据具体案情进行裁量，考虑因素包括受害人的伤害程度、侵权人的过错、经济状况等。然后，随着社会的发展，英国开始对精神损害进行更详细的分类，例如将财产损害和精神损害区分开来，并根据不同的类别计算相应的赔偿金额。最终，这些金额被累加在一起，构成整个案件的精神损害赔偿总额。这种方法的演变反映了法律体系的变革和对精神损害赔偿计算方法的不断调整，以更好地满足社会的需求。此外，不仅英国，许多国家在精神损害赔偿的计算方法上也采取了混合或综合运用的方式，以适应社会发展和法律实践的不断变化。这进一步表明了精神损害赔偿计算方法的多样性和灵活性，不能简单地将某一国家的方法套用到其他国家，而需要根据具体情况进行综合考虑和调整。

综上所述，精神损害赔偿的计算方法在国际范围内存在多样性，并且随着社会和法律的发展而不断演变。不同国家和法律体系可以根据其实际情况选择合适的方法，以实现对受害人的公平赔偿和社会的法律目标。

分类计算方法和概算方法是两种不同的精神损害赔偿计算方法，它们在应对不同案件和法律体系中具有各自的优点和缺点。首先，让我们更详细地探讨

---

① 《精神损害赔偿数额之评算方法》课题组. 精神损害赔偿数额之评算方法. 法律出版社，2013：168.

这两种方法的特点和适用情况。分类计算方法，如前文所述，将精神损害根据不同的类型和项目进行明确的分类，并为每个分类或项目设定相应的赔偿标准和数额。这种方法的优点在于可以简化精神损害赔偿的计算过程，将相似的损害情况归为同一类别并设定相应的赔偿标准，有助于提高效率。然而，其缺点在于，由于每个分类和项目都需要单独计算，可能存在叠加和重复计算的风险，从而使最终的赔偿数额偏离实际情况。相比之下，概算方法是根据大量案例的经验数据，为每一种可能的精神损害情况设定一个固定的赔偿金额。这种方法考虑了多种因素，包括精神损害的类型、严重程度、对个体的影响等，因此更具科学性。但是，由于每一种损害情况都需要单独计算，可能增加计算的复杂性和时间成本。在实际应用中，选择哪种方法取决于案件的具体情况以及国家法律体系的特点。分类计算方法可能更适用于案件数量较多、案情相对简单的情况，因为可以简化计算过程并提高效率。而概算方法则更适用于案情较为复杂、需要对精神损害进行更精确评估的情况，可以更好地体现个案的差异并提高赔偿的公正性。此外，需要注意的是，不同国家和法律体系可能会根据本国的国情和法律发展阶段选择适合其情况的精神损害赔偿计算方法。因此，没有一种方法可以被简单地套用到所有情况，而是需要根据具体情况进行综合考虑和调整。综合而言，分类计算方法和概算方法各有利弊，都有其在特定情况下的适用性。

（二）数学公式说

数学公式法，也被称为标准定量法、数学模型法、[①] 数字模型计算法或定量法，[②] 是一种用于确定精神损害赔偿数额的方法。这种方法涉及对侵权行为的各个要素进行量化，或者对精神损害赔偿金额进行量化，以建立数学模型或者创设数学公式。最终，法官可以根据这些模型或者公式来计算受害人应该获得的精神损害赔偿金额。数学公式法的优点在于，它相对科学和具有一定的同一性。通过将精神损害赔偿的计算过程建立在数学模型或公式之上，可以在一定程度上实现法官的同案同判的目标。这意味着对于类似的案件，可以采用相同的模型或公式来计算赔偿数额，从而提高了判决的一致性和可预测性。然而，数学公式法也存在一些挑战和限制。首先，建立一个准确和公平的数学模型或公式可能会非常复杂，因为精神损害的性质多种多样，难以简单地量化。

①　王春娣，程德文. 消费纠纷与精神损害赔偿. 中国民主法制出版社，2001：182.
②　关今华. 精神损害赔偿数额的确定与评算. 人民法院出版社，2002：177.

111

其次，数学模型或公式的制定需要考虑到众多因素，包括精神损害的类型、严重程度、受害人的个人情况等，这可能会导致模型或公式的复杂性和不适用于某些特殊情况。此外，精神损害的本质通常是主观的，很难通过量化方法完全捕捉。因此，数学公式法在一些国家和法律体系中被使用，它的优势显而易见。不同国家和法律体系可能会采用不同的方法，或者在特定情况下结合多种方法，以确保公平和公正的精神损害赔偿。最终，精神损害赔偿的确定仍然是一个复杂的问题，需要根据具体情况和法律体系来综合考虑和解决。因此，我们希望本书能够设计合理的量化公式，综合各种影响因素，使得精神损害赔偿数额更加科学。

石镁虹等学者以 2224 例医疗纠纷中的精神损害赔偿案例为样本，利用 SPSS 17.0 软件对其进行统计分析，并应用皮尔逊分析进行相关分析，从大数据中抽取 4 个与精神损害赔偿有密切关系的强相关因素："地区""医院等级""医院责任"和"损害结果"，排除对精神损害赔偿影响较小的"科室"因素，最后得出精神损害赔偿数额的计算公式：$Y = 2.275 - 0.335X1 + 0.135X2 + 0.013X3 - 0.118X4$。其中，Y 为精神损害赔偿，X1 代表地区（东部、中部和西部），X2 代表医院等级（私立、一级、二级、三级），X3 代表医院责任，X4 代表损害后果（死亡或残疾等级）。[①]

该医疗损害纠纷引起的精神损害赔偿模型具有一些显著的优势。首先，它的方法相对简单，容易推广，并且计算过程非常便捷和迅速。其次，该模型对患者没有任何限制性要求，只需要将相关数值代入公式中，就能够快速计算出精神损害赔偿数额。这一特点一定程度上实现了同案同判，有助于防止患者不断提出更高的赔偿要求，从而有望化解医患纠纷，提高医疗纠纷的解决速度。最后，通过使用公式法进行计算，结果直观明了，降低了医患关系的僵持性，减少了医患纠纷所带来的法律诉讼负担。然而，该模型公式也存在一些不足之处。首先，该模型仅考虑了四项关键影响因素，而实际上精神损害赔偿数额的影响因素远不止这四个。这种不全面性可能导致最终计算的精神损害赔偿数额不够精准，无法充分还原案件本应赔偿的精神损害赔偿数额。其次，是否只要具备这四个因素就一定能够获得精神损害赔偿可能仍需要进一步详细规定适用规则等。

尽管如此，该模型公式也为我们提供了一种研究方法，为精神损害赔偿数

① 石镁虹，章桦，刘可智. 2224 例医疗损害纠纷精神损害赔偿的实证研究. 中国医院管理，2016, 36（6）：54-57.

额的精准计算提供了思路和方向。它对精神损害赔偿的理论研究和司法实践都具有积极的促进作用，有助于寻求更科学、更公平的精神损害赔偿计算方法。未来的研究和实践还需要进一步完善和细化这一模型，以更好地适应不同情境和案件的需求。

学者王勇亮给出了一种定量的计算公式。通过建立一种对民事精神损害赔偿金额的数学模型，以确定对精神损害的赔偿金额。具体做法为：第一，在特定时间、特定区域内，确定精神损害的最高赔偿和最低赔偿的限额；第二，确定了各个影响因素的高低系数和每个系数的平均赔偿额平均补偿数额；第三，确定某一侵权行为的整体系数，将总系数再乘以系数平均赔偿数额，得到一个模拟赔偿金额；第四，允许法官可以依据案件的具体情况，在 10%~20% 之间浮动，最终确定精神损害的赔偿额。该方法的数学模型是：总体赔偿金额 = 各因素系数的总和乘以其平均值，即：$Z=（Y1+Y2+Y3+Y4+Y5）P$；其中 Z = 赔偿总额；P = 平均值；$Y1$ = 性质、$Y2$ = 手段、$Y3$ = 情节、$Y4$ = 目的、$Y5$ = 后果。同时，该学者进一步指出，在计算精神损害赔偿金额时，应当考虑下列因素：（1）允许各地的最高与最低赔偿额有所差异。因为不同地区的经济发展不同，当地的生活水平不同，因此不同法院根据所在地的经济状况确定最高和最低限额。（2）区别当事人的经济状况。考虑到判决的执行问题，需要考虑当事人的经济状况以防判决之后却无法执行赔偿的情形。（3）区别当事人的身份。公民之间的赔偿标准应该一致，但是在公民和法人之间由于经济实力不同就要区别他们的赔偿数额。（4）在不同时期中，需要根据具体情况确立不同的准则来指导赔偿金额的计算。（5）不能是侵权人获得经济利益。判决的赔偿数额不能让侵权人感到有利可图，所以赔偿数额要恰当。（6）考虑侵权人侵权后的态度和受害人的谅解。法官的判决数额可以考虑这两个因素以达到对侵权人的惩罚，以保证下次不再侵权，受害人对此谅解可以酌情减少赔偿数额。[①]

该模型的优点在于，它考虑了各个地区的经济状况，为法官提供了一定幅度的自由裁量权，将量化和自由裁量相结合。此外，它还考虑到了对加害人的不可获利性等因素，为学者提供了进一步研究的思路和方法。这种综合性的考虑有助于更好地适应不同地区和案件的需求。然而，该数学建模方法在考虑精神损害赔偿数额的各种影响因素时仍存在一些不足。首先，它的考虑因素可能不够全面，未能包含所有可能影响精神损害赔偿的因素。其次，该模型未能考虑到精神损害赔偿金额的个体差异性，每个案件的具体情况可能不同，需要更多的个性化考量。因此，科学性和合理性方面有待进一步提高。此外，该方法缺乏充分的数据验证，因此其可操作性需要进一步探讨和研究，以确保其在实际应用中的有效性和准确性。总的来说，该模型为精神损害赔偿数额的计算提供了一个新的视角和方法，但仍需要不断完善和发展，以更好地满足法律实践的需求，并确保精神损害赔偿的科学性和公平性。未来的研究可以通过更多的数据验证和实际案例的应用来进一步完善这一模型。

高建明认为，第一，在完善国家侵权精神损害赔偿制度时，认为国家侵权人的过错程度、手段、方式、场合、次数、持续时间等都会对精神损害的结果产生影响，特别是一些因素会直接导致精神损害的扩大和缩小。所以提炼出三个主要的影响因素：（1）国家侵权人的过错程度（K1）；（2）国家侵权人的实际侵权情节（K2）；（3）国家侵权人事后的态度（K3）。接着界定了每个影响因素的系数范围，如下表所示：

K1（过错）			K2（情节）			K3（态度）	
故意	重大过失	一般过失	特别恶劣	严重	一般	积极	消极
1.6-2.0	1.3-1.6	1.0-1.3	1.7-2.0	1.3-1.7	1.0-1.3	-1.0-1.0	1.0-1.5

第二，受害者的精神损害大小最终都会表现在损害结果的大小上，因此损害结果是影响精神损害赔偿的具有决定性意义的要素，用基数 X 来衡量。根据研究，国家侵权人侵犯了公民的自由、生命健康权、名誉权、荣誉权，使被害人（及其亲属）遭受精神上的伤害，造成的损害结果主要有两种：一是物质人身权受到侵害，二是精神人格受到侵害。对物质性人格权利的受侵害，可以进一步细化为：（1）致被害人死亡（X1）；（2）对受害者的健康造成不可挽回的永久性损害（X2）；（3）对受害者的健康造成非永久性的可以恢复的损害（X3）。精神人格权利的受侵害主要包括名誉权损害（X4）和精神性疾病（X5）。基数 X 的估算如下表：

X1（死亡）		X2（永久性损害）			X3（非永久性损害）			X4（名誉权损害）			X5（精神性疾病）
Max (U1，20p)		(A+C) U2			(T+J) U3			(D+S) U4			
U1	20P	年龄 a	职业 c	基准	时间 t	工作 j	基准	范围 D	身份 S	基准 U4	基准 U5
Ul= D/I	20P	80-A/10	0.0-2.0	U2	T/100	0.0-1.0	U3	0.0-10	0.0-20	1000	医疗费

（注：基准按 3-5 年的经济发展情况进行调整。）

第三，鉴于每个案件都具有自身的特殊性以及复杂性，不可能穷尽全部要素，因此，法官可以根据不同案件的具体情况，对其作出相应的调整，而这种调整权是用剩差项 E 来衡量。E 的数值可以是正的也可以是负的，因为按照以上模型计算的结果可能过大或者过小。最终提出评算精神损害赔偿数额的计算公式为：L=（K1+K2+K3）（X1+X2+X3+X4+X5）+E，其中 L 为总额；K 为系数；X 为基数；E 为残差项。

X1=Max（U1，20P）；X2=（A+C）U2；X3=（T+J）U3；X4=（D+S）U4；X5=U5。

这种计算精神损害数额的方法考虑了各项因素，相对较全面，并提出了基数和系数相乘的计算方式。将这种方法应用于司法实践可能会有助于简化精神损害赔偿数额的计算，使法官能够更容易地根据公式进行计算。此外，该方法提出了每 3-5 年依据经济发展情况调整基准的思路，这在一定程度上是合理的，可以反映社会经济变化对精神损害赔偿的影响。然而，这个学者提出的量化公式仍存在一些问题。首先，公式中的系数和基数的取值范围似乎是估计值，而且没有明确说明这些值的依据是什么。此外，影响精神损害赔偿数额的具体因素也没有明确定义。虽然高建明提到可以通过大量统计和研究来确定显著的影响因素，并对值范围进行科学界定，但这仍需要更多的研究和数据验证。因此，最终通过这种量化公式计算的精神损害赔偿数额是否能够准确反映案件本来应该得到的赔偿数额仍然存在一定的疑问。[①] 综上所述，这种量化方法提供了一种计算精神损害赔偿数额的新思路，但需要进一步研究和完善，以

① 《精神损害赔偿数额之评算方法》课题组. 精神损害赔偿数额之评算方法. 法律出版社，2013：248-250.

确保其科学性和准确性。科学界和司法实践可以通过更多的数据分析和验证来改进这一方法，以使其更好地适应不同案件和情况的需要。

（三）分档概算说

分档概算说，又称为限额分档概算法[①]或归类分档评算法，[②] 将限额、分档和概算这三个概念结合起来，同时还吸收了包容限额法的特点，实际上成为了这三种方法的综合，旨在实现法官自由裁量的一种全面方法。关今华学者总结了适用分档概算法的五种思路：第一，确定精神损害赔偿方法需要基于适用原则作为基本出发点，然后根据不同的适用原则进行灵活运用；第二，考虑到中国各地发展不平衡的特点，可以借鉴酌定法和参照法的优点，同时充分考虑各种影响因素，包括必要因素和酌定因素；第三，可以采用有限制数额的裁量方法，规定最低数额的起点和高点数；第四，应允许法官具有一定程度的自由裁量权；第五，需要区分一般情况和特殊情况，以评定精神损害赔偿数额的不同档次或幅度标准，并应用不同的原则进行处理。[③] 根据中国的国情，应以必要因素为主，酌定因素为辅，制定精神损害赔偿的具体适用原则，确定不同情形下的赔偿幅度和最低赔偿金额，由法官根据案情确定一个公平合理的赔偿数额。[④] 这种方法旨在通过综合考虑多种因素，使精神损害赔偿数额更具弹性和灵活性，以满足不同案件和情况的需要，同时也有助于促进法官的自由裁量权的行使。这一方法的灵活性和全面性为精神损害赔偿问题的解决提供了一种新思路。

关今华教授对限额分档概算法的实际应用的具体操作步骤进行了详细阐述：

第一，对精神损害赔偿进行类型化处理，归为以下七类：人身伤亡的精神损害赔偿、侵害人格权所产生的精神损害赔偿、侵害知识产权所产生的精神损害赔偿、侵害特定财产权所产生的精神损害赔偿、违背公序良俗、公益公德所

[①] 关今华. 精神损害赔偿数额评定问题五论. 中国法学，2001（5）；《精神损害赔偿数额之评算方法》课题组. 精神损害赔偿数额之评算方法. 法律出版社，2013：233.

[②] 关今华. 精神损害赔偿数额的确定与评算. 人民法院出版社，2002：191；《精神损害赔偿数额之评算方法》课题组. 精神损害赔偿数额之评算方法. 法律出版社，2013：233.

[③] 关今华. 精神损害赔偿数额的确定与评算. 人民法院出版社，2002：183-184.

[④] 关今华. 精神损害赔偿数额的确定与评算. 人民法院出版社，2002：185；《精神损害赔偿数额之评算方法》课题组. 精神损害赔偿数额之评算方法. 法律出版社，2013：239.

产生的精神损害赔偿、侵害特定身份权的精神损害赔偿与具有涉外因素的精神损害赔偿。第二，在类型化的基础上，要按照不同类型的精神损害赔偿的特征，对其进行分类。例如，处理人身伤害精神损害赔偿事件，根据受害人遭受伤害的情况分为伤残赔偿（或称伤残抚慰金）和死亡赔偿（或称死亡抚慰金）。伤残赔偿目前分为10级，将10级伤残分为四个档次：1级和2级为最严重伤残（完全丧失劳动能力）；3级和4级为严重伤残（丧失大部分劳动能力）；5级至8级为比较严重伤残（丧失部分劳动能力）；9级和10级为一般伤残（丧失少部分劳动能力，健康权受到一定程度的影响）。例如，把对于精神性人身权与人格权的侵犯而导致的精神损害分类为一般、比较严重、严重和特别严重四个档次，对于不同档次提出不同的赔偿金额标准，以便于实操。第三，在对精神损害的赔偿进行归类和分档以后，依照纠纷或者案件的具体情况，提出具体的评定方法，评定出受害人可以获得的精神损害赔偿数额。[1]

学者张志超为解决限额分档概算法在不同地区经济发展不均衡所引起的精神损害赔偿标准差异问题，提出了一个基于该算法的全国平均精神损害赔偿金额，并引入了一个能够反映各地精神生活水平的经济系数，称之为"精神生活系数"。这个系数是指在精神损害赔偿领域中，各地区城镇居民家庭人均年精神生活费与全国城镇居民家庭人均年精神生活费之比。[2] 因此，某一地区的精神生活系数等于当地城镇居民家庭人均年用于娱乐、教育、文化服务的消费支出与全国城镇居民家庭人均年用于娱乐、教育、文化服务的消费支出之比。[3]

基于这一系数，该学者提出了我国的精神损害赔偿金额标准：对于一般的侵权行为，导致严重精神损害但未导致人身伤亡的，赔偿金额应在500元到5万元；对于恶劣的侵权行为，导致受害人严重精神损害，使其精神障碍或患病，影响工作、劳动和生活的，赔偿金额在5万元到15万元；对于极其恶劣的侵权行为，导致严重且长期的精神损害，使受害人失去大部分或全部劳动能力，甚至死亡的，赔偿金额在15万元到50万元。然后，根据酌定赔偿金额乘以当地前一年的精神生活系数，在最高赔偿限额内，计算出当地的精神损害赔

---

① 关今华. 精神损害赔偿数额的确定与评算. 人民法院出版社，2002：193－194；《精神损害赔偿数额之评算方法》课题组. 精神损害赔偿数额之评算方法. 法律出版社，2013：238.

② 张志超. 论精神损害赔偿数额的确定. 湖北警官学院学报，2006（2）：37.

③ 张志超. 论精神损害赔偿数额的确定. 湖北警官学院学报，2006（2）：38.

偿数额。[①]

这一研究具有创新性，一定程度上弥补了限额分档概算法的不足，提出了一种根据地区精神生活水平差异来区分精神损害赔偿额的方法。这个方法可以更好地反映各地区的实际情况，提高了精神损害赔偿的公平性和科学性。

在国内，还有很多学者也赞成限额分档概算法的观点。他们分别从不同的角度对被侵权人精神损害的程度和侵权人的过错程度进行分类，并建议了相应的赔偿标准。

一方面，从被侵权人精神损害的角度来看，首先学者郭权将被侵权人的精神损害程度分为两个等级：一般精神损害和严重精神损害，并分别确立了相应的赔偿标准。

首先，一般精神损害，其赔偿标准为以下内容：（1）侵犯物质性人格权的：①生命权受到侵犯，应赔偿 20 万元；若死者死亡前曾遭受殴打、折磨或严重肉体疼痛，则应支付 25 万元。②健康权受到侵犯，首先，对致人残疾的，可以参考《人体伤残疾程度鉴定标准》，它是以《道路交通事故受伤人员伤残评定》（GB18667-2002）、《职工工伤与职业病致残程度鉴定》（GB/T16180-1996）等为标准制定的，《人体伤残疾程度鉴定标准》中把伤残等级划分成 1-10 级（其中最重的残疾是 1 级），对直接受害人的精神损害赔偿金规定如下：1 级伤残赔偿 15 万元、2 级伤残赔偿 13 万元、3 级伤残赔偿 12 万元、4 级伤残赔偿 10 万元、5 级至 10 级伤残赔偿依次递减为 6 万元、5 万元、4 万元、3 万元、2 万元和 1 万元；其次，侵犯健康权未造成受害人残疾的，应当给予 5000 元的赔偿金。间接受害者的赔偿总额（也就是有许多的间接受害者时）掌握在直接受害者的精神损害获赔额的 50%。③侵犯身体权的，对直接受害人给予 5000 元的赔偿，对间接受害人的赔偿金额为直接受害人的 50%。（2）侵犯其他精神利益的，对直接受害人给予 3000 元赔偿，对间接受害人的赔偿金额为直接受害人的 50%。（3）对法人精神利益造成损害的，应当给予 5000 元作为赔偿金额。

其次，对于造成严重精神损害的赔偿标准，包括以下几方面：（1）导致受害人患精神病的，根据《中国精神障碍分类与诊断标准第三版（CCMD-3）》，对受害人的精神损害，给予 8 万元的赔偿。对间接受害者的赔偿金额为直接受害人的 50%。（2）致使受害人精神健康损害的，根据心理健康鉴定

---

① 张志超. 论精神损害赔偿数额的确定. 湖北警官学院学报，2006（2）：39.

结果，给予轻度赔偿 1 万元，中度赔偿 2 万元，较重度赔偿 3 万元，重度赔偿 4 万元。（3）根据案件的不同情形，法官可以根据某些酌定因素，对其进行适当的突破。其中，加害行为之情节、加害人的悔罪态度、受害人的状况等是影响其自由裁量的重要因素。① 此种分类方法定位比较准确，不仅确定了对直接受害人的精神损害赔偿数额，而且考虑到了因侵权行为致使被害人产生精神病和由精神损害所引发的身体健康的情况，考虑得十分全面。但在对精神损害进行归类时，没有相应的案件统计或数据支撑，而直接给定具体的赔偿数额，似乎不太合理，且对造成精神疾病和因精神损害而产生的生理疾病，是否应当按照精神损害予以赔偿，也有待进一步研究。不过，此种限额分档的内容和方法仍可予以借鉴。②

另一方面，从侵权人的过错程度角度来看，有学者将侵权人的过错程度划分为三等级，包括一般过失、严重过失和故意侵权，认为"关于赔偿的幅度通常参考如下标准：首先，侵权人有一般过失，致使受害人遭受精神损害的，其赔偿金额 5000 元以下；其次，侵权人有严重的过失，致使受害人遭受严重的精神损害，赔偿额为 5000 元到 5 万元；最后，侵权人故意侵权，情节恶劣而且影响较大，对于受害人有严重的精神损害使其身心遭受严重的创伤，短时间里非常难以恢复，那么赔偿能够达到 5 万元以上。对他人的精神损害后果非常严重的，或者对未满十八周岁的人带来精神损害的，可以突破上述范围，对赔偿责任予以加重"③。此种分类仅以过错程度来确定赔偿幅度，有欠妥当。因为影响赔偿金额的不是只有过错程度，同时侵权人的过错程度与被侵权人的精神损害后果也不存在必然的联系。

限额分档概算法实质上是在规定最高额和最低额的基础上，强调在合理的损害赔偿范围内考虑多种因素，包括侵害人的过错程度、侵害行为的具体情节、损害后果和影响等法定情节以及其他酌定情节。这种方法将损害赔偿的最高和最低限额分成低、中、高、最高四个等级，然后根据案件具体情况，在这些限额范围内灵活确定合适的赔偿金额。具体来说，如果存在必要情节，尤其

---

① 郭权. 精神损害赔偿的数额标准研究，http//syue.com/paper/law/theory/93991.html；《精神损害赔偿数额之评算方法》课题组. 精神损害赔偿数额之评算方法. 法律出版社，2013：235-236.

② 《精神损害赔偿数额之评算方法》课题组. 精神损害赔偿数额之评算方法. 法律出版社，2013：236.

③ 向韩斌. 浅述民事案件精神损害赔偿应注意的若干问题. 法学评论，2000（5）：146-148.

是严重情节（例如，行为人故意侵权、情节恶劣、造成了极其不良影响和极其严重的后果），则可以从最高档次的限额范围（例如 30 万元以下）中计算赔偿金额。如果存在多个必要情节，尤其是严重情节，并且产生了极其不良的后果，可以从高档次的限额范围（例如 10 万—30 万元）中估算赔偿金额。如果存在多个必要情节，尤其是严重情节，或者其中某些情节较重要，并且产生了不良后果，可以将赔偿金额限制在中档次的限额范围（例如 1 万—5 万元）内。如果必要情节存在但相对较轻，或者那些情节一般，赔偿金额可以限制在低档次的限额范围内（低于 1 万元），最低限额可以为几百元（300—1000元）。在考虑必要情节的优先权的同时，还应充分考虑酌定情节对赔偿金额的增减影响以及对限制档次的影响。如果受害人存在过错，同时侵权人的赔偿能力不足，可以降低损害赔偿的限额。相反，如果受害者处于弱势地位（如妇女、儿童、老人、残疾人），由于遭受侵害而陷入生活困境，而侵权人具有较高的经济赔偿能力，可以增加赔偿金额的上限。[①]

这一方法的灵活性和综合性使得在不同案件中能够更准确地确定精神损害赔偿金额。在国外，美国采用分档酌定赔偿法是通过对侵权行为之性质、手段、情节、目的和后果等因素进行综合分析、分档分类，配以适当补偿额。侵权损害本质是他人行为导致己方效用下降（X＝变量、U＝效用），假设 A 的行为对 B 造成损害，即 UB＝（XB1，XB2，XA1），B 的效用取决于 XA1 值变。参考量刑幅度确定精神损害赔偿幅度，再确定具体强度。确定具体强度的因素主要包括：疼痛是否导致官能障碍、是否可消除及消除程度、侵害时间长短、对社会形象和声誉的损害程度、受害者的心理素质、年龄、职业及性别等，致害人的承担决定了各个因素的高低系数和每个系数的平均赔偿能力及主体的性质。[②]

限额分档概算法是一种在限定最高额、最低额的基础上，根据不同的情节和因素，将损害赔偿的最高和最低限额分成不同的等级，并在确定的限额下酌定合适的赔偿金额的计算方法。自由裁量权是指法院在审理案件时，根据实际情况和法律规定，在一定范围内自行决定适用何种法律原则、规则或政策的权力。这两者是不同的概念。限额分档概算法是一种计算方法，它主要是根据案

---

① 关今华. 精神损害赔偿数额评定问题五论. 中国法学，2001（5）；《精神损害赔偿数额之评算方法》课题组. 精神损害赔偿数额之评算方法. 法律出版社，2013：237.

② 《精神损害赔偿数额之评算方法》课题组. 精神损害赔偿数额之评算方法. 法律出版社，2013：204.

件的具体情况和法律规定来确定赔偿金额的。

二、非量化说及评析

(一) 自由裁量说

自由裁量说是指法官根据自己的自由心证作出判决。自由裁量权是法律赋予法官和合议庭的权力，允许他们在法律允许的范围内，通过独立的判断和决策来处理案件。但需要明确的是，自由裁量权并不意味着法官可以任意决定赔偿金额，而是在遵循法律原则、现有判例以及公平正义原则的基础上行使这一权力。由于精神损害赔偿涉及人身权利的侵害，包括生理、心理、意志和精神等方面的损害，这些精神层面的损害很难用金钱精确计量。因此，法律赋予法官自由裁量权，根据每个案件的具体情况，按照法律规定、判例和经验，综合各种因素，来决定一个"相当"或"适当"的赔偿数额。在行使自由裁量权时，法官需要注意两个重要问题。首先，法官和合议庭的自由裁量权必须在法律明确授权的情况下行使，不能越出法律的界限。其次，自由裁量权中的自由并非绝对的自由，而是受到法律规定和法律框架的限制。法官在行使自由裁量权时，必须遵守法律的规定，并确保判决公平、合理、符合正义原则。

这种自由裁量权的行使方法使得法官能够更好地应对精神损害赔偿案件中的复杂情况，保证每个案件都能够得到公正的对待。这种方法的优点在于简便迅速、灵活自由，法官可以根据案件情况酌定确定赔偿数额。在判决过程中，法官在正确认定事实和适用法律的基础上，发挥主观能动性，来解释法律以达到公正判决的目的。然而，由于精神损害赔偿案件的类型多样化，每个案件的具体情况包括侵权行为发生地的经济条件、侵权具体情节、侵权手段、当事人的情况以及侵权的后果各不相同。此外，不同法官的素质、经验和好恶也存在差异。同时，缺乏统一客观的计算标准，如果完全依赖此方法判案，有时会导致法官对相似案情作出赔偿额极为悬殊的判决，进而可能引发司法不统一的问题。[①]因此，自由裁量法有其自身的缺陷和不足，包括不确定性和任意性的缺点。这种方法通常在其他方法难以适用的情况下才会被采用。法官的自由裁量权并不是绝对的，它并不存在法官纯粹自由和任意判定案件的情况，但考虑到目前我国法律规定的精神损害赔偿金额影响因素本身具有一定的抽象性和弹性，因此，法官在发挥自由裁量权时仍具有相当的裁量空间。

---

① 郭卫华，等. 中国精神损害赔偿制度研究. 武汉大学出版社，2003：324.

（二）酌定赔偿说

酌定赔偿说，又称为酌定法、酌定分析诸因素法，是指在确定精神损害赔偿金额时，法官在综合考虑各种影响因素的前提下来决定赔偿数额的一种方法。在我国司法解释中采纳了这种观点，但不同学者可能在参考的考量因素方面存在差异。

一些学者提出了三元素观点，主张在确定非财产损害赔偿金额时应综合考虑以下三个方面：（1）立法确定的目标；（2）侵权的特定情形，包括加害人的主观因素、受害人所遭受的伤害程度（包括影响和后果等）；（3）经济和社会发展水平。在这三个要素中，第二个要素被认为是关键。[①] 另一些学者提出了四元素观点，认为考虑的因素应包括：（1）受害人遭受的痛苦程度；（2）侵害人过错的轻重；（3）侵害人和受害人的家庭状况；（4）双方的经济状况。还有观点将精神损害赔偿金的因素分为法定要素和自由裁量要素。法定要素包括侵权人的过错程度、获利情况、侵权行为的具体情节以及产生的后果和社会影响。而自由裁量要素则包括当事人的主体类别、双方当事人的经济状况、侵权人的错误态度、被害人对侵害人的谅解程度、侵权人实际具有的补偿能力以及社会环境的变化等因素。[②]

酌定赔偿法考虑了精神损害的个体差异性，但由于较大程度地依赖法官的自由裁量权，对法官的素质要求较高，同时也难以确定具体数额的幅度或限额。这可能导致操作上存在主观随意性，不利于司法的公正和权威。需要指出的是，酌定赔偿说和自由裁量说存在交叉和共同点，都依赖于法官的自由裁量权。区别在于程度不同，自由裁量说更倾向于完全由法官自由决定精神损害赔偿金额，而酌定赔偿说则更加系统地分析各个因素然后酌定赔偿数额。尽管两者有交叉和共同点，但也存在明显的区别。这些观点和方法为精神损害赔偿提供了多样化的思路，但也引发了一些问题，如法官的主观裁量可能导致判决结果不一致。因此，进一步的研究和法律规范可能有助于提高精神损害赔偿的公正性和一致性。

（三）参照说

参照法是一种方法，用于确定精神损害赔偿金额，其核心思想是根据特定

---

① 张新宝，康长庆. 名誉权案件审理的情况、问题及对策. 现代法学，1997（3）：4-25；张新宝. 隐私权的法律保护. 群众出版社，2004：287.

② 孙春春. 浅谈精神损害赔偿数额的认定//杨振山. 民商法实务（侵权行为卷）. 山西经济出版社，1993：382.

标准或数额来决定赔偿数额。在我国法律体系中，虽然只有在专利侵权导致的财产损害中明确规定了可以参照侵权所得的收益或专利许可使用费的倍数来确定赔偿金额，① 但在国内理论界，对精神损害赔偿也参照某些标准或数额提出了不同的观点。

一些学者认为可以根据侵权人或受害者的实际经济状况来确定一种合理的赔偿范围和金额。② 这包括考虑受害人在侵权期间可能获得的利益的损失额，或者根据侵权人在侵权过程中所取得的财产收益来计算。这种方法主要适用于侵害公民的姓名权、肖像权等损害。③ 另一些学者提出，可以参照国外的医疗费比例赔偿法，即根据医疗费用的多少来决定因侵害身体健康而造成的精神损害赔偿金额。对于失去生命而导致的亲属的精神损害，可以参照死亡赔偿金规定。对于侵害人身自由而造成的精神损害，应当以限制人身自由的时长为标准。④

还有学者提出，在道路交通事故人身损害赔偿案件中，可以在坚持一定原则的基础上，根据具体案情综合考虑多个因素，如侵权人的过错程度、侵害的手段、场合和行为方式、侵权行为所导致的后果、双方的责任、侵权人的经济能力、受害人所在地的平均生活水平以及最高赔偿限额等，并参照机动车主购

---

① 《专利法》第 71 条："侵犯专利权的赔偿数额按照权利人因被侵权所受到的实际损失或者侵权人因侵权所获得的利益确定；权利人的损失或者侵权人获得的利益难以确定的，参照该专利许可使用费的倍数合理确定。对故意侵犯专利权，情节严重的，可以在按照上述方法确定数额的一倍以上五倍以下确定赔偿数额。权利人的损失、侵权人获得的利益和专利许可使用费均难以确定的，人民法院可以根据专利权的类型、侵权行为的性质和情节等因素，确定给予三万元以上五百万元以下的赔偿。"《精神损害赔偿数额之评算方法》课题组. 精神损害赔偿数额之评算方法. 法律出版社，2013：228.

② 魏振瀛. 精神损害赔偿三议. 法制日报，1989-07-06；刘鹏. 论侵犯公民人格权的民事责任. 法学，1987（3）：27-28；《精神损害赔偿数额之评算方法》课题组. 精神损害赔偿数额之评算方法. 法律出版社，2013：229.

③ 王春娣，程德文. 消费纠纷与精神损害赔偿. 中国民主法制出版社，2001：181；《精神损害赔偿数额之评算方法》课题组. 精神损害赔偿数额之评算方法. 法律出版社，2013：229.

④ 王喜珍. 国家侵权精神损害抚慰制度实施问题探讨. 法学杂志，2011（2）；《精神损害赔偿数额之评算方法》课题组. 精神损害赔偿数额之评算方法. 法律出版社，2013：230.

买商业保险时的"交通事故精神损害赔偿险条款"。① 然而,尽管参照法提供了一种决定精神损害赔偿金额的方法,它仍然存在一些不足之处。有些当事人的情况与经济相关性较低,不宜采用这种方法。在国民经济收入较低的情况下,如果受害人遭受了严重的精神损害,使用参照法可能会导致赔偿金额过低,从而显得不够公平。② 需要指出的是,虽然参照法提供了一种决定精神损害赔偿金额的思路,但在实际应用中,仍然需要综合考虑各种因素,并确保判决结果在法律框架内是公正和合理的。这也反映了在精神损害赔偿领域,需要进一步研究和法律规范以提高公正性和一致性的需求。通过对这一主题的深入探讨,可以为精神损害赔偿提供更多的思路和方法,以便更好地满足不同案件的需求。

在国外,一种常见的方法是以医疗成本为基准来确定特定的精神损害赔偿金额,并以其与医疗成本的一定比例为参考。这种方法的优点在于它能够避免法官在判决金额时陷入无法找到法律依据和操作指导的尴尬境地,尤其适用于精神疾病患者等情况。举例来说,在秘鲁法律规定中,法官只能估算精神损害赔偿数额为受害者所需医疗费用的一半到两倍之间。③ 而在德国,精神损害赔偿金额通常以医疗费用的价值数额为参照。④ 美国司法体系中,对于非永久损害的轻微损害案件,根据人身伤害导致的痛苦来确定赔偿金额,通常限定在受害者特殊损害赔偿金额(包括医疗费和收入损失)的 3 到 4 倍之间。⑤ 然而,美国一些学者认为这种赔偿标准导致赔偿额过高,主张将痛苦和遭遇所导致的

---

① 党大鹏. 道路交通事故中精神损害赔偿数额标准探讨. 交通企业管理,2006 (10):45-46;《精神损害赔偿数额之评算方法》课题组. 精神损害赔偿数额之评算方法. 法律出版社,2013:230.

② 关今华. 精神损害赔偿数额的确定与评算. 人民法院出版社,2002:175;《精神损害赔偿数额之评算方法》课题组. 精神损害赔偿数额之评算方法. 法律出版社,2013:230.

③ 《秘鲁民法典》第 1 编第 6 章第 113 条;《精神损害赔偿数额之评算方法》课题组. 精神损害赔偿数额之评算方法. 法律出版社,2013:185.

④ See Holzschuhur, Theorie and Caasuuistik des gemeinen Civilrechts(ed. 3 LeiPzig 1864)1120;《精神损害赔偿数额之评算方法》课题组. 精神损害赔偿数额之评算方法. 法律出版社,2013:172.

⑤ See Galiher, The Defendant's Lawyer Looks at Settlements;34 Ins. Couns. J. 65, 68 (1964);《精神损害赔偿数额之评算方法》课题组. 精神损害赔偿数额之评算方法. 法律出版社,2013:206.

赔偿通过法律限制在医疗费用的 50% 以内。① 尽管参照法具有简便易行的优点，但精神损害的数额未必与侵权人的损失情况或加害人的获利情况成正比。采用参照法的原因在于缺乏更具体的方法来评估精神损害赔偿数额。然而，我们也必须承认，有时所参照的标准可能与实际需要确定的精神损害赔偿数额存在较大差距。因此，虽然参照法提供了一种相对简单的方法来确定精神损害赔偿金额，但它并不是解决该问题的唯一方法。在不同的情况下，可能需要综合考虑多种因素，并确保最终的判决结果在法律框架内是公正和合理的。对于精神损害赔偿问题，继续研究和法律规范的完善是非常重要的，以提高执法的公正性和一致性。

（四）概算说

概算法是一种用于确定精神损害赔偿金额的方法，其核心思想是依据个案的详细情形，结合侵权人与被侵权人的具体情况以及当地的特殊情况，来确定精神损害的赔偿数额。这个方法强调了个案的独特性，充分考虑了多方面的因素，以确保赔偿金额更具体、更符合实际情况。

在运用概算法时，法官通常将影响案件的因素分为四大类，这些因素包括：加害人过错程度的轻重：这个因素考察侵权人的行为是否存在故意或过失，以及过错的程度。更严重的过错可能会导致更高的赔偿数额。被害人精神损害的严重后果的程度：这一类因素关注受害人所经历的严重精神损害的具体后果和程度。生理和心理痛苦的程度在严重的基础上越高，赔偿金额可能越高。双方的经济负担能力和当地经济发展状况：这方面因素考虑侵权人和受害人的经济情况，以及案发地区的经济水平。较富裕的侵权人可能需要支付更高的赔偿，而经济困难的受害人可能需要更多的支持。受害人的社会地位和声望：这个因素涉及受害人在社会中的地位和声誉。一些案件中，受害人的社会地位可能会影响赔偿金额，尤其是在名誉侵权等情况下。

法官在考虑以上因素时，会根据案情的具体情况来划分不同档次，并决定最终的赔偿金额。这种方法的优势在于它能够灵活应对不同案件的复杂性，确保每个案件都能够得到个案化的公正对待。然而，概算法也存在一些挑战。首先，法官自由裁量权可能导致审理案件的不一致性，不同法官可能做出不同的

---

① See Plant, Damage for Pain and suffering；19 ohio state L. J. 200. 210-211（1985）；《精神损害赔偿数额之评算方法》课题组. 精神损害赔偿数额之评算方法. 法律出版社，2013：206-207.

判断,从而使赔偿数额有很大的差异。其次,概算法的操作可能相对主观,需要法官具备较高的专业素养和判断力,以避免主观随意性。最后,虽然概算法考虑了多方面因素,但它仍然缺乏明确的法律依据,因此在一些情况下,可能需要更明确的法规和指导。

综上所述,概算法是一种综合考虑多个因素来确定精神损害赔偿金额的方法,它强调个案的独特性和复杂性,但也受到法官自由裁量权的限制。在精神损害赔偿案件中,不断完善和统一赔偿标准,以提高公正性和一致性,仍然是研究和实践的重要课题。

第九章　侵权精神损害赔偿案件画像

对精神损害赔偿案件进行画像模仿的是客户画像理论，其目的是我们能对从北大法宝下载的精神损害赔偿案件进行统计并分析。案件画像的步骤为：首先进行标签识别，确定识别标签的规则之后，对案件的主要属性进行分析，最终建构出精神损害赔偿的案件画像。我们能够通过精神损害赔偿案件画像为之后进一步的数据统计和分析乃至精神损害赔偿的完善奠定基础。精神损害赔偿案件的画像属于客户画像理论的应用，其目的是通过对案件的主要属性进行识别和分析，从而能够进行统计和进一步的研究。

具体可以归纳出以下主要的步骤：（1）数据收集和预处理：首先需要收集相关的精神损害赔偿案件数据，并进行必要的预处理，包括数据清洗、标准化等，以保证数据的质量和可用性。（2）标签识别与定义：根据研究目标，确定需要分析的标签或属性。这些标签可能包括案件类型、侵权行为类型、受害者年龄、性别、侵权者的身份等。（3）案件画像构建：基于所定义的标签和属性，对每个案件进行深入分析，并将这些分析结果整合到一起，构建出每个案件的"画像"。（4）数据分析：利用统计和分析工具（例如 SPSS、Python 等）对所有案件的画像进行深入分析，包括各类统计分析、关联分析、聚类分析等，以发现案件的内在规律、特点等。（5）结果解释与建议：根据分析结果，对精神损害赔偿制度进行完善。

一、精神损害赔偿案件画像的相关基础理论

为了对精神损害赔偿案件进行画像，我们最先需要了解的是其所类比的客户画像理论。首先对于客户画像理论的相关概念与应用进行探究，从而可以更好地对案件画像进行分析。

（一）客户画像理论

客户画像是在商业和市场领域中的一项关键任务，它的目标是通过深入了

解和分析客户的属性、特征和行为，以更好地理解客户需求、行为模式和喜好，从而提供更个性化、精准的产品和服务。客户画像的创建通常包括以下关键要素：（1）客户的属性：客户的属性包括静态属性和动态属性。静态属性包括客户的个人基本信息，如姓名、性别、年龄、职业等，这些信息相对稳定。动态属性涵盖客户的行为信息，如访问网站的频率、停留时间、历史浏览记录等，这些信息会随着时间而变化。通过细致分类和分析客户属性，可以更好地理解客户的基本特征。（2）客户的特征：客户的特征是从属性中提取出来的具体特性或共性。这些特征可以包括客户的购买偏好、兴趣爱好、消费行为、社交互动等。通过客户特征的分析，可以发现客户群体内的共性和差异，有助于针对不同特征的客户提供个性化服务。（3）客户的标签：客户的标签是对客户特征的标识和总结，是更进一步从客户的特征中提取出来的信息。这些标签可以是文本或符号，用于方便理解和应用于实际操作。例如，一个客户可能被标记为"健康 conscious"（健康意识强）或"高端消费者"。

客户画像的本质是将客户全貌进行标签化，以更好地理解客户的需求和行为。建立客户画像通常需要大量的客户数据作为基础，对客户属性进行分类和分析，然后利用技术方法提取客户的特征，并将其总结成标签。这一过程旨在还原客户的整体特征，以便更好地满足他们的需求，提供个性化的产品和服务。

客户画像的特征具有以下三个方面：（1）标签化：客户画像的核心是对客户进行标签化，将客户的多维数据转化为标签或标识，以简化理解和应用。标签化使得客户画像更具可操作性，有助于实际应用。（2）时效性：客户画像中的动态属性和特征会随着客户行为的变化而变化。因此，客户画像具有时效性，其价值会随着时间的推移而降低。随着客户行为的演化，客户画像需要定期更新以保持准确性。（3）动态性：客户画像是动态的，因为客户的属性和特征会不断变化。随着新的数据不断涌入，客户画像需要进行持续更新，以确保反映客户最新的状态和需求。

总之，客户画像是帮助企业更好地理解客户、满足客户需求并提供个性化服务的强大工具。它的建立需要综合考虑客户的属性、特征和标签，并应对客户数据的动态性和时效性，以确保画像的准确性和实用性。

客户画像的构建是一个复杂而关键的过程，旨在深入了解客户，以便提供更个性化的产品和服务。这个过程通常可以分为以下三个主要步骤，每个步骤都具有其独特的重要性：（1）数据收集：这是客户画像构建的第一步，也是最基础的一步。在这一阶段，需要采用多种方法来获取客户数据，以便深入了解他们的属性、行为和偏好。常见的数据收集方法包括社会调查、网络数据采集和平台数据库采集。①社会调查：社会调查是通过访谈、观察和调研等方法来获取客户数据的一种方式。例如，研究人员可以对一定数量的个体进行调查，以了解他们的行为和观点。这可以提供有关客户的定性和定量数据。②网络数据采集：在数字时代，大量客户数据可以通过网络爬虫从公开网络中获取。这包括客户在社交媒体、网站和应用程序上的活动，如微博、信息数据等。③平台数据库采集：企业和组织通常拥有自己的客户数据库，这些数据库包含了客户的重要信息。通过直接访问和提取这些平台数据库中的数据，可以获取有关客户的详细信息。（2）数据预处理：数据预处理是确保数据质量和可用性的关键步骤。在这一阶段，需要进行数据清洗、标准化和存储等操作，以消除数据中的噪音和不一致性。只有在数据质量得到保证的情况下，才能进行下一步的分析。（3）特征抽取和标签表示：在客户数据准备好之后，需要使用特定的算法和技术来提取客户的特征和标签。特征抽取是指从数据中选择和提取与客户特征相关的信息，如购买历史、浏览行为、地理位置等。标签表示是将这些特征总结为可理解和应用的标签，以便更好地理解客户。总之，客户画像构建的过程是一个数据驱动的过程，需要仔细收集、清洗和分析客户数据，以便更好地了解客户的需求和行为。这个过程可以帮助企业更好地定位目标客户群体，提供个性化的产品和服务，从而提高客户满意度和业务绩效。

特征抽取是客户画像构建过程中的关键步骤，它涉及将原始客户数据转化为有意义的特征，以便更好地理解客户并生成客户标签。在客户画像研究中，通常采用以下两种主要方式进行特征抽取：（1）人工抽取。这种方式依赖于领域专家或研究人员的知识和经验，他们根据已有的理论和背景信息，手动选择和提取客户数据中的重要特征，这些特征通常是基于领域知识和假设构建的，因此具有一定的主观性。例如，可以使用"4C"理论（顾客、成本、便利性和沟通）来作为基础，从客户数据中提取出与这些方面相关的特征，如购买频率、购买历史、客户反馈等。人工抽取的优点在于可以根据特定问题和研究目的进行定制，但对数据的依赖较大，适用于数据清晰且量较少的情况。（2）技术抽取。这种方式利用机器学习和数据挖掘算法自动从客户数据中提取特征。常用的算法包括决策树、逻辑回归、支持向量机、贝叶斯网络、K均值算法、主题模型等。技术抽取的优势在于可以处理大规模数据，并且减少了主观性。例如，可以使用文本挖掘技术，将客户在社交媒体上的言论和互动转化为情感分析、主题建模等特征，从而了解客户的喜好和情感倾向。这种方式特别适用于大数据背景下的客户画像构建，能够处理复杂多样的数据类型。

客户画像的表示是将构建的客户画像以可视化方式呈现出来的过程，旨在使客户画像更容易理解和应用。有多种可视化方式可以用来表示客户画像，具体如下：（1）标签云，即将客户的标签以云状图表展示，标签的大小和颜色可以反映标签的重要性和频率。这种方式可以快速传达客户的关键特征和偏好。（2）人物图片结合，即将客户的标签与人物图片相结合，通过图像和文字的结合来形象地呈现客户特征。这种方式使客户画像更加生动和易于理解。（3）统计图形，即使用不同类型的统计图形如直方图、雷达图等，以可视化方式展示客户的特征分布和相对重要性。这有助于深入分析客户群体的差异和相似之处。总之，特征抽取和画像表示是客户画像构建的关键环节，它们可以帮助企业更好地理解客户、预测其需求并提供个性化的产品和服务。选择适合的特征抽取方法和画像表示方式取决于研究目的、数据类型和规模，以及可用的技术和工具。

（二）案件画像概说

对案件进行画像的实质是对案件事实要素进行提取和整合，以便更好地理解案件的基本情况和关键细节。案件事实要素，也称为法律事实要素，是构成法律关系和裁决案件的客观事实情况，是案件成立的必要条件。在进行案件画像构建时，我们需要从涉案材料和审判信息中智能地提取出案件事实要素，并将它们有机地结合起来，形成完整的案件画像。

案件事实要素的智能提取的关键包括以下几个方面：（1）结构化证据要素。首先，需要从案件文件、证据材料和审判记录中提取结构化的证据要素。这些要素可以包括日期、地点、相关人员、事件描述、原因、行为方式等关键信息。这些信息的结构化提取有助于建立清晰的案件事实框架。（2）综合分析。提取的案件事实要素需要进行综合分析，以确保它们之间的逻辑关系和一致性。这有助于形成更全面的案件画像，理解事件的发展过程和原因。（3）可信度评估。对提取的案件事实要素进行可信度评估是至关重要的。这涉及使用专业知识和法律规则来评估证据的可靠性和相关性。不同的证据可能具有不同的法律意义，因此需要专业判断。（4）意义分析。最后需要对提取的案件事实要素进行意义分析，即理解这些要素如何与法律规则和案件争议相关联。这有助于确定案件的关键问题和法律适用。综合来看，案件画像的构建涉及案件事实要素的智能提取、结构化整合、综合分析、可信度评估和意义分析等多个环节。通过这些步骤，可以建立一个清晰而准确的案件画像，有助于法律专业人员更好地理解案件、制定合适的法律策略以及做出公正的裁决。这些技术和方法在法律实践中具有重要的应用前景，可以提高司法效率和决策的准确性。

案件事实要素是构成案件的核心元素，包括实体法的事实和程序法的事实。在精神损害赔偿案件中，这些要素对于法律关系的确立、变更和解决起着关键作用。我们可以将案件事实要素分为两大类，即实体法的事实和程序法的事实。（1）实体法的事实，这些事实与案件的实质性法律关系有关。在精神损害赔偿案件中，实体法的事实包括但不限于以下内容：①侵权行为事实，案件事实要素的核心之一是侵权行为的发生。这包括侵害行为的性质、时间、地点和方式等。②损害结果事实，另一个关键要素是精神损害的发生与程度。这可能涉及受害人的心理状况、损害的严重性、持续时间等。③权利义务事实，案件事实还需包括当事人之间的权利义务关系，即侵权人与受害人之间的权利和责任。（2）程序法的事实，这些事实与案件的审判程序和法律适用有关。在精神损害赔偿案件中，程序法的事实可能包括以下内容：①管辖权事实：确定哪个法院有权审理案件是至关重要的。因此，案件事实要素中可能包括有关管辖权的协议或异议。②适格性事实：法院需要确定当事人是否适格提起诉讼。这可能涉及当事人的身份、法律地位等。③证据的事实：案件事实还可能包括与案件证据相关的内容，包括证据的来源、可信度等。

需要注意的是，在适用外国法律、法规或习惯时，这些国际要素也可能成为案件事实要素的一部分。为了更好地采集案件事实要素，通常需要建立一个案件事实要素标签体系。这个标签体系可以从案件中选出建立。这样的标签体系有助于系统地描述和记录案件事实，为案件的分析和裁决提供有力支持。这一过程也有助于提高法律领域的智能化和数据化水平。

通过下载数百份关于机动车交通事故损害赔偿纠纷的案件判决书，我们可以找寻出这一类案件的核心和关键的事实要素，主要包括：（1）当事人的相关信息：包括原告、被告、第三人的个人信息，如姓名、性别、年龄、职业、收入状况等。这些信息有助于确定案件当事人的身份和背景。（2）肇事车辆信息：这包括涉及的机动车辆的详细信息，如车牌号码、车型、车主信息等。（3）交通事故发生时间和地点：精确的事故发生时间和地点是案件的关键信息，有助于确定责任和法律适用。（4）交通事故发生经过：包括交通事故的详细经过，涉及肇事车辆如何导致事故，是否存在违规行为等。（5）责任划分：对于交通事故的责任划分是案件的核心，包括主要责任方和次要责任方的界定。(6) 受伤及治疗情况：记录受害方受伤的性质和程度，以及接受的治疗情况，如就医记录、医疗费用等。(7) 伤残等级情况：如果受害方有伤残，需要记录其伤残等级，这将影响赔偿金额的确定。(8) 损失构成：损失构成包括医疗费用、车辆维修费用、误工费、精神损害赔偿等各方面的经济损失。(9) 受害方已获得赔偿情况：受害方是否已获得赔偿，例如，保险赔付情况、第三方支付情况等。机动车使用人、机动车所有人、机动车实际控制情况进行确定，明确相关各方的角色和责任。确定肇事车辆的驾驶人，确定当事人承担的赔偿责任。梳理当事人的法律关系以及赔偿责任。确定是否有保险公司参与，以及保险公司的责任范围。这些核心事实要素是在机动车交通事故损害赔偿案件中常见的关键信息。它们有助于法院确定责任、裁定赔偿金额，并确保案件能够按照法律程序进行处理。

案件的事实要素是构成案件事实的基本元素，以下是案件事实要素的一些特性：(1) 具有相对的确定性：同一案由的案件事实要素通常具有相对确定性。(2) 关联概率可计算：这些案件的各个事实要素之间的相关联概率都是可以进行计算的。通过分析大量的过往案例，可以计算特定案件中各个事实要素的证据支持情况和可信情况，进一步用机器语言进行表达。(3) 推理轨迹可复现：事实上，任何案件的事实要素都有推理轨迹，具有再现性和可复制性。法律推理，事实上，在审判中法官的推理判决，都是依照法律规定来进行的，因此，这也为人工智能提供了遵循和基础。证据与法律适用的影响：事实要素是构成案件事实的基础，直接影响最终的判决结果。例如，一方提出诉讼时效抗辩，则法院将依据事实和相关法律规定进行裁判。《民法典》中规定了关于诉讼时效的具体规则，法院需要根据具体情况进行计算和解释。这些特性使得案件事实要素成为适用语义智能抽取技术的理想对象，这些技术可以用于自动化抽取、分析和理解案件事实，从而为法律专家和法院提供有力的工具，以更加高效地处理案件和进行法律推理。

二、制定精神损害赔偿案件画像标签识别规则

我们对精神损害赔偿案件进行画像，首先必须寻找最能代表这类案件共同特征的属性标签，达到这一目标需要制定标签识别指南。从北大法宝下载精神损害赔偿案件并对下载案件浏览，目标是对这些案件进行反复考察、斟酌，对重复性频率最高、最能代表精神损害赔偿案特征的属性进行发掘，为下一步描

绘精神损害赔偿案件画像提供基础。为此在广泛概览精神损害赔偿案件并在头脑中有了一些基本标签后，我们制定了精神损害赔偿案件标签识别查找指南如下：

第一，只对一审案件的精神损害赔偿案件进行案件画像，识别标签，遇到二审或者是上诉案件剔除，这样就划定了案件的范围，便于对案件归类和统计分析。

第二，剔除刑事案件和行政案件，虽然刑事案件和行政案件都会涉及精神损害赔偿的有关问题，但为了便于统计，对纯民事精神损害赔偿案件类型化和精准化分析，只研究民事判决中的精神损害赔偿，对于刑事附带民事诉讼的精神损害赔偿以及国家赔偿中的精神损害赔偿本书暂不研究。

第三，在北大法宝搜集下载的精神损害赔偿案件中，对于裁定驳回的案件调解结案的案件、撤诉结案案件、诉讼程序裁定文书的案件都剔除掉，为了后续统计的准确性和科学性。

第四，对精神损害赔偿案件画像，寻找和识别标签，案件中的数额显然是标志性标签，必须被识别出，因此精神损害赔偿案件中的所有数额都应当是法官判决的数额，而不是原告诉讼请求的数额。

第五，为了提高对精神损害赔偿案件画像的速度和效率，对精神损害赔偿案件进行画像时，对数额的刻画查找依照从案件末尾向案件开始部分查找的顺序。一般说来，案件末尾部分的数额往往是法官判决的数额，案件开始部分往往是当事人诉讼请求的数额，因此制定出数额画像的规则。如果一定要从案件判决书的前面开始查找，则从"本院认为"开始之后捕捉的各个赔偿数额，这是法官判决的数额，也是从前面开始向案件后面查找的顺序和方法同样可以准确识别出的标签。需要注意的是：中间地方有的是法官详细计算数额的过程，要正确识别这个计算过程中哪个数额是法官最终判决的数额，不能出现查找错误结果的情形，常见词语为"本院认为"。综合起来，归纳出在判决书中出现的查找数额的一些标志性词语和语句，例如"本院核定下列损失予以支持"；"于本判决生效后十日内付清"；"本院予以确认"；"综上所述，本院认为"；"本院予以认可"；"对交通费酌情支持500元经核算合理费用为……应予确认"；"关于本案的赔偿数额，本案予以确认"；"关于具体赔偿标准，予以支持"；"应予支持"；"本院依法核定如下"；"确定原告损失如下"。精神损害赔偿案件判决书中出现以上标志性判决语句的通常会被识别出是法官判决的数额。

第六，在判决书中出现的：本案不予支持的数额，一定不要捕捉和识别，因为这一定不是法官判决的数额。在判决书中出现的：本案予以驳回的数额也一定不要捕捉和识别，因为这也不是法官判决的数额。

第七，其他各个标签可以运用电脑，从题目开始搜索一遍，一般都能准确捕捉到和识别出想要识别的精神损害赔偿案件画像的特征属性。

三、精神损害赔偿案件画像构建

通过已经确立的识别标签规则，对下载的案件进行识别，找出标志性的标签，对这些标签进行归类，并对主要属性进行分析。

（一）精神损害赔偿案件画像主要属性分析

案例画像即案例信息标签化，通过收集类比案件相关数据，在进一步分析案件各类属性的基础上，抽象出案件的信息全貌，为法官判决提供参考。随着公民权利意识的增强，相应地，精神损害赔偿的案件也不断增多。我国《民法典》第1183条指出："侵害自然人人身权益造成严重精神损害的，被侵权人有权请求精神损害赔偿。因故意或者重大过失侵害自然人具有人身意义的特定物造成严重精神损害的，被侵权人有权请求精神损害赔偿。"

精神损害赔偿也就是指权利主体因其人身权益受到不法侵害而使其遭受精神痛苦或精神受到损害而要求侵害人给予赔偿的一种民事责任。对精神损害赔偿案件进行画像实际上是寻求精神损害赔偿案件的关联信息，借由大数据处理的相关算法帮助法院快速精准地对精神损害赔偿数额做出一个合理的判决。

因精神损害赔偿案件的判决主体涉及当事人即原被告双方，同时案件的审理由相关法院完成，因此在对原告、被告以及对法院进行分析的基础上，总结部分法律判决文书，归纳出精神损害赔偿案件的主要属性，包括自然属性、侵权类型属性、侵害后果属性，另外除以上三种属性外，对该案件所产生的一些其他费用我们将其统称为其他属性，通过对以上属性的具体分析确定最终精神损害赔偿案件的关联因素。

1. 自然属性

自然属性是指案件中的原被告以及法院审判人员的年龄、性别以及法院的层级、法院所在地区等客观因素。

2. 年龄

年龄在精神损害赔偿案件中是极其重要的一项要素，不同年龄的受害人可能因为同一侵权行为而造成不同的损害后果，而损害后果对最终获得的精神损害赔偿额有直接的关系。侵权者的年龄不同对其赔偿数额的判决可能也会产生一定的影响，同样，法官的年龄、资历、经验等不同，对精神损害赔偿也会有着不同的判决结果。

3. 性别

一般说来，男女性别中女性多为弱势群体，而且很多精神损害赔偿案件的受害者都为女性，而且考虑到女性相对于男性较易产生心灵或身体上的创伤，因此通常说来，女性对于精神损害赔偿额相比于男性可能有所不同。

4. 法院层级

案件涉及地域管辖问题，一般说来，按照法律规定，相应案件由不同层级的法院来受理，基层、中级、高级法院等依法相应审理自己管辖的案件，因此，法院层级对于最终的精神损害赔偿金的判决也会有所影响。

5. 法院所在地区

不同地区针对精神损害赔偿金的判决有自己专门的计算规定，比如安徽省、北京市及福建省等地法院根据本地区的经济发展水平及司法实践，制定了具体的计算方法，而我国有些地区并未明确精神损害赔偿金的计算方式和赔偿限额，而精神损害赔偿金的判决通常与该地区的人民生活水平以及经济发展水平密切相关，因此法院所在的地区也是影响精神损害赔偿金额判决的一个重要的因素。

6. 侵权类型属性

依据侵害人身权类型的不同，受害者所获得的精神损害赔偿金也会有所不同。具体可从案件分类、被侵害的权利来说明该属性对赔偿金额判决的影响。

7. 侵害后果属性

不同的精神损害对受害者造成的损害后果会不同，受害者所得到的精神损害赔偿金也会有所不同。一般分为三种情况：是否造成受害者死亡、是否造成受害者身体残疾、是否造成受害者精神残疾。

8. 其他属性

随着我国民众法律意识和权利保护意识的不断加强，在受害者人身权利遭受侵害后，一般要求除了赔偿自己所受到的财产损失外，如果精神上遭受严重损害后果还应赔偿一定的精神损害赔偿金，这除了与受诉法院所在地平均生活水平有关外，还与处理该案件所花费的一些费用有直接关系，这些费用一般包括直接造成的残疾、伤亡等的相关费用，如医疗赔偿费用、丧葬费、伙食费、律师费、案件受理费、法医鉴定费以及其他通信、差旅费等。

（二）精神损害赔偿案件的定量模型

通过分析，我们了解到以上这些属性对精神损害赔偿案的最终赔偿金额的判决有着重要意义，如何将这些因素与精神损害赔偿额的判决相关联的属性准确识别并加以利用，即如何通过案件画像进行科学决策是创建案件画像的关键目的，为此还需进一步进行定量分析，构建精神损害赔偿案件的定量模型：

1. 获取不同属性特征的数据

通过分析以上属性，我们获取不同属性特征的数据，具体如下图所示：

侵权类型属性
> 案件分类
> 被损害权利
> 被告责任占比
> 原告责任占比

自然属性
> 原告性别
> 原告年龄
> 被告性别
> 被告年龄
> 审判员性别
> 审判员年龄
> 法院级别
> 法院所处地区

精神损害赔偿金

侵权后果属性
> 是否死亡
> 是否身体残疾
> 是否精神残疾
> 伤残级别
> 致残状况等

其他属性
> 财产损失费用
> 赔偿标准
> 各项赔偿费用
> 医疗费用
> 案例处理费用
> 其他费用等

精神损害赔偿金案件属性

（1）自然属性：原告性别、原告年龄、被告性别、被告年龄、审判员性别、审判员年龄、法院级别和法院所处地区。

（2）侵权类型属性：案件分类、被损害权利、被告责任占比、原告责任占比。

（3）侵权后果属性：是否死亡、是否身体残疾、是否精神残疾、伤残级别、致残状况等。

（4）其他属性：残疾赔偿费用、死亡赔偿费用、丧葬费、伙食补助费用、财产损失费用、律师费用、残疾辅助器具费用、案件受理费用、法医鉴定费用、交通事故理赔费用、医疗相关费用（因医疗所产生的误工、交通、住宿、直接医疗、护理、营养、被抚养人生活费用等）以及其他通讯费、差旅、复印、清障等费用；除此外，还包括保险费用、人均可支配收入等其他因素。

根据以上因素，我们搜集获取了 646 个案件样本数据，以进一步进行定量分析。在这些数据中有的缺失值很多，无法对其进行下一步的定量分析，因此先剔除，剔除的因素包括"原告性别""原告年龄""被告性别""被告年龄""审判员性别""审判员年龄""保险"。

2. 数据处理

对剩下的因素进行数据处理，得到如下表的变量定义：

变量定义

变量名称	计算方法
精神损害抚慰金	获得的精神抚慰金的数额
法院层级	虚拟变量，中级法院取值为 1，基层法院取值为 0
案情分类	虚拟变量，交通事故取值为 1，其他取值为 0
被损害健康权	虚拟变量，损害了健康权取值为 1，否则为 0
被损害身体权	虚拟变量，损害了身体权取值为 1，否则为 0
被损害生命权	虚拟变量，损害了生命权取值为 1，否则为 0
被损害财产权	虚拟变量，损害了财产权取值为 1，否则为 0
赔偿标准	虚拟变量，城镇标准取值为 1，农村标准取值为 0
是否死亡	虚拟变量，死亡取值为 1，否则为 0
伤残严重程度	顺序变量，伤残严重程度是根据残疾、伤残和致残三项数据共同赋值的结果，根据伤残和残疾描述说明再结合残疾级数，了解到 10 级为最高严重程度，通过赋值得到 1-10 个等级，10 为严重程度最高，1 为严重程度最低
被告责任	被告应承担的责任占比
原告责任	原告应承担的责任占比
残疾赔偿金	获得的残疾赔偿金的数额
死亡赔偿金	获得的死亡赔偿金的数额

续表

变量名称	计算方法
丧葬费赔偿金	获得的丧葬赔偿金的数额
医疗赔偿金	获得的误工费、交通费、住宿费、医疗费、护理费、营养费、被抚养人生活费进行加总后的数额
伙食费赔偿金	获得的伙食赔偿金的数额
财产损失费赔偿金	获得的财产损失费赔偿金的数额
律师费赔偿金	获得的律师费赔偿金的数额
残疾辅助器具费赔偿金	获得的残疾辅助器具费赔偿金的数额
案件受理费评估费赔偿金	获得的案件受理费评估费赔偿金的数额
法医鉴定费赔偿金	获得的法医鉴定费赔偿金的数额
交通事故理赔款赔偿金	获得的交通事故理赔款赔偿金的数额
其他赔偿金	获得的通讯费、差旅费、复印费、清障费进行加总后的数额

通过变量的计算方式，将得到的数据处理后进行描述性统计，得到如下表所示的各变量的描述性统计。数据显示，精神损害抚慰金的均值为 4.636，最小值为 0，最大值为 11.513，说明不同案件的精神损害抚慰金存在明显差异。

变量的描述性统计

变量	样本量	均值	标准差	最小值	最大值
精神损害抚慰金	646	4.636	4.319	0.000	11.513
法院层级	498	0.074	0.263	0.000	1.000
案情分类	499	0.804	0.398	0.000	1.000
被损害健康权	646	0.505	0.500	0.000	1.000
被损害身体权	646	0.402	0.491	0.000	1.000
被损害生命权	646	0.488	0.500	0.000	1.000

续表

变量	样本量	均值	标准差	最小值	最大值
被损害财产权	646	0.043	0.204	0.000	1.000
赔偿标准	278	0.784	0.412	0.000	1.000
是否死亡	646	0.087	0.282	0.000	1.000
伤残严重程度	335	9.063	1.842	1.000	10.000
被告责任	432	0.796	0.246	0.000	1.000
原告责任	434	0.192	0.239	0.000	1.000
残疾赔偿金	646	4.520	5.378	0.000	13.509
死亡赔偿金	646	0.854	3.144	0.000	13.840
丧葬费赔偿金	646	0.669	2.495	0.000	10.491
医疗赔偿金	646	6.579	4.939	0.000	14.163
伙食费赔偿金	646	3.068	3.632	0.000	10.961
财产损失费赔偿金	646	0.598	1.981	0.000	11.998
律师费赔偿金	646	0.117	0.930	0.000	8.987
残疾辅助器具费赔偿金	646	0.356	1.544	0.000	11.887
案件受理费评估费赔偿金	646	3.376	3.630	0.000	9.380
法医鉴定费赔偿金	646	1.996	3.356	0.000	10.463
交通事故理赔款赔偿金	646	0.768	2.321	0.000	12.018
其他赔偿金	646	1.718	4.131	0.000	14.106

　　进一步通过相关性分析得到如下表所示的各变量间的 Pearson 相关系数。表格数据显示除了法院层级、被告责任、原告责任、伤残严重程度外，其他变量和精神损害抚慰金都在 5% 水平以上的显著正相关，这也说明了所选取的变量的合理性。除此之外其他变量间相关系数都要小于 0.6，这也体现了没有严重的多重共线性问题。

(三) 精神损害赔偿案件画像的具体构建

在进行上述定量分析时，由于起初很多因素缺失值太多，无法进一步进行定量分析，因此将这些因素剔除，其主要是与案件相关的一些自然属性。而且在后续回归分析时，由于部分因素样本量不足，同时也进行了剔除。但通过上述定性分析，我们得知这些因素对精神损害赔偿金的判决有着直接的影响，因此综合定量和定性分析可得到如下表所示的精神损害赔偿案件画像。

精神损害赔偿案件画像

自然属性	其他属性		侵犯类型属性	后果属性
原告性别	残疾赔偿金	律师费赔偿金	案件类型	是否死亡
原告年龄	死亡赔偿金	残疾辅助器具费赔偿金	是否损害健康权	伤残严重程度
被告性别	丧葬费赔偿金	案件受理费评估费赔偿金	是否损害生命权	
被告年龄	医疗赔偿金	法医鉴定费赔偿金	是否损害身体权	
审判员性别	伙食费赔偿金	交通事故理赔款赔偿金	原被告责任	
审判员年龄	财产损失费赔偿金	其他赔偿金		
法院所处地区		受诉法院所在地平均生活水平		

我们确定了各变量间 Pearson 相关系数如下表所示：

各变量间 Pearson 相关系数

	精神损害抚慰金	法院层级	案情分类	被损害健康权	被损害身体权	被损害生命权	被损害财产权	赔偿标准	是否死亡	伤残严重程度	被告责任	原告责任
精神损害抚慰金	1											
法院层级	-0.0640	1										
案情分类	0.167***	-0.112**	1									
被损害健康权	0.530***	-0.0510	-0.127***	1								
被损害身体权	0.391***	-0.142***	-0.0300	0.409***	1							
被损害生命权	0.317***	0.0270	0.082*	0.576***	0.349***	1						
被损害财产权	0.158***	0.097**	0.099**	0.211***	0.213***	0.218***	1					
赔偿标准	0.228***	-0.0780	0.102*	0.0770	-0.0740	-0.0600	-0.0610	1				
是否死亡	0.295***	-0.0270	0.0480	0.118***	-0.00600	0.195***	0.070*	0.0940	1			
伤残严重程度	-0.0770	-0.00500	0.193***	-0.122**	-0.0710	-0.0430	-0.0490	0.0690	0.0280	1		
被告责任	-0.0240	0.00300	0.0530	-0.093*	0.00600	-0.0510	-0.0690	-0.0410	-0.269***	0.161***	1	
原告责任	0.0550	0.0100	-0.0730	0.085*	0	0.0440	0.0450	0.0800	0.291***	-0.154***	-0.936***	1
残疾赔偿金	0.618***	-0.081*	0.150*	0.415***	0.384***	0.159***	0.0570	0.0870	-0.224***	-0.102*	0.124***	-0.111**
死亡赔偿金	0.292***	-0.0360	0.0630	0.0590	-0.065*	0.186***	0.0330	0.0830	0.808***	.	-0.243***	0.261*
丧葬费赔偿金	0.285***	-0.0300	0.0410	0.065*	-0.0610	0.169*	0.0350	0.0530	0.770***	.	-0.263***	0.282***

续表

	精神损害抚慰金	法院层级	案情分类	被损害健康权	被损害身体权	被损害生命权	被损害财产权	赔偿标准	是否死亡	伤残严重程度	被告责任	原告责任
医疗赔偿金	0.632***	-0.118***	0.121***	0.528***	0.423***	0.331***	0.0150	0.117*	0.0170	-0.091*	0.0630	-0.0480
伙食费赔偿金	0.535***	-0.0670	0.089**	0.444***	0.311***	0.240***	-0.073*	0.0880	-0.137***	-0.0330	0.123**	-0.100**
财产损失费赔偿金	0.152***	-0.0410	0.110**	0.189***	0.078**	0.161***	0.123***	0.0980	0.0120	0.0840	-0.0530	0.0470
律师费赔偿金	0.101**	-0.0410	0.0710	0.070*	0.071*	0.074*	0.107***	0.0710	-0.0250	-0.00700	0.0350	-0.0400
残疾辅助器具费赔偿金	0.095**	-0.0490	0.0560	0.125***	0.102***	0.185***	0.0560	0.0220	-0.071*	-0.0690	0.0770	-0.0710
案件受理费评估费赔偿金	0.560***	-0.085**	0.098**	0.469***	0.445***	0.450***	0.125***	0.120***	0.288***	-0.0410	-0.0420	0.0580
法医鉴定费赔偿金	0.470***	-0.0410	0.0730	0.217***	0.340***	0.0280	0.117***	-0.0200	-0.154***	-0.0390	0.116**	-0.111**
交通事故处理赔款赔偿金	0.240***	-0.0640	0.119***	0.265***	0.0200	0.265***	-0.0390	0.222***	-0.102***	0.095**	0.095**	-0.0790
其他赔偿金	0.307***	-0.094**	0.108**	0.299***	-0.073*	0.322***	-0.089**	0.294***	0.166***	0.0900	-0.00600	0.0300

*代表在10%的统计水平上显著，**代表在5%的统计水平上显著，***代表在1%的统计水平上显著。

在此基础上，我们进行回归分析得到如下表所示结果。其中因为法院层级、案件类型、样本量相对其他样本量缺失数据较多，产生的回归结果不太理想，因此剔除这几个变量后，得到下表的回归结果：

回归分析结果

变量符号	变量名称	系数	标准误差	t 值	p 值
jiankang	被损害健康权	1.503	0.338	4.440	0.000
shenti	被损害身体权	0.602	0.271	2.220	0.026
shengming	被损害生命权	−0.458	0.278	−1.640	0.101
caichan	被损害财产权	1.250	0.525	2.380	0.018
death	是否死亡	3.152	1.081	2.920	0.004
cjpcj	残疾赔偿金	0.307	0.049	6.260	0.000
swpcj	死亡赔偿金	0.287	0.098	2.920	0.004
szfpcj	丧葬费赔偿金	0.021	0.072	0.290	0.774
fee-medical	医疗相关费用	−0.014	0.044	−0.310	0.756
hsfpcj	伙食费赔偿金	0.143	0.052	2.760	0.006
ccssfpcj	财产损失费赔偿金	−0.009	0.050	−0.190	0.851
lsfpcj	律师费赔偿金	0.036	0.111	0.330	0.744
cjfzqjfpcj	残疾辅助器具费赔偿金	−0.065	0.051	−1.280	0.201
ajslfpgfpcj	案件受理费评估费赔偿金	0.097	0.043	2.240	0.025
fyjdfpcj	法医鉴定费赔偿金	0.243	0.058	4.210	0.000
jtsglppcj	交通事故理赔款赔偿金	0.095	0.074	1.280	0.201
fee-other	其他费用合计	0.054	0.053	1.020	0.307
截距项		0.581	0.147	3.960	0.000
R2		0.688			
F 值		207.97＊＊＊			
样本量		646			

变量符号	变量名称	变量符号	变量名称
jsshpcj	精神损害抚慰金	lsfpcj	律师费赔偿金
cjpcj	残疾赔偿金	cjfzqjfpcj	残疾辅助器具费赔偿金
swpcj	死亡赔偿金	ajslfpgfpcj	案件受理费评估费赔偿金
szfpcj	丧葬费赔偿金	fyjdfpcj	法医鉴定费赔偿金
fee-medical	医疗赔偿金	jtsglppcj	交通事故理赔款赔偿金
hsfpcj	伙食费赔偿金	fee-other	其他赔偿金
ccssfpcj	财产损失费赔偿金		

变量	样本量	均值	标准差	最小值	最大值
jsshpcj	646	4.636	4.319	0.000	11.513
court-level	498	0.074	0.263	0.000	1.000
anjian-type	499	0.804	0.398	0.000	1.000
jiankang	646	0.505	0.500	0.000	1.000
shenti	646	0.402	0.491	0.000	1.000
shengming	646	0.488	0.500	0.000	1.000
caichan	646	0.043	0.204	0.000	1.000
peichang-s~d	278	0.784	0.412	0.000	1.000
death	646	0.087	0.282	0.000	1.000
degree	335	9.063	1.842	1.000	10.000
zeren-bei	432	0.796	0.246	0.000	1.000
zeren-yuan	434	0.192	0.239	0.000	1.000
cjpcj	646	4.520	5.378	0.000	13.509
swpcj	646	0.854	3.144	0.000	13.840
szfpcj	646	0.669	2.495	0.000	10.491
fee-medical	646	6.579	4.939	0.000	14.163

续表

变量	样本量	均值	标准差	最小值	最大值
hsfpcj	646	3.068	3.632	0.000	10.961
ccssfpcj	646	0.598	1.981	0.000	11.998
lsfpcj	646	0.117	0.930	0.000	8.987
cjfzqjfpcj	646	0.356	1.544	0.000	11.887
ajslfpgfpcj	646	3.376	3.630	0.000	9.380
fyjdfpcj	646	1.996	3.356	0.000	10.463
jtsglppcj	646	0.768	2.321	0.000	12.018
fee-other	646	1.718	4.131	0.000	14.106

由上表中数据可知，R2 大于 0.6，表明这些变量间的拟合效果较好，变量能够很好地解释精神损害抚慰金。因此根据表中系数，可以得到精神损害抚慰金的回归模型：

$$jsshwwj = 0.688 + 1.503x_{jiankang} + 0.602x_{shenti} - 0.458x_{sheng\,ming} + 1.25x_{caichan} + 3.152x_{death}$$

$$+0.307cjpcj + 0.287swpcj + 0.021szfpcj - 0.014fee\_mdeica + 0.143hsfpcj - 0.009ccssfpcj$$

$$+0.036lsfpcj - 0.065cjfzqjfpcj + 0.097ajslpgfpc + 0.243fyjdfpcj + 0.095jtsglppcj + 0.054fee\_other$$

其中各变量含义如下所示：

$$x_{jiankang} = \begin{cases} 1, 损害了健康权 \\ 0, 没有损害健康权 \end{cases} \qquad x_{shengming} = \begin{cases} 1, 损害了生命权 \\ 0, 没有损害生命权 \end{cases}$$

$$x_{death} = \begin{cases} 1, 死亡 \\ 0, 没有死亡 \end{cases} \quad x_{shenti} = \begin{cases} 1, 损害了身体权 \\ 0, 没有损害身体权 \end{cases} \quad x_{caichan} = \begin{cases} 1, 损害了财产权 \\ 0, 没有损害财产权 \end{cases}$$

对于双因素的相关性分析如下：

（1）经皮尔逊检验，得到残疾和精神损害抚慰金负相关，相关系数为 −0.544。

描述性统计资料

	平均数	标准偏差	N
残疾	9.06	1.838	337
精神损害抚慰金	9500.22	13273.603	491

相关

		残疾	精神损害抚慰金
残疾	皮尔森（Pearson）相关	1	-.544**
	显著性（双尾）		.000
	N	337	331
精神损害抚慰金	皮尔森（Pearson）相关	-.544**	1
	显著性（双尾）	.000	
	N	331	491

＊＊.相关性在0.01层上显著（双尾）。

（2）经皮尔逊检验，得到责任划分和精神损害抚慰金负相关，相关系数为-0.195。

描述性统计资料

	平均数	标准偏差	N
责任划分	.80	.238	432
精神损害抚慰金	9500.22	13273.603	491

相关

		责任划分	精神损害抚慰金
责任划分	皮尔森（Pearson）相关	1	-.195**
	显著性（双尾）		.000
	N	432	423
精神损害抚慰金	皮尔森（Pearson）相关	-.195**	1
	显著性（双尾）	.000	
	N	423	491

＊＊.相关性在0.01层上显著（双尾）。

（3）将误工费、交通费、住宿费、医疗费、护理费、营养费、被扶养人生活费、伙食补助费进行加总，记为医疗相关费用。经皮尔逊检验，得到医疗相关费用和精神损害抚慰金正相关，相关系数为0.172。

描述性统计资料

	平均数	标准偏差	N
医疗相关费用	63440.51	101295.900	593
精神损害抚慰金	9500.22	13273.603	491

相关

		医疗相关费用	精神损害抚慰金
医疗相关费用	皮尔森（Pearson）相关	1	.172**
	显著性（双尾）		.000
	N	593	491
精神损害抚慰金	皮尔森（Pearson）相关	.172**	1
	显著性（双尾）	.000	
	N	491	491

＊＊. 相关性在0.01层上显著（双尾）。

（4）将通讯费、差旅费、复印费、清障费进行加总，记为其他费用总计。经皮尔逊检验，得到其他费用总计和精神损害抚慰金正相关，相关系数为0.150。

描述性统计资料

	平均数	标准偏差	N
精神损害抚慰金	9500.22	13273.603	491
其他费用总计	33840.99	124666.880	593

相关

		精神损害抚慰金	其他费用总计
精神损害抚慰金	皮尔森（Pearson）相关	1	.150**
	显著性（双尾）		.001
	N	491	491
其他费用总计	皮尔森（Pearson）相关	.150**	1
	显著性（双尾）	.001	
	N	491	593

＊＊．相关性在0.01层上显著（双尾）。

（5）经皮尔逊检验，得到具体赔偿金额和精神损害抚慰金正相关，相关系数为0.503。

描述性统计资料

	平均数	标准偏差	N
具体赔偿数额	100116.59	110131.790	343
精神损害抚慰金	9500.22	13273.603	491

相关

		具体赔偿数额	精神损害抚慰金
具体赔偿数额	皮尔森（Pearson）相关	1	.503**
	显著性（双尾）		.000
	N	343	339
精神损害抚慰金	皮尔森（Pearson）相关	.503**	1
	显著性（双尾）	.000	
	N	339	491

＊＊．相关性在0.01层上显著（双尾）。

第十章　侵权精神损害赔偿
数额判定的实证分析

　　本章节通过对大量的精神损害赔偿案件进行统计分析，建立多元线性回归模型，探讨在司法裁判中法官是如何依据案件的现有情况来确定精神损害赔偿金，并以回归模型的强大预测功能来寻找精神损害赔偿案件中赔偿金的计算规律，发现精神损害赔偿金额可以通过死亡赔偿金、丧葬费、财产损失费、交通费、案件受理费被告负担额、医疗费、法医鉴定费、被告责任、伤残等级、原告责任以上这些影响因素得到预测。

一、案例选取

　　为了进行后续的统计分析和建立多元线性回归模型，我们首先对精神损害赔偿案例的各项基础数据进行了全面的收集。我们从中国裁判文书网和北大法宝网站下载了数千份代表性的精神损害赔偿判决文书，这些文书涵盖了 31 个省份，在 2009 年到 2022 年的近 13 年间的 1818 个案件。这些案件包括了不同的案情类别，如机动车交通事故责任纠纷、提供劳务者受害责任纠纷、产品责任纠纷、医疗损害责任纠纷、生命权、健康权、身体权纠纷、离婚纠纷等。

　　我们收集了丰富的数据，包括当事人的个人信息（如姓名、性别、年龄等）、案件发生的时间和地点、交通事故的经过、责任划分、受害人的伤情和治疗情况、伤残等级、各种费用支出（包括残疾赔偿金、死亡赔偿金、丧葬费、误工费、交通费、住宿费、医疗费、护理费、营养费、被扶养人生活费、伙食补助费、财产损失费、残疾辅助器具费、律师费、案件受理费、评估费、法医鉴定费、交通事故理赔费、通讯费、差旅费、复印费、清障费、保险费以及精神损害抚慰金等）。

　　在对数据进行初步整理后，我们首先筛选出了原告自愿放弃请求精神损害赔偿金的案例（5 例），以及法院最终未支持原告精神损害赔偿金诉求的案例

（284例），并标记了精神损害赔偿金数值缺失的案例（87例）。这些案例不包括在后续的实证分析中。

接下来，对剩余的1442例具有明确精神损害赔偿金额的案例进行了详细分析。在逐步筛选的过程中，我们确定了各种费用项目的数量，如伤残等级、残疾赔偿金、死亡赔偿金、丧葬费、误工费、交通费、住宿费、医疗费、护理费、营养费、被扶养人生活费、伙食补助费、财产损失费、残疾辅助器具费、律师费、案件受理费、评估费、法医鉴定费、交通事故理赔费、通讯费、保险费等。

总结而言，本次实证研究包含了六大案情类别，共计1442例案件，涉及25个自变量。接下来，我们将利用SPSS进行皮尔逊相关性分析，以更清晰地了解哪些因素对精神损害赔偿金数额产生显著影响。这一分析将有助于揭示精神损害赔偿金额的关键影响因素。

二、数据统计和分析

我们利用SPSS 27.0这一工具进行皮尔逊相关性检验。在统计学上，皮尔逊相关系数，又叫皮尔逊积矩相关系数，用于量化自变量 X 和因变量 Y 之间的线性关系。相关系数 r 的取值在-1至 1 之间，r 的绝对值越接近 1，表示两变量的关联程度越高，关系越密切。当变量的取值范围越大，收集的数据越多，相关系数受抽样误差的影响就越小，从而结果越可靠。相反，如果样本数量有限，我们就可能无法得到一个准确和可靠的结论。因此，我们需要尽可能多地统计相关案例，以确保结果的可靠性。

简单的相关系数可大致分为以下五类：

0.90-1.00 为极强相关；

0.70-0.89 为强相关；

0.40-0.69 为中等程度相关；

0.20-0.39 为弱相关；

0.00-0.19 为极弱相关。

通过显著性（P 值）的大小来衡量检验结果是否具有显著性。若 $P>0.05$，则不具有统计学意义；若 $0.01<P \leq 0.05$，则具有显著的统计学意义；若 $P \leq 0.01$，则具有极显著的统计学意义。

为了便于统计分析，还必须对相关变量进行编码。例如，残疾等级可以编码为：1=伤残一级，2=伤残二级，3=伤残三级，4=伤残四级，5=伤残五级，

6＝伤残六级，7＝伤残七级，8＝伤残八级，9＝伤残九级，10＝伤残十级，其中伤残一级为最严重的残疾等级；是否死亡可编码为：1 表示死亡，0 表示未死亡。其他费用，如残疾赔偿金、死亡赔偿金、丧葬费、医疗费、护理费、营养费、伙食费、律师费、案件受理费、法医鉴定费、财产损失费等本身就是数值，无须额外赋值，可直接进行统计分析。

（一）精神损害赔偿各影响因素相关性分析

25 个影响因素与精神损害赔偿金（精神损害抚慰金）之间的相关性数据分析表格如下：

1. 伤残等级与精神损害赔偿金的关系

伤残等级是指一个人的伤残严重程度，伤残等级以残疾的严重程度来进行划分，一般来说，等级分类成 1 至 10 级，其中最严重的残疾是 1 级，最轻微的等级是 10 级。

		精神损害赔偿金	残疾
精神损害赔偿金	皮尔逊相关性	1	-.562**
	显著性（双尾）		.000
	个案数	819	819
伤残等级	皮尔逊相关性	-.562**	1
	显著性（双尾）	.000	
	个案数	819	819

＊＊. 在 0.01 级别（双尾），相关性显著。

在统计学中，我们进行了精神损害赔偿金和伤残等级之间的相关性分析。相关性分析表明，精神损害赔偿金与伤残等级之间存在显著的线性关系。具体来说，相关系数 r 为-0.562，这意味着伤残等级与精神损害赔偿金之间存在中等程度的负相关性。这一发现在统计学上具有极高的显著性，P 值为 0.000，小于 0.01。这表明，伤残等级的变化与精神损害赔偿金的变化之间存在显著的关联。

因此，可以得出结论，法官在最终判决精神损害赔偿金时，通常会考虑被害人的伤残等级，这两者之间的相关性是统计学上具有显著性的。这一发现有助于加强法律决策的可信度和精确性。

2. 残疾赔偿金与精神损害赔偿金的关系

残疾赔偿金与精神损害赔偿金之间的关系在法律赔偿案件中具有重要意

义。残疾赔偿金是指作为赔偿受害人由于人身受损而导致的残疾所带来的劳动能力部分或全部丧失而产生的经济赔偿。当一个人因人身损害而残疾时，通常会导致劳动能力受损，从而降低了他们的收入水平。这种损失不仅仅是人身损害的直接后果，还属于财产损失范畴。根据法律规定，赔偿义务人应当对这种财产损失进行合理的赔偿。

		精神损害赔偿金	残疾赔偿金
精神损害赔偿金	皮尔逊相关性	1	.427**
	显著性（双尾）		.000
	个案数	673	673
残疾赔偿金	皮尔逊相关性	.427**	1
	显著性（双尾）	.000	
	个案数	673	673

＊＊在0.01级别（双尾），相关性显著。

我们进行了精神损害赔偿金和残疾赔偿金之间的相关性分析，以探讨它们之间的关联程度。相关性分析结果显示，精神损害赔偿金与残疾赔偿金之间存在显著的正相关性。具体来说，相关系数 r 为 0.427，这意味着残疾赔偿金的增加与精神损害赔偿金的增加之间存在中等程度的正相关性。这一发现在统计学上具有高度显著性，P 值为 0.000，小于 0.01。因此，我们可以得出结论，法官在最终判决精神损害赔偿金时，通常会考虑受害人的残疾赔偿金数额，这两者之间的相关性在法律赔偿案件中具有统计学上显著的意义。

这一相关性的存在反映了法官对于综合考虑受害人的经济损失与精神损害的关联的重视。在赔偿案件中，了解这种关联性可以帮助双方当事人更好地理解赔偿计算的依据，也有助于法官做出公平和合理的判决。这种法律与统计学的交叉应用有助于维护法律体系的公正性和可信度。因此，我们建议未来立法明确这种量化残疾赔偿金的精神损害赔偿方法。

3. 死亡赔偿金与精神损害赔偿金的关系

死亡赔偿金，即由于非正常事故而导致受害人死亡的，有关责任人将根据一定的准则，向其家属支付合理的赔偿金。其中有死者的丧葬支出、亲属的精神抚恤金等。

		精神损害赔偿金	死亡赔偿金
精神损害赔偿金	皮尔逊相关性	1	.246**
	显著性（双尾）		.001
	个案数	173	173
死亡赔偿金	皮尔逊相关性	.246**	1
	显著性（双尾）	.001	
	个案数	173	173

＊＊．在 0.01 级别（双尾），相关性显著。

根据分析结果，我们发现死亡赔偿金与精神损害赔偿金之间存在显著的统计学关系。显著性水平（P 值）为 0.000，这意味着自变量死亡赔偿金与因变量精神损害赔偿数额之间的线性关系在统计学上具有极高的显著性。相关系数 r=0.246 表示死亡赔偿金与精神损害赔偿金之间呈现出弱相关性。虽然相关系数值相对较低，但它仍然代表法官最终判决精神损害赔偿数额与死亡赔偿金之间存在一定程度的相关性。

这一发现在法律案件中具有重要意义，而且对于未来立法完善具有重要参考价值。虽然死亡赔偿金与精神损害赔偿金之间的相关性较弱，但它表明这两个赔偿项之间并非毫无联系。法官可能会考虑受害人的死亡赔偿金数额，以一定程度上影响最终的精神损害赔偿金额。这种相关性有助于在立法上进行完善以更全面地计算受害人精神损害赔偿金额。这种法律与统计学的交叉应用凸显了统计分析在法律决策中的重要性，有助于确保法官做出更具公正性和合理性的判决。进一步的研究和分析可能有助于深入了解这种关系的本质，并在未来立法中提供更多的立法依据。

4. 丧葬费与精神损害赔偿金的关系

丧葬费即因工死亡或者残疾的职工退职后死亡时丧葬支出的一次性费用，由原本所在的单位承担。根据我国相关的劳动保险条款可知，通常以本单位所有职工的三个月平均薪资作为丧葬费进行补偿。国家机关工作人员死亡时，其丧葬相关支出，不管其职级，一律按规定一次性进行发放，并由其家属自行负责用于有关事宜。根据《工伤保险条例》，丧葬补助金的标准为 6 个月的统筹地区上年度职工月平均工资。

		精神损害抚慰金	丧葬费
精神损害抚慰金	皮尔逊相关性	1	.308**
	显著性（双尾）		.000
	个案数	162	162
丧葬费	皮尔逊相关性	.308**	1
	显著性（双尾）	.000	
	个案数	162	162

**. 在 0.01 级别（双尾），相关性显著。

根据分析结果，我们发现丧葬费与精神损害赔偿金之间存在显著的统计学关系。显著性水平（P 值）为 0.000，远远小于 0.01，这表明自变量丧葬费与因变量精神损害赔偿金之间的线性关系在统计学上具有非常高的显著性。具体而言，相关系数 r=0.308，这意味着丧葬费与精神损害赔偿金之间存在弱相关性。尽管相关系数的数值相对较低，但它仍然表明法官在最终判决精神损害赔偿数额时可能会在一定程度上考虑到与丧葬费之间的相关性。

这一发现在法律案件中具有一定的重要性。尽管丧葬费与精神损害赔偿金之间的相关性较弱，但它指示了这两个赔偿项目之间存在某种联系。法官可能会考虑受害人的丧葬费用，以一定程度上影响最终的精神损害赔偿金额。这种相关性有助于未来法律的完善，以便更全面科学地计算精神损害赔偿金。

这种法律与统计学的交叉应用凸显了统计分析在法律决策中的潜在价值，有助于确保法官做出更具公正性和合理性的判决。进一步的研究和深入分析可能有助于更全面地理解这种关系的本质，并为未来立法提供更多的依据。

5. 误工费与精神损害赔偿金的关系

误工费即赔偿义务人应当支付在受害人受侵犯至痊愈的时间段（误工期间）里，由于不能像平日里那样进行劳作而导致的薪资损失。

		精神损害抚慰金	误工费
精神损害抚慰金	皮尔逊相关性	1	−.039
	显著性（双尾）		.233
	个案数	946	946
误工费	皮尔逊相关性	−.039	1
	显著性（双尾）	.233	
	个案数	946	946

　　根据分析结果，我们发现自变量误工费与因变量精神损害抚慰金之间的线性关系不具有统计学上的显著性。显著性水平（P 值）为 0.233，大于通常用于判断显著性的阈值 0.05，这表明误工费与精神损害抚慰金之间的关系在统计学上不具有显著性。

　　因此，我们不能将误工费作为后续回归分析的考虑因素，也不能得出法官在最终判决精神损害抚慰金时通常会受到误工费数额的显著影响的结论。需要注意的是，相关系数只是反映了两个变量之间的线性相关程度，而不一定代表因果关系。判决结果通常受到多个因素的综合影响，误工费数额只是其中之一。因此，在法律案件中，需要综合考虑多个因素，而不仅仅是误工费，以做出公正和合理的判决。

　　6. 交通费与精神损害赔偿金的关系

　　交通费即在进行医治或转诊过程中，受害人和其必要的护理者支出的实际交通费用，如公共交通、租车等费用，不包括车辆购置税、养路费等车辆相关费用。

		精神损害抚慰金	交通费
精神损害抚慰金	皮尔逊相关性	1	.184**
	显著性（双尾）		.000
	个案数	1049	1049
交通费	皮尔逊相关性	.184**	1
	显著性（双尾）	.000	
	个案数	1049	1049

　　**. 在 0.01 级别（双尾），相关性显著。

　　根据分析结果，我们发现自变量交通费与因变量精神损害抚慰金之间存在统计学上显著的线性关系。显著性水平（P 值）为 0.000，远远小于通常用于判断显著性的阈值 0.01，这表明交通费与精神损害抚慰金之间的关系在统计学上具有非常重要的显著性。

　　具体而言，相关系数 r＝0.184，表示交通费与精神损害抚慰金之间存在弱相关性。尽管相关系数的数值相对较低，但它仍然表明法官在最终判决精神损害抚慰金时可能会考虑到与交通费之间的一定程度的关联。然而，这种相关性并不是非常强烈的，因此可以认为法官最终判决的精神损害抚慰金与交通费之间的相关性并不是主要影响因素。

　　需要注意的是，相关系数只是反映了两个变量之间的线性相关程度，而不一定代表因果关系。判决结果通常受到多个因素的综合影响，交通费只是其中之一。因此，在法律案件中，需要综合考虑多个因素，以做出公正和合理的判决。

　　7. 住宿费与精神损害赔偿金的关系

　　住宿费，指受害人和其必要的护理者由于就医或转诊而实际支付的住宿费。

		精神损害抚慰金	住宿费
精神损害抚慰金	皮尔逊相关性	1	.241*
	显著性（双尾）		.015
	个案数	101	101
住宿费	皮尔逊相关性	.241*	1
	显著性（双尾）	.015	
	个案数	101	101

　　*. 在 0.05 级别（双尾），相关性显著。

　　根据分析结果，我们发现自变量住宿费与因变量精神损害抚慰金之间存在统计学上显著的线性关系。显著性水平（P 值）为 0.015，小于通常用于判断显著性的阈值 0.05，但大于 0.01，这表明住宿费与精神损害抚慰金之间的关系在统计学上具有显著性。

　　具体而言，相关系数 r＝0.241，表示住宿费与精神损害抚慰金之间存在弱相关性。尽管相关系数的数值相对较低，但它仍然表明法官在最终判决精神损害抚慰金时可能会考虑到与住宿费之间的一定程度的关联。然而，这种相关性并不是非常强烈的，因此可以认为法官最终判决的精神损害抚慰金与住宿费之间的相关性并不是主要影响因素。

8. 医疗费与精神损害赔偿金的关系

医疗费即在受害人受到人身伤害后进行医学上的检查、治疗与康复训练所需要的花费。医疗费不只是包括过去花费的费用，如治疗费、医药费，而且还包括以后的康复费、整容费与其他后续治疗费。

		精神损害抚慰金	医疗费
精神损害抚慰金	皮尔逊相关性	1	.217**
	显著性（双尾）		.000
	个案数	1148	1148
医疗费	皮尔逊相关性	.217**	1
	显著性（双尾）	.000	
	个案数	1148	1148

＊＊. 在 0.01 级别（双尾），相关性显著。

从表中看出，显著性（P 值）为 0.000，该值小于 0.01，说明了由自变量医疗费和因变量精神损害赔偿数额构建形成的线性关系在统计理论上有着非常重要的意义，相关系数 r＝0.217 代表着医疗费与精神损害赔偿金存在弱相关性，也代表着法官最终判决精神损害赔偿数额与医疗费有一定程度的相关。

9. 护理费与精神损害赔偿金的关系

护理费是指生活需要特殊照顾或无法自理的人，如住院病人，或在家因疾病日常生活中不方便，所以要由另外的看护者进行照料的支出。

		精神损害抚慰金	护理费
精神损害抚慰金	皮尔逊相关性	1	.317**
	显著性（双尾）		.000
	个案数	1066	1066
护理费	皮尔逊相关性	.317**	1
	显著性（双尾）	.000	
	个案数	1066	1066

＊＊. 在 0.01 级别（双尾），相关性显著。

从表中看出，显著性（P 值）为 0.000，该值小于 0.01，说明了由自变量护理费和因变量精神损害赔偿数额构建形成的线性关系在统计理论上有着非常重要的意义，相关系数 r = 0.317 表示护理费与精神损害赔偿金之间存在中等程度的线性相关，也代表着法官最终判决精神损害赔偿数额与护理费有一定程度的相关。

10. 营养费与精神损害赔偿金的关系

营养费，即受害人在平时的膳食中所获得的营养还不足以使受损的人体得到恢复，因此，必须以日常膳食之外的其他营养品来弥补人体所需而进行的支出。作为辅助性质的医治，对营养费的赔偿，以当地居民平均生活费标准的 40%-60% 金额来进行确定，营养费的赔偿标准可能因地区和具体情况而异。

		精神损害抚慰金	营养费
精神损害抚慰金	皮尔逊相关性	1	.145**
	显著性（双尾）		.000
	个案数	828	828
营养费	皮尔逊相关性	.145**	1
	显著性（双尾）	.000	
	个案数	828	828

**. 在 0.01 级别（双尾），相关性显著。

从表中看出，显著性（P 值）为 0.000，该值小于 0.01，说明了由自变量营养费和因变量精神损害赔偿数额构建形成的精神损害赔偿数额的线性关系在统计理论上有非常重要的意义，相关系数 r = 0.145 代表着营养费与精神损害赔偿金只有弱相关性，也代表着法官最终判决精神损害赔偿数额与营养费没有太大的相关性。

11. 被扶养人生活费与精神损害赔偿金的关系

被扶养人生活费，即因为加害人非法剥夺他人的生命权，抑或者侵害他人的健康权导致其失去劳动能力，致使受害人在生前或者是失去劳动能力前所扶养的人失去了扶养来源，应当对此必要费用进行赔偿。

		精神损害抚慰金	被扶养人生活费
精神损害抚慰金	皮尔逊相关性	1	.404**
	显著性（双尾）		.000
	个案数	309	309
被扶养人生活费	皮尔逊相关性	.404**	1
	显著性（双尾）	.000	
	个案数	309	309

**. 在0.01级别（双尾），相关性显著。

从表中看出，显著性（P值）为0.000，该值小于0.01，说明了由自变量被扶养人生活费与因变量精神损害赔偿数额构建形成的线性关系在统计理论上有着非常重要的意义。相关系数 r＝0.404 代表着被扶养人生活费与精神损害赔偿金呈现中等程度的相关性，也代表着法官最终判决精神损害赔偿数额与被扶养人生活费有较大的相关性。

12. 伙食补助费与精神损害赔偿金的关系

伙食补助费即餐补费，是在受害人受到人身损害后，由于他在住院时所支出的伙食花销比日常生活所需的伙食花销更多，并应由加害人就其合理超出部分给予赔偿。

		精神损害抚慰金	伙食补助费
精神损害抚慰金	皮尔逊相关性	1	.220**
	显著性（双尾）		.000
	个案数	999	999
伙食补助费	皮尔逊相关性	.220**	1
	显著性（双尾）	.000	
	个案数	999	999

**. 在0.01级别（双尾），相关性显著。

从表中看出，显著性（P值）为0.000，该值小于0.01，说明了由自变量伙食补助费和因变量精神损害赔偿数额构建形成的线性关系在统计理论上有着非常重要的意义，相关系数 r＝0.22 代表着伙食补助费与精神损害赔偿金具有弱相关性，也代表着法官最终判决精神损害赔偿数额与伙食补助费有一定程度的相关。

13. 财产损失费与精神损害赔偿金的关系

财产损失费即所遭受损失的财产其产生的相关费用，通常来说，这种损失是可以用货币单位计量的财产价值上的减少，它包含了直接损失与间接损失两类。

		精神损害抚慰金	财产损失费
精神损害抚慰金	皮尔逊相关性	1	.770**
	显著性（双尾）		.000
	个案数	267	267
财产损失费	皮尔逊相关性	.770**	1
	显著性（双尾）	.000	
	个案数	267	267

**．在 0.01 级别（双尾），相关性显著。

从表中看出，显著性（P 值）为 0.000，该值小于 0.01，说明了由自变量财产损失费和因变量精神损害赔偿金建立起来的线性关系具有极其显著的统计学意义，相关系数 r=0.77 代表着财产损失费与精神损害赔偿金具有强相关性，也代表着法官最终判决精神损害赔偿数额与财产损失费有非常密切的相关性。

14. 残疾辅助器具费与精神损害赔偿金的关系

残疾辅助器具费即受害人在受伤变成残疾之后，由他本人配备买入的日常自助设备，以弥补自身受伤的身体脏器作用，帮助其完成日常活动自理或进行劳动。由于设备费用的损失与侵害行为之间存在相当的因果关系，所以从人身损害赔偿填补损害的功能来看，侵害者应该赔偿受害人此方面的损失。

		精神损害抚慰金	残疾辅助器具费
精神损害抚慰金	皮尔逊相关性	1	.263**
	显著性（双尾）		.001
	个案数	159	159
残疾辅助器具费	皮尔逊相关性	.263**	1
	显著性（双尾）	.001	
	个案数	159	159

**．在 0.01 级别（双尾），相关性显著。

从表中看出，显著性（P值）为0.001，该值小于0.01，说明了由自变量残疾辅助器具费和因变量精神损害赔偿数额构建形成的线性关系在统计理论上有着非常重要的意义，相关系数 r=0.263 代表着残疾辅助器具费与精神损害赔偿金具有弱相关性，也代表着法官最终判决精神损害赔偿数额与残疾辅助器具费有一定程度的相关。

15. 律师费与精神损害赔偿金的关系

律师费也可以称为律师代理费，即委托人找到其所需要的律师，为其提供法律服务时所应支付的费用。

		精神损害抚慰金	律师费
精神损害抚慰金	皮尔逊相关性	1	.800**
	显著性（双尾）		.000
	个案数	61	61
律师费	皮尔逊相关性	.800**	1
	显著性（双尾）	.000	
	个案数	61	61

＊＊. 在 0.01 级别（双尾），相关性显著。

从表中看出，显著性（P值）为0.000，该值小于0.01，说明了由自变量律师费和因变量精神损害赔偿数额构建形成的线性关系在统计理论上有着非常重要的意义，相关系数 r=0.8 代表着律师费与精神损害赔偿金具有强相关性，也代表着法官最终判决精神损害赔偿数额与律师费的相关性非常密切。

16. 案件受理费被告负担额与精神损害赔偿金的关系

		精神损害抚慰金	受理费被告负担额
精神损害抚慰金	皮尔逊相关性	1	.255**
	显著性（双尾）		.000
	个案数	922	922
受理费被告负担额	皮尔逊相关性	.255**	1
	显著性（双尾）	.000	
	个案数	922	922

＊＊. 在 0.01 级别（双尾），相关性显著。

从表中看出，显著性（P 值）为 0.000，该值小于 0.01，说明了由自变量案件受理费被告负担额和因变量精神损害赔偿数额构建形成的线性关系在统计理论上有着非常重要的意义，相关系数 r = 0.255 代表着案件受理费被告负担额与精神损害赔偿金呈现弱相关性，也代表着法官最终判决精神损害赔偿数额与案件受理费被告负担额有一定程度的相关。

17. 案件受理费原告负担额与精神损害赔偿金的关系

		精神损害抚慰金	受理费原告负担额
精神损害抚慰金	皮尔逊相关性	1	.225**
	显著性（双尾）		.000
	个案数	658	658
受理费原告负担额	皮尔逊相关性	.225**	1
	显著性（双尾）	.000	
	个案数	658	658

**. 在 0.01 级别（双尾），相关性显著。

从表中看出，显著性（P 值）为 0.000，该值小于 0.01，说明了由自变量案件受理费原告负担额和因变量精神损害赔偿数额构建形成的线性关系在统计理论上有着非常重要的意义，相关系数 r = 0.225 代表着案件受理费原告负担额与精神损害赔偿金呈现弱相关性，也代表着法官最终判决精神损害赔偿数额与案件受理费原告负担额有一定程度的相关。

18. 评估费与精神损害赔偿金的关系

评估费是指对当前损害结果所发生价值鉴定的特殊补偿性的评估服务费用。

		精神损害抚慰金	评估费
精神损害抚慰金	皮尔逊相关性	1	.324**
	显著性（双尾）		.002
	个案数	88	88
评估费	皮尔逊相关性	.324**	1
	显著性（双尾）	.002	
	个案数	88	88

**. 在 0.01 级别（双尾），相关性显著。

从表中看出，显著性（P 值）为 0.002，该值小于 0.01，说明了由自变量评估费和因变量精神损害赔偿数额构建形成的线性关系在统计理论上有着非常重要的意义，相关系数 r = 0.324 代表着评估费与精神损害赔偿金呈现弱相关性，也代表着法官最终判决精神损害赔偿数额与评估费有一定程度的相关。

19. 法医鉴定费与精神损害赔偿金的关系

法医鉴定费是指由具有丰富科学知识和技术的医学、法医学等学科的临床医学专家和法医学专家所构成的专家小组，负责检验、鉴别和判断所发生事故行政处理的有关专门性问题，同时给出最终鉴定意见的过程而支出的费用。

		精神损害抚慰金	法医鉴定费
精神损害抚慰金	皮尔逊相关性	1	.094 **
	显著性（双尾）		.005
	个案数	887	887
法医鉴定费	皮尔逊相关性	.094 **	1
	显著性（双尾）	.005	
	个案数	887	887

＊＊. 在 0.01 级别（双尾），相关性显著。

从表中看出，显著性（P 值）为 0.005，该值小于 0.01，说明了由自变量法医鉴定费和因变量精神损害赔偿数额构建形成的线性关系在统计理论上有着非常重要的意义，相关系数 r = 0.094 代表着法医鉴定费与精神损害赔偿金只有极弱相关性，也代表着法官最终判决精神损害赔偿数额与法医鉴定费有一定程度的相关。

20. 交通事故理赔款与精神损害赔偿金的关系

交通事故理赔款，是指因交通事故造成损失，肇事者向受害者、保险公司对承保车辆所发生的一切损失给予赔偿，其中包含人身损害赔偿与财产损失赔偿。

		精神损害抚慰金	交通事故理赔款
精神损害抚慰金	皮尔逊相关性	1	.019
	显著性（双尾）		.878
	个案数	68	68
交通事故理赔款	皮尔逊相关性	.019	1
	显著性（双尾）	.878	
	个案数	68	68

从表中看出，显著性（P值）为 0.878，该值大于 0.05，说明了由自变量交通事故理赔费和因变量精神损害赔偿金建立起来的线性关系不具有统计学意义，因此不将其作为后续回归分析的考量因素，也代表着法官最终判决精神损害赔偿数额与交通事故理赔款没有相关性。

21. 通讯费与精神损害赔偿金的关系

通讯费即通信费，可以进行分类，分为短信通信费与语音通信费。短信通信费是在短信发出后所收的费用，其中包括了信息费用与通信费用。

		精神损害抚慰金	通讯费
精神损害抚慰金	皮尔逊相关性	1	.351**
	显著性（双尾）		.001
	个案数	84	84
通讯费	皮尔逊相关性	.351**	1
	显著性（双尾）	.001	
	个案数	84	84

＊＊. 在 0.01 级别（双尾），相关性显著。

从表中看出，显著性（P值）为 0.001，该值小于 0.01，说明了由自变量通讯费和因变量精神损害赔偿金建立起来的线性关系具有极其显著的统计学意义，相关系数 r = 0.351 代表着通讯费与精神损害赔偿金呈现弱相关性，也代表着法官最终判决精神损害赔偿数额与通讯费有一定程度的相关。

22. 保险费与精神损害赔偿金的关系

保险费即在投保人参保时，按其投保时所订的保险费率支付给保险人的费用。在保险财产因灾害和意外事故而导致所有或部分的损失，或者在人身保险中的人身出现意外，保险人都应支付保险金。保险费包括保险金额、保险费率与保险期限，保险费的数额与这三者都紧密相关并且成正比例关系，也就是说保险金额越大，保险费率越高，保险期限越长，那么保险费也就越多。交纳保险费是投保人的义务。若被保险人未按时支付保险费，在自愿保险时，保险合同将失效；在强制保险时，还需要附加缴纳一笔滞纳金。

		精神损害抚慰金	保险费
精神损害抚慰金	皮尔逊相关性	1	.377**
	显著性（双尾）		.000
	个案数	228	228
保险费	皮尔逊相关性	.377**	1
	显著性（双尾）	.000	
	个案数	228	228

＊＊. 在 0.01 级别（双尾），相关性显著。

从表中看出，显著性（P 值）为 0.000，该值小于 0.01，说明了由自变量保险费和因变量精神损害赔偿金建立起来的线性关系具有极其显著的统计学意义，相关系数 r = 0.377 代表着保险费和精神损害赔偿金具有弱相关性，也代表着法官最终判决精神损害赔偿数额与保险费有一定程度的相关。

23. 被告责任与精神损害赔偿金的关系

相关性

		精神损害抚慰金	被告责任
精神损害抚慰金	皮尔逊相关性	1	.114**
	显著性（双尾）		.000
	个案数	1100	1100
被告责任	皮尔逊相关性	.114**	1
	显著性（双尾）	.000	
	个案数	1100	1100

＊＊. 在 0.01 级别（双尾），相关性显著。

从表中看出，显著性（P 值）为 0.000，该值小于 0.01，说明了由自变量被告责任和因变量精神损害赔偿金建立起来的线性关系具有极其显著的统计学意义，相关系数 r = 0.114 代表着被告责任与精神损害赔偿金只有弱相关性，也代表着法官最终判决精神损害赔偿数额与被告责任大小没有太大关系。

24. 原告责任与精神损害赔偿金的关系

相关性

		精神损害抚慰金	原告责任
精神损害抚慰金	皮尔逊相关性	1	.106**
	显著性（双尾）		.000
	个案数	1100	1100
原告责任	皮尔逊相关性	.106**	1
	显著性（双尾）	.000	
	个案数	1100	1100

**．在 0.01 级别（双尾），相关性显著。

从表中看出，显著性（P 值）为 0.000，该值小于 0.01，说明了由自变量原告责任和因变量精神损害赔偿金建立起来的线性关系具有极其显著的统计学意义，相关系数 r = 0.106 代表着原告责任与精神损害赔偿金只有极弱相关性，也代表着法官最终判决精神损害赔偿数额与原告责任没有太大关系。

25. 受诉法院所在地平均生活水平与精神损害赔偿金的关系

相关性

		精神损害抚慰金	受诉法院所在地平均生活水平
精神损害抚慰金	皮尔逊相关性	1	.058*
	显著性（双尾）		.044
	个案数	1220	1220
受诉法院所在地平均生活水平	皮尔逊相关性	.058*	1
	显著性（双尾）	.044	
	个案数	1220	1220

*．在 0.05 级别（双尾），相关性显著。

从表中看出，显著性（P 值）为 0.044，该值大于 0.01 且小于 0.05，说明了由自变量受诉法院所在地平均生活水平和因变量精神损害赔偿金建立起来的线性关系具有显著的统计学意义，相关系数 r = 0.058 代表着受诉法院所在地平均生活水平与精神损害赔偿金只有极弱相关性，也代表着法官最终判决精神损害赔偿数额与受诉法院所在地平均生活水平没有太大的相关性。

（二）精神损害赔偿额各影响因素汇总分析

通过以上的各相关影响因素与精神损害赔偿金的相关性统计分可以得出如下的汇总表格：

精神损害抚慰金

精神损害抚慰金	皮尔逊相关性	1
	显著性（双尾）	
	个案数	819
伤残等级	皮尔逊相关性	.562**
	显著性（双尾）	.000
	个案数	819
被告责任	皮尔逊相关性	.114**
	显著性（双尾）	.000
	个案数	1100
原告责任	皮尔逊相关性	.106**
	显著性（双尾）	.000
	个案数	1100
受诉法院所在地平均生活水平	皮尔逊相关性	.058*
	显著性（双尾）	.044
	个案数	1220
残疾赔偿金	皮尔逊相关性	.427**
	显著性（双尾）	.000
	个案数	673
死亡赔偿金	皮尔逊相关性	.246**
	显著性（双尾）	.001
	个案数	173

续表

丧葬费	皮尔逊相关性	.308**
	显著性（双尾）	.000
	个案数	162
误工费	皮尔逊相关性	.039
	显著性（双尾）	.233
	个案数	946
交通费	皮尔逊相关性	.184**
	显著性（双尾）	.000
	个案数	1049
住宿费	皮尔逊相关性	.241*
	显著性（双尾）	.015
	个案数	101
医疗费	皮尔逊相关性	.217**
	显著性（双尾）	.000
	个案数	1148
护理费	皮尔逊相关性	.317**
	显著性（双尾）	.000
	个案数	1066
营养费	皮尔逊相关性	.145**
	显著性（双尾）	.000
	个案数	828
被扶养人生活费	皮尔逊相关性	.404**
	显著性（双尾）	.000
	个案数	309
伙食补助费	皮尔逊相关性	.220**
	显著性（双尾）	.000
	个案数	999

续表

财产损失费	皮尔逊相关性	.770**
	显著性（双尾）	.000
	个案数	267
残疾辅助器具费	皮尔逊相关性	.263**
	显著性（双尾）	.001
	个案数	159
律师费	皮尔逊相关性	.800**
	显著性（双尾）	.000
	个案数	61
受理费原告负担额	皮尔逊相关性	.225**
	显著性（双尾）	.000
	个案数	658
受理费被告负担额	皮尔逊相关性	.255**
	显著性（双尾）	.000
	个案数	922
评估费	皮尔逊相关性	.324**
	显著性（双尾）	.002
	个案数	88
法医鉴定费	皮尔逊相关性	.094**
	显著性（双尾）	.005
	个案数	887
交通事故理赔款	皮尔逊相关性	.019
	显著性（双尾）	.878
	个案数	68
通讯费	皮尔逊相关性	.351**
	显著性（双尾）	.001
	个案数	84

续表

保险费	皮尔逊相关性	.377**
	显著性（双尾）	.000
	个案数	228

＊＊．在 0.05 风险水平（双尾），相关性显著；

＊＊．在 0.01 风险水平（双尾），相关性显著。

综上可知，与精神损害赔偿金不存在线性关系的有误工费和交通事故理赔款 2 个因素，因为其 P 值分别为 0.233 和 0.878，都大于 0.05，不具有统计学意义，因此不把它们作为后续量化公式证成的考量因素，同时也说明法官在最终判决精神损害赔偿金与误工费和交通事故理赔款没有关系。与精神损害赔偿金有极弱相关性的即 r 值介于 0-0.19 之间，包括受诉法院所在地平均生活水平的相关系数 r=0.058，交通费的相关系数 r=0.184，营养费的相关系数 r=0.145，法医鉴定费的相关系数 r=0.094，被告责任的相关系数 r=0.114，原告责任的相关系数 r=0.106，以上 6 个因素与精神损害赔偿金的相关程度极低，代表着法官最终判决精神损害赔偿数额与受诉法院所在地平均生活水平、交通费、营养费、法医鉴定费、被告责任、原告责任没有太大的相关，因此也不作为后续量化公式证成的考量因素。

此外，与精神损害赔偿金有弱相关性即 r 值介于 0.2-0.39 之间的包括 12 个自变量：死亡赔偿金的相关系数 r=0.246，丧葬费的相关系数 r=0.308，住宿费的相关系数 r=0.241，医疗费的相关系数 r=0.217，护理费的相关系数 r=0.317，伙食补助费的相关系数 r=0.22，残疾辅助器具费 r=0.263，案件受理费被告负担额的相关系数 r=0.255，案件受理费原告负担额的相关系数 r=0.225，评估费的相关系数 r=0.324，通讯费的相关系数 r=0.351，保险费的相关系数 r=0.377，也代表着法官最终判决精神损害赔偿数额与死亡赔偿金、丧葬费、住宿费、医疗费、护理费、伙食补助费、残疾辅助器具费、案件受理费被告负担额、案件受理费原告负担额、评估费、通讯费、保险费有一定程度的相关。

与精神损害赔偿金中等程度相关即 r 值介于 0.4-0.69 之间的有 3 个自变量，伤残等级的相关系数 r=0.562，残疾赔偿金的相关系数 r=0.427，被扶养人生活费的相关系数 r=0.404。与精神损害赔偿金有强相关性的包括 2 个因素，即 r 值介于 0.7-0.89 之间，财产损失费的相关系数 r=0.77，律师费的相关系数 r=0.8，也代表着法官最终判决精神损害赔偿数额与伤残等级、残疾赔偿金、被扶养人生活费、财产损失费、律师费有很大程度的相关性。

也就是说，通过以上统计分析得出结论：

首先，与精神损害赔偿金没有线性关系的因素包括误工费和交通事故理赔款。它们的 P 值分别为 0.233 和 0.878，都大于 0.05，不具有统计学意义，因此不应将它们作为后续量化公式证成的考量因素。这也表明法官在最终判决精神损害赔偿金时与误工费和交通事故理赔款之间没有显著关系。

其次，与精神损害赔偿金具有极弱相关性的因素包括受诉法院所在地平均生活水平、交通费、营养费、法医鉴定费、被告责任和原告责任。这些因素与精神损害赔偿金的相关程度非常低，因此也不应作为后续量化公式证成的考量因素。法官最终判决精神损害赔偿数额与这些因素之间没有太大的相关性。

再次，与精神损害赔偿金有弱相关性的因素包括死亡赔偿金、丧葬费、住宿费、医疗费、护理费、伙食补助费、残疾辅助器具费、案件受理费被告负担额、案件受理费原告负担额、评估费、通讯费和保险费。这些因素与精神损害赔偿金之间存在一定程度的相关性，尽管相关程度相对较低，但法官在判决精神损害赔偿金时可能会考虑到它们之间的一定关联性。

与精神损害赔偿金中等程度相关的因素包括伤残等级、残疾赔偿金和被扶养人生活费。这些因素与精神损害赔偿金之间存在一定的相关性，法官最终判决精神损害赔偿数额与这些因素之间有一定程度的相关性。

最后，与精神损害赔偿金强相关的因素包括财产损失费和律师费。这两个因素与精神损害赔偿金之间存在很大程度的相关性，法官在判决精神损害赔偿金时很可能会考虑到它们之间的强关联性。

总之，以上分析结果为法官在最终判决精神损害赔偿金时提供了一定的参考，也为我们未来立法完善建议提供科学的依据。但需要注意，相关系数只能反映线性相关性，不能说明因果关系。判决结果通常受多个因素综合影响，因此需要综合考虑各种因素，以确保判决的公平性和准确性。

三、精神损害赔偿额关键性影响因素筛定

根据前两节的数据描述统计分析和 Pearson 相关分析的结果，可以将各个因素与精神损害赔偿金的相关性从大到小依次排序如下：

律师费

财产损失费

伤残等级

残疾赔偿金

被扶养人生活费

保险费

通讯费

评估费

护理费

丧葬费

医疗费

残疾辅助器具费

案件受理费被告负担额

死亡赔偿金

住宿费

案件受理费原告负担额

伙食补助费

总共包含 17 个关键性的影响因素，将这 17 个与精神损害赔偿金相关性较强的因素纳入线性回归模型中。同时，排除对精神损害赔偿影响较小和无关的因素，包括误工费、交通事故理赔款、受诉法院所在地平均生活水平、交通费、营养费、法医鉴定费、被告责任和原告责任这 8 个因素。

这些分析结果有助于建立一个更准确的线性回归模型，以预测精神损害赔偿金，并为法官在最终判决精神损害赔偿金时提供更有力的参考，更为重要的是为我们未来立法完善提供理论支撑和实践科学论据。

第十一章　侵权精神损害赔偿额影响
因素量化证成及设计

这一章主要着重于建立多元线性回归模型，以研究精神损害赔偿案件中的关键影响因素。我们将通过统计分析建立单一影响因素与精神损害赔偿金之间的数字模型，并进一步构建多因素与精神损害赔偿金之间的数字模型。这些模型的建立旨在为未来的立法提供有力的参考和建议。

一、精神损害赔偿额影响因素量化证成

本节将通过回归分析来量化证明精神损害赔偿的相关影响因素。回归分析是一种用于研究自变量（Xi）与因变量（Y）之间数量关系的方法，它利用回归模型来衡量自变量 Xi（i=1，2，3，…）对因变量 Y 的影响程度，从而估测因变量 Y 的发展趋势。本研究旨在建立因变量精神损害赔偿金与自变量相关影响因素之间的数字模型。

回归分析分为线性回归和非线性回归两大类，其中线性回归可分为简单线性回归和多元线性回归，区别在于自变量的数量。简单线性回归（也称为一元线性回归）仅包括一个自变量，用于处理一个自变量与一个因变量之间的线性关系。其回归模型表示为 Y=a+bX+ε（其中 Y 为因变量，a 为截距项，表示回归直线在纵坐标轴上的截距，b 为回归系数，表示自变量对因变量的影响程度，X 为自变量，ε 为随机差数，表示随机因素对因变量的影响），通过最小二乘法确定最佳的 a 和 b，使观测点与估计点的距离的平方和最小化，即使得尽可能多的观测数据点位于或接近拟合的直线上。通常，P<0.01 表示具有统计学意义的差异。结合前一章节中的 Pearson 相关性分析，我们将构建一个线性回归模型。

修改后的描述更清晰地解释了回归分析的概念和在研究中的应用，同时提到了使用最小二乘法来确定最佳拟合直线的方法。此外，在多元回归中，线性

关系的检验包括两个方面：首先，需要检验因变量是否与多个自变量之间有着显著的线性关系。在涉及 k 个自变量的情况下，当某个自变量与因变量之间存在显著的线性关系时，可以通过 F 检验来检验这种关系的显著性。然而，这并不代表所有自变量之间的关系都具有显著性。其次，回归系数检验是对各回归系数进行单独检验，以验证各自变量对因变量的影响是否显著。如果某个自变量未通过检验，说明该自变量对因变量的影响并不显著，因此不需要将该自变量纳入回归模型中。

这一部分的修改更详细地解释了在多元回归分析中如何检验线性关系的显著性以及如何进行回归系数的显著性检验。在法律实践中，多元线性回归分析是一种重要的工具，可用于评估各种法律案件中的赔偿金额与各种相关因素之间的关系。这些因素可能包括受害人的伤残等级、医疗费用、律师费用、被告的责任程度、案件的受理费用等。通过多元线性回归，法律专业人员可以更好地理解这些因素如何影响精神损害赔偿金的决定。

在多元线性回归中，检验线性关系的显著性非常关键，因为它可以帮助法官和法律从业者确定哪些因素对赔偿金额的影响最为显著。这有助于更公平地裁定案件，并确保受害人和被告都能获得合理的赔偿。

此外，回归系数检验也在法律领域中发挥着重要作用。如果某个因素的回归系数显著，那么法官和律师可以将其视为一个关键因素，需要在案件中加以考虑。相反，如果某个因素的回归系数不显著，那么法官和律师可以将其排除在案件的决策过程之外。

因此，多元线性回归分析不仅可以提供有关赔偿金额与各种因素之间关系的定量信息，还可以为法律实践提供有力的证据和依据，以支持公正的法律决策。

在法律实践中，线性关系的检验步骤具有重要意义，特别是在多元线性回归分析中。以下是一些关于线性关系检验的关键步骤，这些步骤在法律领域的数据分析中具有重要价值：第一步，提出假设：在进行线性回归分析之前，需要明确定义假设。通常，我们提出的假设是"自变量与因变量之间存在线性关系"。这意味着我们假设各个自变量与因变量之间的关系可以用线性模型来描述。第二步，计算检验的统计量 F：线性关系的检验通常通过 F 检验来完成。在多元线性回归中，F 检验用于确定自变量的线性组合是否对因变量的变化具有显著影响。这一检验的目的是评估模型的整体拟合程度，以确定自变量是否以及如何显著地解释因变量的变异。第三步，作出统计决策：根据 F 检验的结果，我们可以作出统计决策。如果 F 统计量的计算值显著大于临界值，我们可以拒绝零假设，即可以得出自变量与因变量之间存在线性关系的结论。反之，如果 F 统计量的计算值不显著，我们可能无法拒绝零假设，表明自变量与因变量之间的线性关系不显著。此外，多元线性回归在法律领域中的应用需要考虑一些特殊因素。例如，多元回归中可能存在多重共线性，这意味着自变量之间存在高度相关性，这可能会影响回归系数的稳定性。在法律案件中，数据中可能存在异常值（离群点），这些异常值可能对回归分析产生不良影响，因此需要进行异常值检测和处理。此外，线性回归模型的选择也是一个关键问题。法律从业者通常需要考虑哪些自变量最重要，以建立合适的模型来解释赔偿金额的变化。这可以通过向前选择法、向后剔除法和逐步筛选法等方法来实现，以选择最重要的自变量。

综上所述，线性关系的检验在法律数据分析中具有重要作用，有助于确定各个因素对赔偿金额的影响程度，从而为法律决策提供有力的证据和依据。

（一）律师费作为影响因素的量化证成

通过对 61 件有明确律师费的案件进行线性回归分析后，得出如下表格：

1. 线性模型回归汇总表

回归汇总表

模型	R	R 方	调整后 R 方	标准估算的错误
1	.800[a]	.640	.634	10645.78757

a. 预测变量：（常量），律师费

在多元线性回归分析中，我们可以观察到律师费与精神损害赔偿金之间的相关系数 R 为 0.800，这表明它们之间存在高度正相关的关系。这意味着律师费的增加或减少与精神损害赔偿金的变化密切相关，法官在最终判决精神损害赔偿金时会考虑律师费的因素，这种关系非常密切。判定系数 R 方（R^2）用于衡量模型对因变量变化的比率进行解释。在这个模型中，R^2 为 0.640，这说明模型能够解释精神损害赔偿金变化的 64%。这是一个很好的拟合效果，表明所建立的线性回归模型能够很好地描述因变量和自变量之间的关系。此外，还有一个调整后的 R 方，它考虑了自变量个数的增加可能导致的模型过度拟合问题。在这个模型中，调整后的 R 方为 0.634，这个值较接近 1，表示即使考虑了多个自变量，模型的拟合效果仍然很好。标准误差则用来衡量模型的精度，它反映了建立的模型在预测因变量时的误差大小。通常，比较多个回归模型时，可以使用标准误差来评估它们的拟合效果。

在法律领域，这些统计指标对于解释和预测精神损害赔偿金的金额以及律师费的影响都具有重要意义。它们为法官提供了有力的工具，帮助他们做出明智的判决数额，对立法决策提供有力的支持。

2. 线性回归方差分析表

ANOVA^a

	模型	平方和	自由度	均方	F	显著性
	回归	11895942925.040	1	11895942925.040	104.965	.000^b
1	残差	6686634779.878	59	113332792.879		
	总计	18582577704.918	60			

a. 因变量：精神损害抚慰金

b. 预测变量：（常量），律师费

在这个表格中，我们进行了回归分析，研究了因变量精神损害抚慰金与预测变量律师费之间的关系。以下是表格中的关键统计指标：

回归平方和（Regression Sum of Squares）：11895942925.040

自由度（Degrees of Freedom）：1

回归均方（Mean Square Regression）：11895942925.040

F 统计量（F-statistic）：104.965

显著性水平（Significance）：0.000

在这些指标中，我们通常关注 F 统计量和显著性水平，因为它们帮助我们判断回归模型的显著性。

从显著性水平来看，P 值为 0.000，远远小于通常选择的显著性水平（如 0.01 或 0.05）。这意味着在 0.01 显著性水平下，回归模型的建立是非常显著的，也就是说，自变量律师费与因变量精神损害赔偿金之间的线性关系在统计学上是非常显著的。这一结果表明，法官在最终判决精神损害赔偿金时，律师费这个因素具有很高的影响力和重要性。

因此，根据这个回归分析，我们可以得出结论，律师费对精神损害赔偿金有显著的影响，法官在判决精神损害赔偿金时通常会充分考虑律师费的因素。这对于法律实践和决策制定具有重要的参考价值。

3. 线性回归模型回归系数表

回归系数[a]

模型		未标准化系数		标准化系数	t	显著性
		B	标准错误	Beta		
1	（常量）	1334.380	1809.952		.737	.464
	律师费	1.790	.175	.800	10.245	.000

a. 因变量：精神损害抚慰金

在这个表格中，我们看到了精神损害抚慰金与律师费之间的回归分析结果。下面是对表格中各项数据的解释：

常量（截距）：常量 a 的值为 1334.380。这代表当律师费（自变量 X）为 0 时，精神损害抚慰金（因变量 Y）的预测值为 1334.380。在这个上下文中，截距表示了当自变量为零时的基础值。

律师费的回归系数（未标准化系数）：律师费的回归系数（未标准化）为 1.790。这表示律师费每增加一个单位，精神损害抚慰金平均会增加 1.790 个单位。在这里，律师费是自变量，对因变量精神损害抚慰金产生影响的程度由这个系数表示。

标准化系数（Beta）：标准化系数为 0.800。标准化系数用于测量自变量对因变量的重要性，它消除了量纲的影响，使不同自变量之间的影响程度可以进行比较。在这里，标准化系数 0.800 表示律师费对精神损害抚慰金的影响是正向且较为重要的。

t 值：t 值为 10.245，表示律师费的回归系数与其标准误差之比。较大的 t 值表明回归系数很可能不等于零，即律师费对精神损害抚慰金的影响在统计上是显著的。

显著性：显著性水平（Significance）为 0.000，通常以 α = 0.05 的显著性水平作为判断回归系数是否显著的标准。这里的显著性水平小于 0.05，说明律师费对精神损害抚慰金的影响在统计上是高度显著的。

通过以上数据，我们得出的结论是，律师费对精神损害抚慰金有显著的正向影响，即增加律师费往往会导致精神损害抚慰金的增加。这一分析结果在法律案件中具有重要的意义，可以帮助法官和律师更好地理解和预测精神损害抚慰金的赔偿情况，对立法完善具有重要价值。

（二）财产损失费作为影响因素的量化证成

通过对 267 件含有财产损失费的精神损害赔偿的案件进行线性回归分析后，得出如下表格：

1. 线性模型回归汇总表

模型摘要

模型	R	R 方	调整后 R 方	标准估算的错误
1	.770[a]	.594	.592	16294.59233

a. 预测变量：（常量），财产损失费

其中 R = 0.770，说明财产损失费与精神损害赔偿金为正相关关系，代表着法官最终判决精神损害赔偿金与财产损失费的关系非常密切。判定系数 R^2 = 0.594 且调整后的 R 方变小，说明回归模型拟合效果较好，可以接受。

2. 线性回归方差分析表

ANOVA[a]

模型		平方和	自由度	均方	F	显著性
1	回归	102786900100.852	1	102786900100.852	387.125	.000[b]
	残差	70361140864.478	265	265513739.111		
	总计	173148040965.330	266			

a. 因变量：精神损害抚慰金

b. 预测变量：（常量），财产损失费

从图中我们可以看到，显著性（P 值）= 0.000 < 0.01，即认为该模型在 0.01 显著性水平下，由自变量财产损失费和因变量精神损害赔偿金建立起来的线性关系具有极其显著的统计学意义，说明法官最终判决精神损害赔偿金对于财产损失费的考量占比较多。

3. 线性回归模型回归系数表

系数[a]

模型		未标准化系数		标准化系数	t	显著性
		B	标准错误	Beta		
1	（常量）	9602.868	1015.733		.454	.000
	财产损失费	.322	.016	.770	9.675	.000

a. 因变量：精神损害抚慰金

由此，建立关于财产损失费与精神损害赔偿金额的计算公式为：Y = 9602.868+0.322X，其中 Y 表示精神损害赔偿金，X 表示财产损失费。

（三）伤残等级作为影响因素的量化证成

通过对 819 件有明确伤残等级的案件进行线性回归分析后，得出如下表格：

1. 线性模型回归汇总表

模型摘要

模型	R	R 方	调整后 R 方	标准估算的错误
1	-.562[a]	.316	.315	7818.61249

a. 预测变量：（常量），残疾

其中，R=-0.562，说明伤残等级与精神损害赔偿金为负相关关系，代表着法官最终判决精神损害赔偿金与伤残等级的关系非常密切。判定系数 R 方为 0.316 调整后的 $R^2=0.315$，变小了说明拟合效果较好，可以接受。

2. 线性回归方差分析表

ANOVA[a]

模型		平方和	自由度	均方	F	显著性
1	回归	23038667768.088	1	23038667768.088	376.876	.000[b]
	残差	49943782984.267	817	61130701.327		
	总计	72982450752.355	818			

a. 因变量：精神损害抚慰金

b. 预测变量：（常量），残疾

其中显著性（P 值）= 0.000<0.01，即认为模型在 0.01 显著性水平下，由自变量伤残等级和因变量精神损害赔偿金建立起来的线性关系具有极其显著的统计学意义，说明法官最终判决精神损害赔偿金对于伤残等级的考量占比较多。

3. 线性回归模型回归系数表

系数[a]

模型		未标准化系数		标准化系数	t	显著性
		B	标准错误	Beta		
1	（常量）	30187.103	1215.142		24.842	.000
	残疾	−2568.628	132.313	−.562	−19.413	.000

a. 因变量：精神损害抚慰金

B 列的 30187.103 代表常量 a（截距）；−2568.628 为回归系数 b（斜率），因此得出伤残等级与精神损害赔偿金简单的线性回归模型为：$Y = 30187.103 - 2568.628X$，其中 Y 表示精神损害赔偿金，X 表示伤残等级。

（四）残疾赔偿金作为影响因素的量化证成

通过对 673 件有明确残疾赔偿金的案件进行线性回归分析后，得出如下表格：

1. 线性模型回归汇总表

模型摘要

模型	R	R 方	调整后 R 方	标准估算的错误
1	.427[a]	.183	.181	9921.49237

a. 预测变量：（常量），残疾赔偿金

其中，R = 0.427，说明残疾赔偿金与精神损害赔偿金为正相关关系，代表着法官最终判决精神损害赔偿金与残疾赔偿金的关系非常密切。判定系数 R 方为 0.183 调整后的 $R^2 = 0.181$，变小了说明拟合效果较好，可以接受。

2. 线性回归方差分析表

ANOVA[a]

模型		平方和	自由度	均方	F	显著性
1	回归	14757440962.045	1	14757440962.045	149.919	.000[b]
	残差	66050563316.756	671	98436010.904		
	总计	80808004278.801	672			

a. 因变量：精神损害抚慰金

b. 预测变量：（常量），残疾赔偿金

其中显著性（P 值）= 0.000<0.01，即认为模型在 0.01 显著性水平下，由自变量残疾赔偿金和因变量精神损害赔偿金建立起来的线性关系具有极其显著的统计学意义，说明法官最终判决精神损害赔偿金对于残疾赔偿金的考量占比较多。

3. 线性回归模型回归系数表

系数[a]

模型		未标准化系数		标准化系数	t	显著性
		B	标准错误	Beta		
1	（常量）	4206.611	537.722		7.823	.000
	残疾赔偿金	.049	.004	.427	12.244	.000

a. 因变量：精神损害抚慰金

B 列的 4206.611 代表常量 a（截距）；0.049 为回归系数 b（斜率），因此得出残疾赔偿金与精神损害赔偿金简单的线性回归模型为：$Y = 4206.611 + 0.049X$，其中 Y 表示精神损害赔偿金，X 表示残疾赔偿金。

（五）被扶养人生活费作为影响因素的量化证成

通过对 309 件有明确被扶养人生活费的案件进行线性回归分析后，得出如下表格：

1. 线性模型回归汇总表

模型摘要

模型	R	R 方	调整后 R 方	标准估算的错误
1	.404[a]	.163	.160	13984.70979

a. 预测变量：（常量），被扶养人生活费

其中，R=0.404，说明被扶养人生活费与精神损害赔偿金为正相关关系，代表着法官最终判决精神损害赔偿金与被扶养人生活费的关系非常密切。判定系数 R 方为 0.163 调整后的 $R^2=0.160$，变小了说明拟合效果较好，可以接受。

2. 线性回归方差分析表

ANOVA[a]

模型		平方和	自由度	均方	F	显著性
1	回归	11701777546.999	1	11701777546.999	59.834	.000[b]
	残差	60040637130.439	307	195572107.917		
	总计	71742414677.437	308			

a. 因变量：精神损害抚慰金
b. 预测变量：（常量），被扶养人生活费

其中显著性（P 值）= 0.000<0.01，即认为模型在 0.01 显著性水平下，由自变量被扶养人生活费和因变量精神损害赔偿金建立起来的线性关系具有极其显著的统计学意义，说明法官最终判决精神损害赔偿金对于被扶养人生活费的考量占比较多。

3. 线性回归模型回归系数表

系数[a]

模型		未标准化系数		标准化系数	t	显著性
		B	标准错误	Beta		
1	（常量）	10735.072	939.398		1.428	.000
	被扶养人生活费	.078	.010	.404	.735	.000

a. 因变量：精神损害抚慰金

B 列的 10735.072 代表常量 a（截距）；0.078 为回归系数 b（斜率），因此得出被扶养人生活费与精神损害赔偿金简单的线性回归模型为：Y = 10735.072+0.078X，其中 Y 表示精神损害赔偿金，X 表示被扶养人生活费。

（六）保险费作为影响因素的量化证成

通过对 228 件有明确保险费的案件进行线性回归分析后，得出如下表格：

1. 线性模型回归汇总表

模型摘要

模型	R	R 方	调整后 R 方	标准估算的错误
1	.377[a]	.142	.139	14309.38287

a. 预测变量：（常量），保险费

其中，R = 0.377，说明保险费与精神损害赔偿金为正相关关系，代表着法官最终判决精神损害赔偿金与保险费的关系比较密切。判定系数 R 方为 0.142 调整后的 R^2 = 0.139，数值变小了，说明拟合效果较好，可以接受。

2. 线性回归方差分析表

ANOVA[a]

模型		平方和	自由度	均方	F	显著性
1	回归	7689747400.175	1	7689747400.175	37.555	.000[b]
	残差	46275407023.172	226	204758438.156		
	总计	53965154423.347	227			

a. 因变量：精神损害抚慰金

b. 预测变量：（常量），保险费

其中显著性（P 值）= 0.000<0.01，即认为模型在 0.01 显著性水平下，由自变量保险费和因变量精神损害赔偿金建立起来的线性关系具有极其显著的统计学意义，说明法官最终判决精神损害赔偿金对于保险费的考量占比较多。

3. 线性回归模型回归系数表

系数[a]

模型		未标准化系数		标准化系数	t	显著性
		B	标准错误	Beta		
1	（常量）	5721.095	1377.363		.154	.000
	保险	.043	.007	.377	.128	.000

a. 因变量：精神损害抚慰金

B 列的 5721.095 代表常量 a（截距）；0.043 为回归系数 b（斜率），因此得出保险费与精神损害赔偿金简单的线性回归模型为：Y = 5721.095+0.043X，其中 Y 表示精神损害赔偿金，X 表示保险费。

（七）通讯费作为影响因素的量化证成

通过对 84 件有明确通讯费的案件进行线性回归分析后，得出如下表格：

1. 线性模型回归汇总表

模型摘要

1	.351ᵃ	.123	.113	15513.096

a. 预测变量：（常量），通讯费

其中，R = 0.351，说明通讯费与精神损害赔偿金为正相关关系，代表着法官最终判决精神损害赔偿金与通讯费的关系比较密切。判定系数 R 方为 0.123 调整后的 $R^2 = 0.113$，数值变小了，说明拟合效果较好，可以接受。

2. 线性回归方差分析表

ANOVAᵃ

模型		平方和	自由度	均方	F	显著性
1	回归	2773490485.409	1	2773490485.409	11.525	.001ᵇ
	残差	19733805109.829	82	240656159.876		
	总计	22507295595.238	83			

a. 因变量：精神损害抚慰金

b. 预测变量：（常量），通讯费

其中显著性（P 值）= 0.000 < 0.01，即认为模型在 0.01 显著性水平下，由自变量通讯费和因变量精神损害赔偿金建立起来的线性关系具有极其显著的统计学意义，说明法官最终判决精神损害赔偿金对于通讯费的考量占比较多。

3. 线性回归模型回归系数表

系数ᵃ

模型		未标准化系数		标准化系数	t	显著性
		B	标准错误	Beta		
1	（常量）	5735.502	2331.699		2.460	.016
	通讯费	.024	.007	.351	3.395	.001

a. 因变量：精神损害抚慰金

B 列的 5735.502 代表常量 a（截距）；0.024 为回归系数 b（斜率），因此得出通讯费与精神损害赔偿金简单的线性回归模型为：Y = 5735.502 + 0.024X，其中 Y 表示精神损害赔偿金，X 表示通讯费。

（八）评估费作为影响因素的量化证成

通过对 88 件有明确评估费的案件进行线性回归分析后，得出如下表格：

1. 线性模型回归汇总表

模型摘要

模型	R	R 方	调整后 R 方	标准估算的错误
1	.324[a]	.105	.094	10726.25650

a. 预测变量：（常量），评估费

其中，R＝0.324，说明评估费与精神损害赔偿金为正相关关系，代表着法官最终判决精神损害赔偿金与评估费的关系比较密切。判定系数 R 方为 0.105 调整后的 R^2＝0.094，数值变小了，说明拟合效果较好，可以接受。

2. 线性回归方差分析表

ANOVA[a]

模型		平方和	自由度	均方	F	显著性
1	回归	1159559000.793	1	1159559000.793	10.079	.002[b]
	残差	9894521744.726	86	115052578.427		
	总计	11054080745.519	87			

a. 因变量：精神损害抚慰金

b. 预测变量：（常量），评估费

其中显著性（P 值）＝0.002＜0.01，即认为模型在 0.01 显著性水平下，由自变量评估费和因变量精神损害赔偿金建立起来的线性关系具有极其显著的统计学意义，说明法官最终判决精神损害赔偿金对于评估费的考量占比较多。

3. 线性回归模型回归系数表

系数[a]

模型		未标准化系数		标准化系数	t	显著性
		B	标准错误	Beta		
1	（常量）	6775.663	1540.570		.398	.000
	评估费	1.160	.365	.324	.175	.002

a. 因变量：精神损害抚慰金

B 列的 6775.663 代表常量 a（截距）；1.16 为回归系数 b（斜率），因此得出评估费与精神损害赔偿金简单的线性回归模型为：Y＝6775.663+1.16X，其中 Y 表示精神损害赔偿金，X 表示评估费。

（九）护理费作为影响因素的量化证成

通过对 1066 件有明确护理费的案件进行线性回归分析后，得出如下表格：

1. 线性模型回归汇总表

模型摘要

模型	R	R 方	调整后 R 方	标准估算的错误
1	.317[a]	.101	.100	10320.07304

a. 预测变量：（常量），护理费

其中，R=0.317，说明护理费与精神损害赔偿金为正相关关系，代表着法官最终判决精神损害赔偿金与护理费的关系比较密切。判定系数 R 方为 0.101 调整后的 $R^2=0.100$，数值变小了，说明拟合效果较好，可以接受。

2. 线性回归方差分析表

ANOVA[a]

模型		平方和	自由度	均方	F	显著性
1	回归	12694372089.892	1	12694372089.892	119.192	.000[b]
	残差	113320157590.968	1064	106503907.510		
	总计	126014529680.860	1065			

a. 因变量：精神损害抚慰金

b. 预测变量：（常量），护理费

其中显著性（P 值）= 0.000 < 0.01，即认为模型在 0.01 显著性水平下，由自变量护理费和因变量精神损害赔偿金建立起来的线性关系具有极其显著的统计学意义，说明法官最终判决精神损害赔偿金对于护理费的考量占比较多。

3. 线性回归模型回归系数表

系数[a]

模型		未标准化系数		标准化系数	t	显著性
		B	标准错误	Beta		
1	（常量）	7753.743	327.338		23.687	.000
	护理费	.038	.004	.317	10.917	.000

a. 因变量：精神损害抚慰金

B 列的 7753.743 代表常量 a（截距）；0.038 为回归系数 b（斜率），因此得出护理费与精神损害赔偿金简单的线性回归模型为：$Y = 7753.743+0.038X$，其中 Y 表示精神损害赔偿金，X 表示护理费。

（十）丧葬费作为影响因素的量化证成

通过对 162 件有明确丧葬费的案件进行线性回归分析后，得出如下表格：

1. 线性模型回归汇总表

模型摘要

模型	R	R 方	调整后 R 方	标准估算的错误
1	.308[a]	.095	.089	18258.70656

a. 预测变量：（常量），丧葬费

其中，R = 0.308，说明丧葬费与精神损害赔偿金为正相关关系，代表着法官最终判决精神损害赔偿金与丧葬费的关系比较密切。判定系数 R 方为 0.095 调整后的 $R^2 = 0.089$，数值变小了，说明拟合效果较好，可以接受。

2. 线性回归方差分析表

ANOVA[a]

	模型	平方和	自由度	均方	F	显著性
1	回归	5590439054.038	1	5590439054.038	16.769	.000[b]
	残差	53340858411.239	160	333380365.070		
	总计	58931297465.277	161			

a. 因变量：精神损害抚慰金

b. 预测变量：（常量），丧葬费

其中显著性（P 值）= 0.000 < 0.01，即认为模型在 0.01 显著性水平下，由自变量丧葬费和因变量精神损害赔偿金建立起来的线性关系具有极其显著的统计学意义，说明法官最终判决精神损害赔偿金对于丧葬费的考量占比较多。

3. 线性回归模型回归系数表

系数[a]

模型		未标准化系数		标准化系数	t	显著性
		B	标准错误	Beta		
1	（常量）	18332.850	2745.335		6.678	.000
	丧葬费	.405	.099	.308	4.095	.000

a. 因变量：精神损害抚慰金

B 列的 18332.85 代表常量 a（截距）；0.405 为回归系数 b（斜率），因此得出丧葬费与精神损害赔偿金简单的线性回归模型为：$Y = 18332.85+0.405X$，其中 Y 表示精神损害赔偿金，X 表示丧葬费。

（十一）医疗费作为影响因素的量化证成

通过对 1148 件有明确医疗费的案件进行线性回归分析后，得出如下表格：

1. 线性模型回归汇总表

模型摘要

模型	R	R 方	调整后 R 方	标准估算的错误
1	.217[a]	.047	.046	12366.14645

a. 预测变量：（常量），医疗费

其中，R=0.217，说明医疗费与精神损害赔偿金为正相关关系，代表着法官最终判决精神损害赔偿金与医疗费的关系比较密切。判定系数 R 方为 0.047 调整后的 $R^2 = 0.046$，数值变小了，说明拟合效果较好，可以接受。

2. 线性回归方差分析表

ANOVA[a]

模型		平方和	自由度	均方	F	显著性
1	回归	8700606481.508	1	8700606481.508	56.896	.000[b]
	残差	175248128372.678	1146	152921577.987		
	总计	183948734854.186	1147			

a. 因变量：精神损害抚慰金
b. 预测变量：（常量），医疗费

其中显著性（P 值）= 0.000<0.01，即认为模型在 0.01 显著性水平下，由自变量医疗费和因变量精神损害赔偿金建立起来的线性关系具有极其显著的统计学意义，说明法官最终判决精神损害赔偿金对于医疗费的考量占比较多。

3. 线性回归模型回归系数表

系数[a]

模型		未标准化系数		标准化系数	t	显著性
		B	标准错误	Beta		
1	（常量）	7982.777	436.702		18.280	.000
	医疗费	.033	.004	.217	7.543	.000

a. 因变量：精神损害抚慰金

B 列的 7982.777 代表常量 a（截距）；0.033 为回归系数 b（斜率），因此得出医疗费与精神损害赔偿金简单的线性回归模型为：$Y = 7982.777 + 0.033X$，其中 Y 表示精神损害赔偿金，X 表示医疗费。

（十二）残疾辅助器具费作为影响因素的量化证成

通过对 159 件有明确残疾辅助器具费的案件进行线性回归分析后，得出如下表格：

1. 线性模型回归汇总表

模型摘要

模型	R	R 方	调整后 R 方	标准估算的错误
1	.263[a]	.069	.063	14965.40213

a. 预测变量：（常量），残疾辅助器具费

其中，R = 0.263，说明残疾辅助器具费和精神损害赔偿数额呈现出正相关，显示了法官裁断精神损害赔偿数额与残疾辅助器具费的关系密切。判定系数 R 方为 0.069 调整后的 $R^2 = 0.063$，数值变小了，说明拟合效果较好，可以接受。

2. 线性回归方差分析表

ANOVA[a]

模型		平方和	自由度	均方	F	显著性
1	回归	2605577742.685	1	2605577742.685	11.634	.001[b]
	残差	35162231951.705	157	223963260.839		
	总计	37767809694.390	158			

a. 因变量：精神损害抚慰金

b. 预测变量：（常量），残疾辅助器具费

其中显著性（P 值）= 0.001 < 0.01，即认为模型在 0.01 显著性水平下，由自变量残疾辅助器具费和因变量精神损害赔偿金建立起来的线性关系具有极其显著的统计学意义，说明法官最终判决精神损害赔偿金对于医疗费的考量占比较多。

3. 线性回归模型回归系数表

系数^a

模型		未标准化系数		标准化系数	t	显著性
		B	标准错误	Beta		
1	（常量）	12114.240	1213.597		9.982	.000
	残疾辅助器具费	.026	.008	.263	3.411	.001

a. 因变量：精神损害抚慰金

B 列的 12114.24 代表常量 a（截距）；0.026 为回归系数 b（斜率），因此得出残疾辅助器具费与精神损害赔偿金简单的线性回归模型为：$Y = 12114.24 + 0.026X$，其中 Y 表示精神损害赔偿金，X 表示残疾辅助器具费。

（十三）案件受理费被告负担额作为影响因素的量化证成

通过对 922 件有明确案件受理费被告负担额的案件进行线性回归分析后，得出如下表格：

1. 线性模型回归汇总表

模型摘要

	R	R 方	调整后 R 方	标准估算的错误
1	.255^a	.065	.064	17319.02434

a. 预测变量：（常量），受理费被告负担额

其中，R = 0.255，说明案件受理费被告负担额和精神损害赔偿数额呈现出正相关，显示了法官裁断精神损害赔偿数额与案件受理费被告负担额的关系密切。判定系数 R 方为 0.065 调整后的 $R^2 = 0.064$，数值变小了，说明拟合效果较好，可以接受。

2. 线性回归方差分析表

ANOVA^a

	模型	平方和	自由度	均方	F	显著性
	回归	19182831096.868	1	19182831096.868	63.954	.000[b]
1	残差	275952715831.027	920	299948604.164		
	总计	295135546927.895	921			

a. 因变量：精神损害抚慰金

b. 预测变量：（常量），受理费被告负担额

其中显著性（P 值）= 0.000＜0.01，即认为模型在 0.01 显著性水平下，由自变量案件受理费被告负担额和因变量精神损害赔偿金建立起来的线性关系具有极其显著的统计学意义，说明法官最终判决精神损害赔偿金对于案件受理费被告负担额的考量占比较多。

3. 线性回归模型回归系数表

系数^a

模型		未标准化系数		标准化系数	t	显著性
		B	标准错误	Beta		
1	（常量）	9949.547	614.144		16.201	.000
	案件受理费被告负担额	.692	.087	.255	7.997	.000

a. 因变量：精神损害抚慰金

B 列的 9949.547 代表常量 a（截距）；0.692 为回归系数 b（斜率），因此得出案件受理费被告负担额与精神损害赔偿金简单的线性回归模型为：$Y = 9949.547 + 0.692X$，其中 Y 表示精神损害赔偿金，X 表示案件受理费被告负担额。

（十四）死亡赔偿金作为影响因素的量化证成

通过对 173 件有明确死亡赔偿金的案件进行线性回归分析后，得出如下表格：

1. 线性模型回归汇总表

模型摘要

模型	R	R 方	调整后 R 方	标准估算的错误
1	.246[a]	.060	.055	18721.18313

a. 预测变量：（常量），死亡赔偿金

其中，R＝0.246，说明死亡赔偿金与精神损害赔偿金为正相关关系，代表着法官最终判决精神损害赔偿金与死亡赔偿金的关系密切。判定系数 R 方为 0.06 调整后的 R^2＝0.055，数值变小了，说明拟合效果较好，可以接受。

2. 线性回归方差分析表

ANOVA[a]

模型		平方和	自由度	均方	F	显著性
1	回归	3843973768.212	1	3843973768.212	10.968	.001[b]
	残差	59932541297.745	171	350482697.648		
	总计	63776515065.957	172			

a. 因变量：精神损害抚慰金

b. 预测变量：（常量），死亡赔偿金

其中显著性（P 值）＝0.001＜0.01，即认为模型在 0.01 显著性水平下，由自变量死亡赔偿金和因变量精神损害赔偿金建立起来的线性关系具有极其显著的统计学意义，说明法官最终判决精神损害赔偿金对于死亡赔偿金的考量占比较多。

3. 线性回归模型回归系数表

系数[a]

模型		未标准化系数		标准化系数	t	显著性
		B	标准错误	Beta		
1	（常量）	22147.894	1928.725		11.483	.000
	死亡赔偿金	.011	.003	.246	3.312	.001

a. 因变量：精神损害抚慰金

B 列的 22147.894 代表常量 a（截距）；0.011 为回归系数 b（斜率），因此得出死亡赔偿金与精神损害赔偿金简单的线性回归模型为：$Y＝22147.894+0.011X$，其中 Y 表示精神损害赔偿金，X 表示死亡赔偿金。

（十五）住宿费作为影响因素的量化证成

通过对 101 件有明确住宿费的案件进行线性回归分析后，得出如下表格：

1. 线性模型回归汇总表

模型摘要

模型	R	R 方	调整后 R 方	标准估算的错误
1	.241[a]	.058	.049	16818.86600

a. 预测变量：（常量），住宿费

其中，R = 0.241，说明住宿费和精神损害赔偿数额呈现出正相关，显示了法官裁断精神损害赔偿数额与住宿费的关系密切。判定系数 R 方为 0.058 调整后的 R^2 = 0.049，数值变小了，说明拟合效果较好，可以接受。

2. 线性回归方差分析表

ANOVA[a]

模型		平方和	自由度	均方	F	显著性
1	回归	1726493746.447	1	1726493746.447	6.103	.015[b]
	残差	28004551105.039	99	282874253.586		
	总计	29731044851.485	100			

a. 因变量：精神损害抚慰金

b. 预测变量：（常量），住宿费

其中显著性（P 值）= 0.015，0.01<P≤0.05，即认为模型由自变量住宿费和因变量精神损害赔偿金建立起来的线性关系具有显著的统计学意义，说明法官最终判决精神损害赔偿金对于住宿费的考量占比较多。

3. 线性回归模型回归系数表

系数[a]

模型		未标准化系数		标准化系数	t	显著性
		B	标准错误	Beta		
1	（常量）	12924.707	1954.568		6.613	.000
	住宿费	.927	.375	.241	2.471	.015

a. 因变量：精神损害抚慰金

B 列的 12924.707 代表常量 a （截距）；0.927 为回归系数 b （斜率），因此得出住宿费与精神损害赔偿金简单的线性回归模型为：Y = 12924.707 + 0.927X，其中 Y 表示精神损害赔偿金，X 表示住宿费。

（十六）案件受理费原告负担额作为影响因素的量化证成

通过对 658 件有明确案件受理费原告负担额的案件进行线性回归分析后，得出如下表格：

1. 线性模型回归汇总表

模型摘要

模型	R	R 方	调整后 R 方	标准估算的错误
1	.225[a]	.050	.049	18157.25666

a. 预测变量：（常量），受理费原告负担额

其中，R=0.225，说明案件受理费原告负担额和精神损害赔偿数额呈现出正相关，表明法官裁断精神损害赔偿数额与案件受理费原告负担额的关系密切。判定系数 R 方为 0.05 调整后的 $R^2 = 0.049$，数值变小了，说明拟合效果较好，可以接受。

2. 线性回归方差分析表

ANOVA[a]

模型		平方和	自由度	均方	F	显著性
1	回归	11491736578.178	1	11491736578.178	34.857	.000[b]
	残差	216273995972.433	656	329685969.470		
	总计	227765732550.611	657			

a. 因变量：精神损害抚慰金

b. 预测变量：（常量），受理费原告负担额

其中显著性（P 值）= 0.000 < 0.01，即认为模型在 0.01 显著性水平下，由自变量案件受理费原告负担额和因变量精神损害赔偿金建立起来的线性关系具有极其显著的统计学意义，说明法官最终判决精神损害赔偿金对于案件受理费原告负担额的考量占比较多。

3. 线性回归模型回归系数表

系数[a]

模型		未标准化系数		标准化系数	t	显著性
		B	标准错误	Beta		
1	（常量）	9121.745	799.598		11.408	.000
	案件受理费原告负担额	1.620	.274	.225	5.904	.000

a. 因变量：精神损害抚慰金

B 列的 9121.745 代表常量 a（截距）；1.62 为回归系数 b（斜率），因此得出案件受理费原告负担额与精神损害赔偿金简单的线性回归模型为：Y=9121.745+1.62X，其中 Y 表示精神损害赔偿金，X 表示案件受理费原告负担额。

（十七）伙食补助费作为影响因素的量化证成

通过对 999 件有明确伙食补助费的案件进行线性回归分析后，得出如下表格：

1. 线性模型回归汇总表

模型摘要

模型	R	R 方	调整后 R 方	标准估算的错误
1	.220[a]	.048	.048	9773.20915

a. 预测变量：（常量），伙食补助费

其中，R＝0.22，说明伙食补助费和精神损害赔偿数额呈现出正相关，表明法官裁断精神损害赔偿数额与伙食补助费的关系密切。判定系数 R 方为 0.048 调整后的 R^2＝0.048，数值未变，说明拟合效果一般，可以接受。

2. 线性回归方差分析表

ANOVA[a]

模型		平方和	自由度	均方	F	显著性
1	回归	4853131404.692	1	4853131404.692	50.810	.000[b]
	残差	95229070301.461	997	95515617.153		
	总计	100082201706.153	998			

a. 因变量：精神损害抚慰金

b. 预测变量：（常量），伙食补助费

其中显著性（P 值）= 0.000＜0.01，即认为模型在 0.01 显著性水平下，由自变量伙食补助费和因变量精神损害赔偿金建立起来的线性关系具有极其显著的统计学意义，说明法官最终判决精神损害赔偿金对于伙食补助费的考量占比较多。

3. 线性回归模型回归系数表

系数ᵃ

模型		未标准化系数		标准化系数	t	显著性
		B	标准错误	Beta		
1	（常量）	7220.484	359.759		20.070	.000
	伙食补助费	.429	.060	.220	7.128	.000

a. 因变量：精神损害抚慰金

B 列的 7220.484 代表常量 a（截距）；0.429 为回归系数 b（斜率），因此得出伙食补助费与精神损害赔偿金简单的线性回归模型为：Y = 7220.484 + 0.429X，其中 Y 表示精神损害赔偿金，X 表示伙食补助费。

综上，我们总共可以得到关于精神损害赔偿金的 17 个不同的计算公式，汇总如下：

Y = 1334.38 + 1.79X（其中 Y 表示精神损害赔偿金，X 代表律师费）；

Y = 9602.868 + 0.322X（其中 Y 表示精神损害赔偿金，X 表示财产损失费）；

Y = 30187.103 − 2568.628X（其中 Y 表示精神损害赔偿金，X 表示伤残等级）；

Y = 4206.611 + 0.049X（其中 Y 表示精神损害赔偿金，X 表示残疾赔偿金）；

Y = 10735.072 + 0.078X（其中 Y 表示精神损害赔偿金，X 表示被扶养人生活费）；

Y = 5721.095 + 0.043X（其中 Y 表示精神损害赔偿金，X 表示保险费）；

Y = 5735.502 + 0.024X（其中 Y 表示精神损害赔偿金，X 表示通讯费）；

Y = 6775.663 + 1.16X（其中 Y 表示精神损害赔偿金，X 表示评估费）；

Y = 7753.743 + 0.038X（其中 Y 表示精神损害赔偿金，X 表示护理费）；

Y = 18332.85 + 0.405X（其中 Y 表示精神损害赔偿金，X 表示丧葬费）：

Y=7982.777+0.033X（其中 Y 表示精神损害赔偿金，X 表示医疗费）；

Y=12114.24+0.026X（其中 Y 表示精神损害赔偿金，X 表示残疾辅助器具费）；

Y=9949.547+0.692X（其中 Y 表示精神损害赔偿金，X 表示案件受理费被告负担额）；

Y=22147.894+0.011X（其中 Y 表示精神损害赔偿金，X 表示死亡赔偿金）；

Y=12924.707+0.927X（其中 Y 表示精神损害赔偿金，X 表示住宿费）；

Y=9121.745+1.62X（其中 Y 表示精神损害赔偿金，X 表示案件受理费原告负担额）；

Y=7220.484+0.429X（其中 Y 表示精神损害赔偿金，X 表示伙食补助费）。

以上的公式均为单个影响因素与精神损害赔偿金之间的计算式，当我们准确判定了其中一种影响因素时，则可以将其数值代入公式中对精神损害赔偿金进行方便快捷的计算。

（十八）精神损害赔偿额多种影响因素的量化证成

通过上一章节中的相关性分析，选取前十个与精神损害赔偿金相关性更强的影响因素对其进行数字模型的建构。包括：保险费、评估费、被扶养人生活费、财产损失费、通讯费、律师费、护理费、伤残等级、残疾赔偿金、丧葬费。

1. 线性模型回归汇总表

模型摘要

模型	R	R 方	调整后 R 方	标准估算的错误
1	.686[a]	.471	.467	12363.06367

a. 预测变量：（常量），保险费，评估费，被扶养人生活费，财产损失费，通讯费，律师费，护理费，伤残等级，残疾赔偿金，丧葬费

其中，R=0.686，数值较为接近1，说明模型比较好，判定系数 R 方为0.471 调整后的 $R^2=0.467$，数值变小了说明拟合效果较好，可以接受。

2. 线性回归方差分析表

ANOVA[a]

模型		平方和	自由度	均方	F	显著性
1	回归	190332962484.866	15	12688864165.658	83.589	.000[b]
	残差	152712132396.768	1006	151801324.450		
	总计	343045094881.635	1021			

a. 因变量：精神损害抚慰金

b. 预测变量：（常量），法医鉴定费，护理费，受理费原告负担额，财产损失费，死亡赔偿金，营养费，交通费，受诉法院所在地平均生活水平，受理费被告负担额，误工费，伙食补助费，被扶养人生活费，医疗费，残疾赔偿金，丧葬费

通过显著性相关分析的结果，将十个有效因素纳入线性回归模型中，最终建立精神损害赔偿模型，证明各个影响因素与精神损害赔偿金额的线性关系显著，方差检验表中 F 值对应的概率 P 值为 0.000，小于显著度 0.01，因此说明各个自变量和因变量之间存在显著的线性关系，具有统计学意义。

3. 线性回归模型回归系数表

系数[a]

模型		未标准化系数		标准化系数	t	显著性
		B	标准错误	Beta		
1	（常量）	10873.858	583.899		18.623	.000
	伤残等级	-686.130	73.640	-.191	-9.317	.000
	残疾赔偿金	.011	.005	.052	2.413	.016
	丧葬费	.560	.041	.295	13.606	.000
	护理费	.026	.005	.122	5.869	.000
	被扶养人生活费	.021	.008	.051	2.489	.013
	财产损失费	.315	.012	.494	25.630	.000
	律师费	1.041	.157	.130	6.612	.000
	评估费	.050	.318	.003	.157	.875
	通讯费	.018	.004	.081	4.162	.000
	保险	.005	.005	.024	1.212	.226

a. 因变量：精神损害抚慰金

由此，建立精神损害赔偿金额计算公式为：$Y = 10873.858 - 686.13X1 + 0.56X2 + 0.026X3 + 0.315X4 + 1.041X5 + 0.018X6$，其中 Y 表示精神损害赔偿金，X1 表示伤残等级，X2 表示丧葬费，X3 表示护理费，X4 表示财产损失费，X5 表示律师费，X6 表示通讯费。系数表格列出了自变量的显著性检验结果，在表格里的因素显著性如果比 0.01 更小，那么表明自变量对因变量有着显著影响，B 栏为自变量在回归方程里的系数，如果为负则说明自变量对因变量有着显著的负影响。然而各自变量的量纲与取值范围存在差异，且 B 栏也不会展现出自变量对因变量的影响程度多少，此时应该关注到标准系数，若数值越大则代表着自变量对于因变量的影响也越大，通过观察标准化回归系数可知伤残等级、丧葬费、护理费、财产损失费、律师费、通讯费对于精神损害赔偿金的影响更大，代表着法官最终判决精神损害赔偿金与伤残等级、丧葬费、护理费、财产损失费、律师费、通讯费的关系最为密切。

二、精神损害赔偿额影响因素量化设计

同案同判在法律领域具有重要的内涵，它表明法官对于相似法律事实的案件需要做出相同的定性判决。这一原则不仅体现了国家司法公正，也构成了国家司法制度设计的基本原则。通常，同案同判可以在定性和定量两个层面进行讨论。在定性层面，"同样案件"意味着案件具有相似的法律事实，而在定量层面，它表示两个案件的具体情节相似。此外，"同样判决"意味着法律认定和法律后果相同。这种分类方法旨在细化同案同判的含义，但它仍然强调了定性层面的相似性，即认为判决结果的相同认定就代表着同判。然而，需要强调的是，同案同判不仅仅是在定性方面的认定相同，还需要考虑量的统一性要求。这意味着不仅在法律事实上相似，而且在法律后果和判决上也应该相同。这样的原则有助于确保在相似情况下，法律的适用和裁判结果是一致的。

总之，同案同判原则在法律体系中具有重要的法律价值和意义，它有助于确保法律的公正性和一致性，并为司法决策提供了指导原则。

在精神损害赔偿领域，追求同案同判原则具有重要的法律价值和实践意义。这一原则不仅在规范方面具有价值，还在实际应用中发挥着关键作用。首先，同案同判的规范价值彰显了精神损害赔偿中的尊严和平等原则。在传统的法律理论中，正义常被视为社会制度的首要价值，而平等被视为正义的核心。同案同判作为一项法律原则，强调了人们对正义的普遍追求和向往。例如，罗尔斯的正义理论强调平等，他提出的正义原则将基本自由和社会经济差距两者

结合起来，以确保最弱势的群体得到最大的利益。同案同判要求法官公平地执行法律，确保相同的案件获得相同的判决，这与罗尔斯的正义理论有着相似之处。同案同判在法律界的实践中，有助于维护尊严和平等的法律原则。其次，同案同判在实践中具有重要价值，特别是在保护公民权利和反对法官主观判决方面。一致性是司法判决的基本要求，也是现代司法的内在要求。尽管精神损害赔偿案件常常涉及主观性较强，难以客观定性，但通过采用科学客观的量化方法，可以更好地保证判决的一致性和合理性。同案同判原则的应用有助于确保类似案件获得相似的判决结果，提高了司法系统的透明度和公正性。

综上所述，建议未来可以通过颁布司法解释或相关法规的方式，对精神损害赔偿数额的量化进行明确细致的规定，以确保法官在不同案件中能够实施同案同判，从而保障裁判的一致性和公正性。这将有助于提高精神损害赔偿领域的法律实践，维护公民的权益和法律尊严。

（一）造成精神损害严重后果之"严重"的量化设计

在本书的前面章节的精神损害的分类中，我们已经详细阐述了精神损害的概念和我们的观点。法律规定精神损害赔偿请求权的前提是，个体的人身权和人身尊严受到特定物质侵害，并伴随着精神上的严重损害后果。在这里，我们将损害后果解释为生理痛苦或心理痛苦，这两者是精神损害的主要形式。虽然在某些情况下，如性侵犯、家庭暴力和欺凌等，可能不会直接导致生理痛苦，但却可能造成严重的心理和精神伤害。我们将这种情况归类为心理痛苦，这一观点在本章前面的探讨中已经得到了详细论证。然而，要请求精神损害赔偿，这种生理痛苦或心理痛苦必须达到法律规定的"严重"程度。因此，在设计未来精神损害赔偿数额的立法框架时，我们将着重考虑生理痛苦和心理痛苦这两种精神损害后果的量化标准和界定。这一立法设计的目的是确保只有那些严重的精神损害能够获得相应的赔偿。这种量化方法将有助于法律界和司法体系更准确地评估精神损害案件，并为受害者提供公平和合理的赔偿。通过明确定义精神损害的程度标准，我们可以为精神损害赔偿提供更为明确和可操作的法律指导。在未来的法律立法中，我们需要认真考虑这些量化标准的制定，以确保精神损害赔偿的体系更加公平和有效，为那些受到严重精神损害的个体提供必要的法律保护和补偿。

对于那些造成生理痛苦这一严重后果的精神损害赔偿，需要满足一定的条件，其中之一是需要产生医药费等费用，这意味着只有实际支出了医疗费用才可以请求精神损害赔偿。我们如此设计有助于确保精神损害赔偿的申请更具客观性和可量化性，增强了判决的公正性和可信度。这一立法设计的目的是明确界定哪些情况下可以请求精神损害赔偿，以及如何计算赔偿金额。因此，我们建议未来的法律司法解释进一步明确规定，只有在精神损害导致了严重的生理痛苦，并伴随着产生医药费等具体费用的情况下，才能请求精神损害赔偿。这样的规定将有助于确保赔偿请求的合理性和可操作性，同时也能保护受害者的权益。此外，对于那些造成心理痛苦这一严重后果的精神损害赔偿，我们也需要进行相应的立法设计。根据我国法律规定，只有在造成了严重的心理痛苦的情况下才能请求精神损害赔偿。因此，我们建议未来的法律司法解释进一步明确规定，只有在精神损害导致了严重的心理痛苦，并伴随着产生可以量化的医药费用的情况下，才能请求精神损害赔偿。这样的规定将有助于确保精神损害赔偿的公正性和合理性，同时也有助于减少争议和法律纠纷的发生。总之，我们建议未来的立法应当更加明确地规定精神损害赔偿的条件和计算方式，以确保法律的公正性和可操作性，同时也保护了受害者的合法权益。这将有助于实现同案同判的原则，提高司法裁决的一致性和可信度。

综上所述，我们建议未来的立法应对精神损害赔偿的损害后果的"严重"进行具体的量化规定，明确规定严重精神损害后果包括严重生理痛苦、严重心理痛苦或者兼而有之。同时，规定无论是造成严重的生理痛苦还是造成严重的心理痛苦，或者是两者兼而有之，其中的"严重"都要符合产生医药费的条件，否则不可以请求精神损害赔偿。这一立法原则将确保精神损害赔偿的申请更具客观性和可操作性，同时也能够保护受害人的权益。然而，需要特别指出的是，如果精神损害赔偿的请求方因经济能力无法承担医药费等费用而不去就医，这种情况应该被列为例外规定。在这种情况下，我们建议未来的立法应保留法官的自由裁量权，允许法官在考虑案件的具体情况时，考虑到受害人的承受能力和就医情况，以评估精神损害赔偿金额。这样可以确保即使某些受害人由于经济困难而无法支付医药费，仍然有机会请求精神损害赔偿，以保障其合法权益。总之，"无药费不赔偿"的原则应作为一般规定，但在特殊情况下，应该有例外规定，以确保法律的公正性和适用性。这将有助于实现同案同判的原则，提高司法裁决的一致性和可信度，同时也维护了受害人的合法权益。

综上所述，笔者建议将"医学上可诊断出的神经疾患"确定为"严重的精神损害"的标准。这一标准可用于判断被侵权人遭受的精神损害是否属于"严重精神损害"。尽管有学者认为在某些情况下，精神损害可能不会直接表现为"医学上可诊断出的神经疾患"，但被侵权人确实遭受了严重的精神痛苦，影响其正常生活和工作。然而，笔者的观点不同，认为如果精神损害未直接导致"医学上可诊断出的神经疾患"，则可能表明精神损害的后果并不严重。因为只有严重的精神损害才会导致医学上可诊断的神经疾患。因此，如果未导致医学上可诊断的神经疾患，表明被侵权人的精神损害后果并不严重，因此无法请求精神损害赔偿。相反，同一侵权行为可能导致精神损害后果较轻的被侵权人不获得精神损害赔偿，但也可能导致精神损害后果较严重的被侵权人被诊断为患有神经疾患。因此，我们需要明确的量化标准，将"严重"量化，这样就能减少法官的自由裁量权。这一标准将有助于确保判决更符合客观事实，有利于同案同判，防止精神损害案件中的不公平赔偿情况发生。

（二）精神损害赔偿额影响因素量化设计

当前我国仅在司法解释中规定了精神损害赔偿数额的影响因素，如侵权人的过错程度、侵权的场合、手段、行为方式等具体情节、侵权行为所造成的后果、侵权人的获利情况、侵权人承担责任的经济能力、受诉法院所在地的平均水平。然而，这六个方面的影响因素被概括表述，没有详细规定具体的量化计算方法，导致了司法实践中出现了同案不同判的情况。

基于以上的统计分析结果，我们建议未来的立法应当对精神损害赔偿数额做出具体的量化公式的规定，以保证司法裁决的一致性和公正性。以下是我们的建议：

1. 量化公式

对于精神损害赔偿：我们建议未来立法明确如下的计算公式：

$Y = 1334.38 + 1.79X$（其中 Y 表示精神损害赔偿金，X 代表律师费）；

$Y = 9602.868 + 0.322X$（其中 Y 表示精神损害赔偿金，X 表示财产损失额）；

$Y = 30187.103 - 2568.628X$（其中 Y 表示精神损害赔偿金，X 表示伤残等级）；

$Y = 4206.611 + 0.049X$（其中 Y 表示精神损害赔偿金，X 表示残疾赔偿金）；

$Y = 10735.072 + 0.078X$（其中 Y 表示精神损害赔偿金，X 表示被扶养人生活费）；

$Y = 5721.095 + 0.043X$（其中 Y 表示精神损害赔偿金，X 表示保险费）；

$Y = 5735.502 + 0.024X$（其中 Y 表示精神损害赔偿金，X 表示通讯费）；

$Y = 6775.663 + 1.16X$（其中 Y 表示精神损害赔偿金，X 表示评估费）；

Y=7753.743+0.038X（其中 Y 表示精神损害赔偿金，X 表示护理费）；

Y=18332.85+0.405X（其中 Y 表示精神损害赔偿金，X 表示丧葬费）；

Y=7982.777+0.033X（其中 Y 表示精神损害赔偿金，X 表示医疗费）；

Y=12114.24+0.026X（其中 Y 表示精神损害赔偿金，X 表示残疾辅助器具费）；

Y=9949.547+0.692X（其中 Y 表示精神损害赔偿金，X 表示案件受理费被告负担额）；

Y=22147.894+0.011X（其中 Y 表示精神损害赔偿金，X 表示死亡赔偿金）；

Y=12924.707+0.927X（其中 Y 表示精神损害赔偿金，X 表示住宿费）；

Y=9121.745+1.62X（其中 Y 表示精神损害赔偿金，X 表示案件受理费原告负担额）；

Y=7220.484+0.429X（其中 Y 表示精神损害赔偿金，X 表示伙食补助费）

或者是采用综合性的计算公式：Y=10873.858−686.13X1+0.56X2+0.026X3+0.315X4+1.041X5+0.018X6，其中 Y 表示精神损害赔偿金，X1 表示伤残等级，X2 表示丧葬费，X3 表示护理费，X4 表示财产损失费，X5 表示律师费，X6 表示通讯费。

以上的量化公式是基于前文对大量法官判案数据的统计分析所得出的，因此具有科学性和公平性，其合理性显而易见。我们将这 17 个费用指标称为关键影响因素，实际上它们对应着司法解释中规定的 6 个精神损害赔偿数额的影响因素，是这 6 个因素的具体化和量化表达。因此，我们的公式具有明确的科学依据和法律依据。为了帮助理解，我们通过下页图示将 17 个关键性影响因素与司法解释规定的 6 个影响因素进行了对应：关键影响因素与司法解释规定的影响因素对应图。

通过这个图示，可以一目了然地看出每个关键影响因素是如何与司法解释中规定的影响因素相对应的。这有助于法官和相关法律从业人员在实际裁决中更准确地应用这些影响因素，以确保精神损害赔偿的公正和合理。同时，这也强调了我们的量化公式的科学性和法律依据，为未来的法律实践提供了有力的指导和立法上提供建议提供支撑。

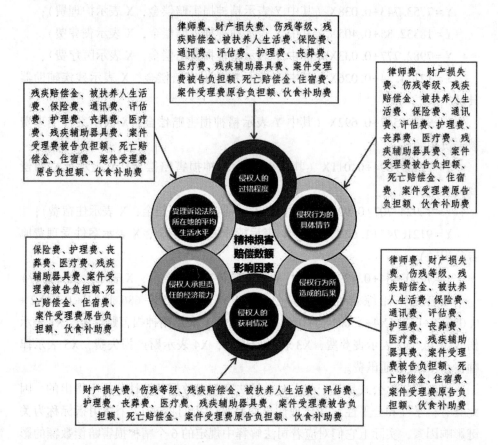

同时，前文提到一些学者曾进行精神损害赔偿的量化研究，然而我们的量化研究结果表明，我们的方法更为方便、科学、快捷、准确，有助于法官的裁决。只要法官能够在每个案件中确定这 17 个关键性影响因素，并将相应数值代入我们设计的公式，就能轻松地计算出精神损害赔偿数额。关于如何选择和使用这 17 个关键性影响因素以及注意事项等详细信息，请参阅下文的量化公式适用步骤。

2. 量化公式的适用步骤

这 17 个影响因素的选择需要特别注意，必须满足精神损害赔偿的条件，即符合严重精神损害后果的基本要求。同时，必须明确，在这 17 个影响因素中，必须存在产生医药费的前提，才能被视为严重精神损害的一部分。因此，在任何案件中，只需确定这 17 个影响因素中的某些因素并代入公式即可计算精神损害赔偿数额。总之，只有具备这 17 个因素中的某些要素，且符合产生"医药费"的精神损害赔偿条件，才能启动精神损害赔偿数额的计算。

除了未来明确规定以上的量化公式外，我们需要制定明确的适用规则和步骤来帮助法官进行精神损害赔偿的计算。以下是建议的适用规则和步骤：

公式适用步骤一：未来法律明确规定法官寻找案件中包含的裁量因素。在过去，法官通常会提出一个模糊的、笼统的抚慰金数额，而没有明确的量化因素，这导致了同案不同判的情况。我们的公式旨在确保同案同判。因此，法官在处理精神损害赔偿案件时，首先需要确定该案件涉及的以下裁量因素：律师费、财产损失费、伤残等级、残疾赔偿金、被扶养人生活费、保险费、通讯费、评估费、护理费、丧葬费、医疗费、残疾辅助器具费、案件受理费被告负担额、死亡赔偿金、住宿费、案件受理费原告负担额、伙食补助费。

公式适用步骤二：法律明确规定法官将具体精神损害赔偿案件所涉及的相关因素代入我们所立法构建的精神损害赔偿数额的计算公式中进行计算。

公式适用步骤三：由于并非所有案件都包含以上所有相关因素，但只要从以上公式中选择该精神损害赔偿案件所具备的任何相关因素，即可对精神损害赔偿数额进行量化计算。

公式适用步骤四：对通过多个公式计算得到的多个精神损害赔偿数额进行整理。排除误差较大且不符合当地社会经济发展实际情况的数值，然后对剩余数值进行平均值计算，以获得最终确定的精神损害赔偿数额。

公式的更新与时效性：需要考虑公式的更新和时效性。每年新发生的精神损害赔偿案例的判决应该记录相关因素的数值和最终的赔偿金额，以便使用统计软件（如 SPSS）计算出新的、更客观、更合理的精神损害赔偿数额的公式。这些规则和步骤将有助于确保精神损害赔偿计算的一致性和公平性，并使法官能够更有效地进行赔偿数额的计算。同时，定期更新公式也有助于反映社会和经济变化对精神损害赔偿的影响。

我们认为在未来的司法解释中，应该明确规定以下四个步骤。如果其中有需要法官自由裁量的情况，法官可以根据精神损害赔偿的特殊性行使自由裁量权，以确定不在规定范围内的情形下的精神损害赔偿数额。法官的自由裁量权仍然应遵循目前我国司法解释规定的精神损害赔偿数额的几个因素。

我们所设计的精神损害赔偿的量化公式在理论上看是合理的。前面我们提到，虽然有许多学者提出了精神损害赔偿的量化计算方法，但这些研究对于影响精神损害数额的因素探讨不够全面，因此得出的结果可能不能准确反映案件应得的精神损害赔偿数额。我们通过对北大法宝中大量的现实判决案例进行统计分析，得出了一个模型公式，研究了 17 个可能影响精神损害赔偿数额的因素，尽可能全面地考虑了所有影响因素。这个量化计算方法与目前我国《最高人民法院关于确定民事侵权精神损害赔偿责任若干问题的解释》（2020 年修正版）中的六个要素完全一致，实际上是对这六个要素的更具体和更量化的表现，符合现行司法解释的规定。

我们的计算公式是对目前司法解释中原则抽象规定的进一步精细化研究的结果，有助于确保在相同案件中法官做出一致的判决，从而促进司法的公正性。因此，基于现有司法解释的抽象规定，我们将具体因素进一步细化，并将这些因素具体量化为各项费用，包括律师费、财产损失费、伤残等级、残疾赔偿金、被扶养人生活费、保险费、通讯费、评估费、护理费、丧葬费、医疗费、残疾辅助器具费、案件受理费被告负担额、死亡赔偿金、住宿费、案件受理费原告负担额、伙食补助费。因此，不论从研究理论还是目前法律规定的角度来看，我们所设计的量化公式都是合理且科学的。

（三）除外情形下的精神损害赔偿额的量化设计

通常情况下，要求精神损害赔偿，通常要求存在严重的生理痛苦或心理痛苦。然而，在某些情况下，精神损害可能不会直接导致生理或心理痛苦，但却对个人的精神状态、心理健康等方面产生了严重影响。在这种情况下，仍然可以将其归类为心理痛苦。因此，即使除了严重生理痛苦或心理痛苦的后果之外还存在其他后果，这些后果也可以归入严重生理痛苦或心理痛苦的范畴。

通常情况下，每个自然人只要遭受严重的生理痛苦或心理痛苦都有寻求医疗治疗的倾向，这符合我们常说的病情严重时寻求医疗帮助的习惯，因为症状已经达到了严重程度。一般来说，有些人遭受的生理或心理痛苦可能不足以推动他们寻求医疗帮助，但在面临严重生理痛苦或心理痛苦时，他们通常会寻求医疗治疗，产生医疗费用。对于那些因为经济困难而不去寻求医疗治疗，但事实上遭受了严重的生理痛苦或心理痛苦的人，建议未来的立法应该考虑以下规定：

立法可以明确，即使受害人因为经济困难而未能寻求医疗治疗，但其所遭受的严重生理痛苦或心理痛苦已经得到证实，仍然有资格请求精神损害赔偿。

立法可以规定一种机制，允许这些受害人提供其他证据来证明他们所遭受的精神损害，例如专业心理评估或证人证词等。

这样的规定可以确保在经济困难或其他原因阻碍了受害人寻求医疗治疗的情况下，他们仍有机会获得合理的精神损害赔偿。这有助于维护精神损害赔偿的公正性和合理性。

　　为了确保精神损害赔偿的公正性和准确性，我们建议未来的立法可以明确规定以下方式来估算精神损害赔偿金额：衡量严重生理痛苦或心理痛苦的标准可以是医药费用。即当受害人遭受精神损害后需要寻求医疗治疗并产生医药费用时，可以直接将这些费用纳入精神损害赔偿的计算。对于那些没有导致严重生理痛苦或心理痛苦的后果，但仍然存在严重精神损害后果的情况，法官可以行使自由裁量权来确定精神损害赔偿的数额。法官可以参考我国《最高人民法院关于确定民事侵权精神损害赔偿责任若干问题的解释》（2020 年修正版）第五条中规定的因素，包括侵权人的过错程度、侵权行为的目的、方式、场合等具体情节、侵权行为所造成的后果、侵权人的获利情况、侵权人承担责任的经济能力以及受理诉讼法院所在地的平均生活水平等。对于那些因经济困难而未能寻求医疗治疗但仍然遭受了严重精神损害的情况，法官可以类似地将自己置于受害人的境地，估算相关费用，并根据我们设计的量化公式将这些费用代入，以准确计算精神损害赔偿金额。这些规定将有助于确保在各种严重后果的精神损害赔偿情况下都能够全面、科学、合理地计算赔偿金额。这种方法既考虑了医疗费用的情形，又允许法官根据具体情况行使自由裁量权，以便更好地反映精神损害的实际情况。

　　（四）各地判决指南精神损害赔偿数额的量化设计构想

　　1. 整体思路构想

　　对于各地的判决指南进行量化设计需要在《民法典》的指导之下具体依照各地的社会经济发展的实际情况进行调整，整体的思路如下图所示：

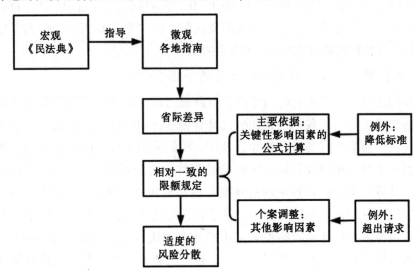

省市的经济发展状况不同，因此精神损害赔偿标准可能存在差异。然而，总体而言，精神损害赔偿应该在一定的限额范围内进行规定。我们建议采用之前提出的统一的计算公式对精神损害赔偿数额进行计算，或者根据本省的案件裁判情况，使用统计分析工具如 SPSS，设计符合本省情况的精神损害赔偿金的计算公式。在制定这些地方判决指南时，需要遵循法律法规和司法解释的规定，确保不违反相关法律的精神和原则。

需要明确的是，判决指南是一种法律适用指导文件，本身不具有法律效力。因此，在各地制定判决指南时，必须确保其符合法律体系和法律精神，不能与相关法律法规相抵触。此外，判决指南的设计需要经过实践检验和不断改进，以确保其科学性和有效性。这种方法可以在考虑各地实际情况的基础上，为精神损害赔偿提供更加合理、公正和科学的标准，同时也有助于保持一定的一致性，以确保法律的适用在各地都能够合理而有序地进行。

2. 量化设计

目前，许多省份都采用一定的限额并分成不同的等级来规定精神损害赔偿标准。为了实现各地判决指南的量化，可以参考之前我们提出的法律建议，根据各省市的实际情况，在最高限额内设计量化公式和步骤规则。需要明确的是，判决指南是一种法律适用指导文件，本身不具有法律效力。因此，在各地制定判决指南时，必须严格遵守法律法规和司法解释的规定，不能违反相关法律的原则和精神。另外，判决指南的设计需要经过实践验证和不断改进，以确保其科学性和有效性。这意味着各省市应该根据实际应用情况，不断修订和更新判决指南，以适应社会和法律环境的变化，同时确保法律适用在各地都能合理、公平、有序地进行。这个过程需要法院、法律专家和相关部门的紧密合作，以确保精神损害赔偿标准的科学性和公正性。

（五）精神损害赔偿额量化设计的合理性检验

我们已经从学者研究的理论以及与目前的司法解释规定的影响因素高度契合的角度，得出了我们的量化公式具有科学性和合理性的结论。为了进一步验证我们模型公式的科学性和合理性，我们采用了科学的检验方法。我们将任何一个案例中涉及精神损害赔偿数额的相关费用代入我们设计的公式，然后将计算结果与法官判决的精神损害赔偿数额进行比较。如果差距很小，就能够证明我们设计的量化公式是科学合理的且具有公平性。实际上，我们已经通过将多个精神损害赔偿案例中的相关费用代入公式进行了多次验证，得出的结论都是一致的：我们的公式计算出的数额与法官判决的精神损害赔偿数额非常接近，相差无几。这一系列的验证表明，我们的量化公式是科学合理的，具有公平性。它不仅与学术理论和法律法规相契合，而且在实际案例中得到了验证，为精神损害赔偿提供了更为客观和科学的立法完善依据。尽管如此，我们仍然希望在法律实践中不断改进和完善我们的量化公式，以更好地适应各种案件情境，保持精神损害赔偿的科学性和公正性，实现同案同判的目标。例如，我们以辽宁省某一精神损害赔偿额案例为例，案件中的医疗费为 24085.82 元、伙食补助费 12280 元、残疾赔偿金 172204 元、护理费 42218 元、鉴定费 1720 元、交通费 3400 元、误工费 26630 元、复印费 1072 元，总计 283609.82 元。那么按照上文的计算公式，我们可以将本案中的相关因素代入，可以获得以下的结果：

$Y = 7982.777 + 0.033X$（其中 Y 表示精神损害赔偿金，X 表示医疗费），此时 $X = 24085.82$，求得 $Y = 8777.60906$；

$Y = 4206.611 + 0.049X$（其中 Y 表示精神损害赔偿金，X 表示残疾赔偿金），此时 $X = 172204$，代入公式求得 $Y = 12644.607$；

$Y = 7220.484 + 0.429X$（其中 Y 表示精神损害赔偿金，X 表示伙食补助费），此时 $X = 12280$，带入公式求得 $Y = 12488.604$；

$Y = 7753.743 + 0.038X$（其中 Y 表示精神损害赔偿金，X 表示护理费），此时 $X = 42218$，带入公式求得 $Y = 9358.027$.

再将上述的四个数值进行平均值的求取，得到最终的精神损害赔偿金 $Y = 10817.2118$，这个最终的数值与法官所判决的 10000 元的精神抚慰金相差并不大，因此可见，通过我们的量化公式获得的精神损害赔偿数额具有较高的客观科学性。这一公式更为具体和客观，同时具有同案同判的一致性，最大程度地确保了精神损害赔偿数额的科学性，减少了法官的主观裁量。这进一步证明了我们构建的精神损害赔偿数额的量化计算公式是合理的，可以为未来的立法完善建议提供强有力的科学支撑。

参考文献

（一）专著

[1] 李由义. 民法学. 北京：北京大学出版社，1988.

[2] 李震山. 行政法导论. 台北：三民书局，2007.

[3] 李开国，张玉敏. 中国民法学. 北京：法律出版社，2002.

[4] 李力，马荣. 人格权与精神损害赔偿. 江苏：南京出版社，2001.

[5] 陈光中. 刑事诉讼法（第 7 版）. 北京：北京大学出版社，2021.

[6] 陈聪富. 侵权行为法原理. 台湾：元照出版社，2018.

[7] 王胜明. 中华人民共和国侵权责任法释义. 北京：法律出版社，2013.

[8] 王利明. 人格权法新论. 长春：吉林人民出版社，1992.

[9] 王利明，杨立新. 人格权与新闻侵权. 北京：中国方正出版社，2010.

[10] 王利明. 侵权责任法研究. 北京：中国人民大学出版社，2011.

[11] 王利明. 人格权法研究. 北京：中国人民大学出版社，2005.

[12] 王灏. 澳大利亚侵权法原理. 北京：法律出版社，2019.

[13] 王春娣，程德文. 消费纠纷与精神损害赔偿. 北京：中国民主法制出版社，2001.

[14] 王泽鉴. 民法学说与判例研究. 北京：北京大学出版社，2009.

[15] 王泽鉴. 民法学说与判例研究（重排合订本）. 北京：北京大学出版社，2015.

[16] 王泽鉴. 损害赔偿. 北京：北京大学出版社，2017.

[17] 杨立新. 侵权法论（下册）. 吉林：吉林人民出版社，2000.

[18] 杨立新. 侵权责任法. 上海：复旦大学出版社，2010.

[19] 杨立新. 侵权法论. 北京：人民法院出版社，2011.

［20］杨立新. 侵权责任法（第二版）. 上海：复旦大学出版社，2016.

［21］杨立新. 中华人民共和国民法典释义与案例评注：人格权编. 北京：中国法制出版社，2020.

［22］关今华. 精神损害的认定与赔偿. 北京：人民法院出版社，1996.

［23］关今华. 精神损害赔偿数额的确定与评算. 北京：人民法院出版社，2002.

［24］关今华，庄仲希：精神损害赔偿实务. 北京：人民法院出版社，1992.

［25］张玉敏，陈铁水. 民法. 北京：中国人民大学出版社，2003.

［26］张民安. 法国民法. 北京：清华大学出版社，2015.

［27］张新宝. 隐私权的法律保护. 北京：群众出版社，2004.

［28］张新宝. 精神损害赔偿制度研究. 北京：法律出版社，2011.

［29］于敏. 日本侵权行为法. 北京：法律出版社，1998.

［30］于敏. 日本侵权行为法（第三版）. 北京：法律出版社，2015.

［31］曾世雄. 非财产上之损害赔偿. 台北：三民书局，1989.

［32］曾世雄. 损害赔偿法原理. 北京：中国政法大学出版社，2001.

［33］程啸. 侵权行为法总论. 北京：中国人民大学出版社，2008.

［34］郭卫华，常鹏翱，殷勇，赵冀韬，姜占军，刘得恒. 中国精神损害赔偿制度研究. 武汉：武汉大学出版社，2003.

［35］刘士国. 日本民法典（2017 年大修改）. 北京：中国法制出版社，2018.

［36］崔亚东. 人工智能与司法现代化. 上海：上海人民出版社，2019.

［37］姜明安. 行政法与行政诉讼法. 北京：北京大学出版社，1999.

［38］邵世星. 人身损害赔偿的理论与实务. 北京：中国方正出版社，2003.

［39］胡平. 精神损害赔偿制度研究. 北京：中国政法大学出版社，2003.

［40］黄薇. 中华人民共和国民法典侵权责任编解读. 北京：中国法制出版社，2020.

［41］满洪杰，陶盈，熊静文. 中华人民共和国民法典·侵权责任编释义. 北京：人民出版社，2020.

［42］尹志强. 人格权及其救济制度研究. 北京：中国政法大学出版

社，2019.

[43] 车辉. 非财产损害赔偿问题研究. 北京：法律出版社，2011.

[44] 万鄂湘. 民商法理论与审判实务研究. 北京：人民法院出版社，2004.

[45] 徐爱国. 英美侵权行为法学. 北京：北京大学出版社，2004.

[46] 佟柔. 民法原理. 北京：法律出版社，1986.

[47] 唐德华. 最高人民法院<关于确定民事侵权精神损害赔偿责任若干问题的解释>的理解与适用. 北京：人民出版社，2001.

[48] 中国审判理论研究会民事审判理论专业委员会. 民法典人格权编条文理解与司法适用. 北京：法律出版社，2020.

[49] 最高人民法院民法典贯彻实施工作领导小组. 中华人民共和国民法典人格权编理解与适用. 北京：人民法院出版社，2020.

[50] 精神损害赔偿数额之评算方法课题组. 精神损害赔偿数额之评算方法. 北京：法律出版社，2013.

[51] 瑞士债务法. 戴永盛，译. 北京：中国政法大学出版社，2016.

[52] 瑞士民法典. 殷生根，王燕，译. 北京：中国政法大学出版社，1999.

[53] 德国民法典（第四版）. 陈卫佐，译. 北京：法律出版社，2015.

[54] 德国民法典. 杜景林，等，译. 北京：中国政法大学出版社，1998.

[55] 法国民法典. 罗洁珍，译. 北京：法律出版社，2005.

[56] 日本民法典. 王书江，译. 北京：中国法制出版社，2000.

[57] [古希腊] 亚里士多德. 政治学. 吴寿彭，译. 北京：商务印书馆，1965.

[58] [美] 约翰·罗尔斯. 正义论. 何怀宏，何包钢，廖申白，译. 北京：中国社会科学出版社，1988.

[59] [瑞士] 雷伊. 瑞士侵权责任法（第四版）. 北京：中国政法大学出版社，2015.

[60] [瑞士] 海茵茨·雷伊. 瑞士侵权责任法. 贺栩栩，译. 北京：中国政法大学出版社，2015.

[61] [德] 埃尔温·多伊奇，汉斯·于尔根. 德国侵权法（第六版）——侵权行为、损害赔偿及痛苦抚慰金. 叶名怡，温大军，译. 北京：中国人民大学出版社，2022.

［62］［德］克雷斯蒂安·冯·巴尔. 欧洲比较侵权行为法（下）. 焦美华，译. 北京：法律出版社，2001.

［63］［德］马克西米利安·福克斯. 侵权行为法. 齐晓琨，译. 北京：法律出版社，2004.

［64］［澳］彼得·凯恩. 阿蒂亚论事故、赔偿及法律. 王仰光等，译. 北京：中国人民大学出版社，2008.

（二）期刊

［65］张磊，李小鲁. 精神损害与精神损害赔偿. 重庆文理学院学报（社会科学版），2007（02）.

［66］张新宝. 侵权责任编起草的主要问题探讨. 中国法律评论，2019，25（01）.

［67］张新宝. 侵权责任法立法的利益衡量. 中国法学，2009（04）.

［68］张新宝. 从司法解释到侵权责任法草案：精神损害赔偿制度的建立与完善. 暨南学报（哲学社会科学版），2009，31（02）.

［69］张新宝，郭明龙. 论侵权死亡的精神损害赔偿. 法学杂志，2009，30（01）.

［70］张新宝，高燕竹. 英美法上"精神打击"损害赔偿制度及其借鉴. 法商研究，2007，121（05）.

［71］张新宝，康长庆. 名誉权案件审理的情况、问题及对策. 现代法学，1997（03）.

［72］张力. 论法人的精神损害赔偿请求权. 法商研究，2017，34（01）.

［73］张秀玲. 论违约精神损害赔偿. 甘肃理论学刊，2013（03）.

［74］张胜先. 精神损害分类的探讨. 中南大学学报（社会科学版），2003，9（06）.

［75］张志超. 论精神损害赔偿数额的确定. 湖北警官学院学报，2006（02）.

［76］张志铭. 中国法院案例指导制度价值功能之认知. 学习与探索，2012，200（03）.

［77］张小可，沈文明，杜翠凤. 贝叶斯网络在用户画像构建中的研究. 移动通信，2016，40（22）.

［78］张佩霖. 谈谈《民法通则》规定的民事责任. 政法论坛，1986（05）.

［79］张妮. 我国精神损害赔偿标准设立方式的实证研究. 湖南社会科学, 2013（02）.

［80］刘家勤, 高长思, 徐信贵. 论国家精神损害赔偿责任的确立、认定及其判准. 重庆大学学报（社会科学版）, 2012, 18（01）.

［81］刘伟. 2018 年日本民法学研究综述. 日本法研究, 2019, 5（01）.

［82］刘高勇. 反射性精神损害救济请求的司法应对——基于比较法的视角. 社会科学家, 2019（05）.

［83］刘小璇. 论违约精神损害赔偿. 法学杂志, 2021, 42（06）.

［84］刘小璇, 郑成良.《民法典》视域下违约精神损害赔偿制度的适用困境与消解路径. 当代法学, 2022, 36（03）.

［85］刘婉婷. 刑事案件精神损害赔偿若干问题研究——以"吴春红案"为切入点. 法律适用, 2022（02）.

［86］刘鹏. 论侵犯公民人格权的民事责任. 法学, 1987（03）.

［87］刘速. 浅议数字图书馆知识发现系统中的用户画像——以天津图书馆为例. 图书馆理论与实践, 2017, 212（06）.

［88］刘海, 卢慧, 阮金花, 田丙强, 胡守忠. 基于"用户画像"挖掘的精准营销细分模型研究. 丝绸, 2015, 52（12）.

［89］刘爱茹. 国家侵权精神损害赔偿范围的法律续造及界限. 东南大学学报（哲学社会科学版）, 2022, 24（S1）.

［90］刘廷华. 关于违约责任不适合精神损害赔偿的反思. 中国海洋大学学报（社会科学版）, 2011（02）.

［91］刘利平. 违约精神损害赔偿合理预见的特殊法则. 科学·经济·社会, 2013, 31（02）.

［92］刘强. 论我国刑事被害人权利保护的缺失与衡平. 犯罪学论丛, 2009（07）.

［93］陈平. 美国侵权行为法评析. 四川师范大学学报（哲学社会科学版）, 1999（02）.

［94］陈炯棠. 浅论精神损害赔偿的完善. 科技信息, 2011（18）.

［95］陈雪仪. 浅论纯粹精神损害赔偿的限制规则——英美法相关经验对我国法的启示. 文学教育（中）, 2011（07）.

［96］陈思静. 医疗精神损害赔偿研究. 法学论坛, 2022, 37（02）.

［97］王利明. 我国案例指导制度若干问题研究. 法学, 2012, 362

(01).

［98］王利明. 侵权责任法与合同法的界分——以侵权责任法的扩张为视野. 中国法学，2011，161（03）.

［99］王启庭. 各国关于精神损害赔偿的法律规定. 比较法研究，1989（02）.

［100］王军，粟撒. 德国侵权法上的人身伤害抚慰金制度. 暨南学报（哲学社会科学版），2008，30（06）.

［101］王庆，赵发珍. 基于"用户画像"的图书馆资源推荐模式设计与分析. 现代情报，2018，38（03）.

［102］王冠玺，吴云轩. 论精神控制或情绪勒索行为的精神损害赔偿请求权. 浙江大学学报（人文社会科学版），2020，50（04）.

［103］王玉鑫. 论精神损害赔偿的制度调适. 秦智，2022（03）.

［104］王春娣. 论精神损害赔偿的若干问题. 法制现代化研究，2001（09）.

［105］吴桢婧. 论我国精神损害赔偿制度. 中州学刊，2002（03）.

［106］吴奕锋. 论精神性履行利益的违约损害赔偿——从 62 份婚礼摄影合同判决展开的理论建构. 华东政法大学学报，2019，22（04）.

［107］薛军. 中国法上的行为能力宣告：制度内涵与解释论重塑. 学术月刊，2019，51（12）.

［108］薛军. 民法典网络侵权条款研究：以法解释论框架的重构为中心. 比较法研究，2020，170（04）.

［109］薛军.《民法典》对精神损害赔偿制度的发展. 厦门大学学报（哲学社会科学版），2021（03）.

［110］姜福晓. 对人格权财产化和财产权人格化统一解释的初步思考. 理论月刊，2013（09）.

［111］姜建武，李景文，陆妍玲，叶良松. 基于用户画像的信息智能推送方法. 微型机与应用，2016，35（23）.

［112］姜宇轩. 论国家赔偿中精神损害赔偿的独立地位和考量标准. 辽宁大学学报（哲学社会科学版），2021，49（01）.

［113］李艳. 我国精神损害赔偿之调整范围. 中州学刊，2004（02）.

［114］李慧. 违约精神损害赔偿比较研究. 商业研究，2012（05）.

［115］李慧. 论我国违约精神损害赔偿制度的构建. 商业研究，2015

（08）．

[116] 李恒超，林鸿飞，杨亮，徐博，魏晓聪，张绍武，古丽孜热·艾尼外．一种用于构建用户画像的二级融合算法框架．计算机科学，2018，45（01）．

[117] 李然，郑思清．违约精神损害赔偿的司法适用——以《民法典》第 996 条为解释路径．山东法官培训学院学报，2020，36（05）．

[118] 李洪雷．人权司法保障视野中的规范涉执行司法赔偿．法律适用，2022（05）．

[119] 杨洁．试论侵犯特定财产权引致精神损害赔偿的客体范围．中国青年政治学院学报，2010，29（05）．

[120] 杨立新，李怡雯．侵权责任编规定精神损害赔偿应当增加震惊损害赔偿．新疆师范大学学报（哲学社会科学版），2020，41（01）．

[121] 杨立新．民法典对侵害具有人身意义的特定物精神损害赔偿规则的完善．湖南大学学报（社会科学版），2020，34（05）．

[122] 杨立新．民法典对侵权损害赔偿责任规则的改进与适用方法．法治研究，2020（04）．

[123] 杨立新，扈艳．违约精神损害赔偿的裁判实践与理论应对——以<民法典>第九百九十六条的司法适用为中心．河南财经政法大学学报，2022（06）．

[124] 杨显滨．违约精神损害赔偿制度的中国式建构．当代法学，2017，31（01）．

[125] 杨彪．禀赋效应、诉讼要价与精神损害赔偿——基于地方司法统计数据的认知心理学分析．法学家，2018（03）．

[126] 杨彪．司法认知偏差与量化裁判中的锚定效应．中国法学，2017（06）．

[127] 叶兆驰．身份权侵害的精神损害赔偿研究．法制与社会，2021（23）．

[128] 叶金强．精神损害赔偿制度的解释论框架．法学家，2011（05）．

[129] 段厚省．我国刑事附带民事诉讼拒斥精神损害赔偿的立场批判与制度重构．政治与法律，2021（12）．

[130] 段宏磊．《劳动合同法》中惩罚性赔偿制度的立法反思与改进．西南民族大学学报（人文社会科学版），2022，43（07）．

[131] 韩崇华. 精神损害赔偿的范围与赔偿金的计算. 法律适用, 1999 (04).

[132] 韩赤风. 德国精神损害赔偿制度的新发展及其意义. 中国律师, 2007, 201 (07).

[133] 韩梅花, 赵景秀. 基于"用户画像"的阅读疗法模式研究——以抑郁症为例. 大学图书馆学报, 2017, 35 (06).

[134] 何宗泽. 我国民事侵权精神损害赔偿范围与数额计算问题再探讨. 皖西学院学报, 2005 (04).

[135] 何镕泽, 刘朋. 有形财产毁损引起的精神损害赔偿比较研究. 法律适用, 2014 (06).

[136] 何镕泽, 刘朋. 非致命事故中的第三人精神损害赔偿. 理论与改革, 2014 (02).

[137] 林其敏. 英国侵权法上的损害赔偿. 大连海事大学学报 (社会科学版), 2010, 9 (06).

[138] 林燕霞, 谢湘生. 基于社会认同理论的微博群体用户画像. 情报理论与实践, 2018, 41 (03).

[139] 邓瑞平. 人身伤亡精神损害赔偿研究. 现代法学, 1999 (03).

[140] 邓冰宁. 第三人精神损害赔偿诉讼中适格原告的认定. 江西社会科学, 2013, 33 (12).

[141] 胡雪梅, 李中衡. 美侵权法神经损害之诉及其合理借鉴. 社会科学. 2011 (03).

[142] 胡卫萍, 肖海. 精神损害赔偿制度的适用范围及损害赔偿数额的确定. 求索, 2007 (12).

[143] 朱震. 论侵害人格权精神损害赔偿中的"严重". 法制与社会发展, 2022, 28 (02).

[144] 朱晓峰. 作为一般人格权的人格尊严权——以德国侵权法中的一般人格权为参照. 清华法学, 2014, 8 (01).

[145] 朱晓平. 违约责任中的精神损害赔偿问题研究. 法律适用, 2017 (11).

[146] 柳经纬. 违约精神损害赔偿立法问题探讨——以《民法典各分编 (草案) 》第七百七十九条为对象. 暨南学报 (哲学社会科学版), 2019, 41 (07).

[147] 柳春光. 论侵害身体权的精神损害赔偿. 学术交流, 2015 (04).

[148] 石镁虹, 章桦, 刘可智. 2224 例医疗损害纠纷精神损害赔偿的实证研究. 中国医院管理, 2016, 36 (06).

[149] 石冠彬. 民法典精神损害赔偿制度的规范构造与价值定位. 学术月刊, 2022, 54 (04).

[150] 夏伟. 基于大数据样本的刑事附带民事诉讼司法重构经验与逻辑. 法学论坛, 2021, 36 (05).

[151] 夏琳. 第三人视域下故意侵权精神痛苦损害赔偿责任的认定. 河北学刊, 2014, 34 (05).

[152] 谢鸿飞. 违约责任与侵权责任竞合理论的再构成. 环球法律评论. 2014 (06).

[153] 谢登科. 论性侵未成年人案件中被害人权利保障. 学术交流, 2014 (11).

[154] 罗丽. 日本的抚慰金赔偿制度. 外国法译评, 2000 (01).

[155] 罗施福. 侵害著作权之损害赔偿责任比较研究——以两岸著作权法及有关判例为视角. 北方法学, 2014, 8 (05).

[156] 彭依晴. 环境侵权精神利益的司法保护现况与完善——基于 16 份裁判文书的实证分析. 四川警察学院学报, 2022, 34 (01).

[157] 彭诚信, 许素敏. 侵害个人信息权益精神损害赔偿的制度建构. 南京社会科学, 2022 (03).

[158] 武延平. 谈谈刑事附带民事诉讼. 法学研究, 1984 (02).

[159] 武西锋, 秦前红. 精神损害赔偿同案同判：实证检验和实现路径. 学术论坛, 2020, 43 (03).

[160] 于文轩. 环境健康损害赔偿：美国的实践及其借鉴意义. 甘肃政法学院学报, 2013, (05)：78-85.

[161] 安丽, 李元华. 论精神损害赔偿. 理论月刊, 2001 (01).

[162] 曲新久. 论刑事附带民事诉讼中公权与私权的协调. 法学, 2003 (08).

[163] 董泽华. 国家精神损害赔偿制度的缺陷与建议. 天津行政学院学报, 2014, 16 (02).

[164] 鲁晓明. 论纯粹精神损害赔偿. 法学家, 2010 (01).

[165] 潘维大. 第三人精神上之损害研究. 烟台大学学报（哲学社会科

学版), 2004 (01).

[166] 黄金桥. 违约精神损害赔偿的理论障碍及其克服. 北方法学, 2007, 3 (03).

[167] 崔建远. 精神损害赔偿绝非侵权法所独有. 法学杂志, 2012, 33 (08).

[168] 梁慧星. 试论侵权行为法. 法学研究, 1981 (02).

[169] 冷传莉, 顾龙涛. 刑事案件中精神损害的定位与救济. 政治与法律, 2006 (05).

[170] 许中缘, 崔雪炜. 论合同中的人格利益损害赔偿. 法律科学 (西北政法大学学报), 2018, 36 (03).

[171] 肖建国, 丁金钰. 程序法视域下民法典违约精神损害赔偿制度的解释论. 苏州大学学报 (哲学社会科学版), 2020, 41 (04).

[172] 瞿灵敏. 精神损害赔偿惩罚性与惩罚性赔偿补偿性之批判——兼论精神损害赔偿与惩罚性赔偿的立法完善. 东方法学, 2016 (02).

[173] 屈茂辉, 王中. 精神损害赔偿惩罚性功能探析——基于医疗侵权精神损害赔偿的实证研究. 山东大学学报 (哲学社会科学版), 2020 (05).

[174] 申政武. 论人格权及人格损害的赔偿. 中国社会科学, 1990, (02).

[175] 郭雅琪. 论第三人震惊损害的救济依据——以《民法典》第1183条为视角. 东南大学学报 (哲学社会科学版), 2021, 23 (S1).

[176] 付建龙, 王春娣. 论法人精神损害赔偿请求权的正当性. 学海, 2013, 140 (02).

[177] 孙光宁. 区别技术在参照指导性案例之司法实践中的应用及其改进——以指导性案例第24号为分析对象. 法学家, 2019, 175 (04).

[178] 孟强. 公平责任归责原则的终结——《民法典》第1186条的解释论. 广东社会科学, 2021, 207 (01).

[179] 项先权. 论我国人身伤害中精神损害赔偿的数额确定. 广西社会科学, 2005 (03).

[180] 关今华. 精神损害赔偿数额评定问题五论. 中国法学, 2001 (05).

[181] 赵文婧. 侵权行为中精神抚慰金的评算. 安徽广播电视大学学报, 2009, 144 (01).

［182］唐琼琼. 论美国侵权法上的精神损害赔偿. 法制与社会，2007（11）.

［183］沈绿野. 确定人格权精神损害赔偿应有具体标准. 法学，1992（04）.

［184］向韩斌. 浅述民事案件精神损害赔偿应注意的若干问题. 法学评论，2000（05）.

［185］田野. 风险作为损害：大数据时代侵权"损害"概念的革新. 政治与法律，2021（10）

［186］尹志强. 论违约精神损害赔偿的正当性及适用范围. 中国政法大学学报，2014（06）.

［187］郝秀辉. 论空难致第三人的精神损害赔偿. 当代法学，2012，26（01）.

［188］邵海. 徘徊在扩张与限制之间的精神损害赔偿制度. 中国海洋大学学报（社会科学版），2014（02）.

［189］史一舒. 我国环境侵权精神损害赔偿制度的司法限制与扩张——基于18个典型案例的分析. 山东大学学报（哲学社会科学版），2018（03）.

［190］曹险峰，程奕翔. 因违约而生之精神损害的救济路径——以《民法典》第996条的功能分析为中心. 北方法学，2022，16（03）.

［191］周华. 论侵权法中其他类型的非财产损害. 理论月刊，2017（09）.

［192］鞠佳佳. 刑事诉讼中精神损害抚慰金的规范适用探析. 人民检察，2014（20）.

［193］汪志刚. 论失踪损害赔偿之诉的法律适用——以马航客机失踪事件切入. 法律科学（西北政法大学学报），2014，32（05）.

［194］阳平，杜强强. 生育权之概念分析. 法律适用，2003（10）.

［195］郑晓剑. 侵权损害完全赔偿原则之检讨. 法学，2017（12）.

［196］De Andres J, ParienteB, Gonzalez-Rodriguez M, et al. Towards an automatic user profiling system for online information sites Identifying demographic determining factors. Online Information Review, 2015, 39(01).

［197］Mostafa M M, El-Masry A A. Citizens as consumers: Profiling e-government services' users in Egypt via data mining techniques. International Journal of Information Management, 2013, 33(04).

［198］Tzavela E C，KarakitsouC，HalapiE，etal. Adolescent digital profiles：A process-based typology of highly engaged internet users. Computers in Human Behavior，2017，69（04）.

（三）学位论文

［199］陈薇. 侵害财产权精神损害赔偿制度研究. 上海：复旦大学，2006.

［200］陈文志. 第三人精神损害赔偿研究. 武汉：华中师范大学，2008.

［201］李映坤. 大数据背景下用户画像的统计方法实践研究. 北京：首都经济贸易大学，2016.

［202］杜娜娜. 基于社交媒体的短文本数据挖掘研究. 天津：天津理工大学，2018.

［203］武西锋. 同案同判的实证研究. 吉林：吉林大学博士论文，2021.

［204］樊庆增. 中日精神损害赔偿适用范围比较研究. 湖南师范大学，2007.